Object Constraint Language 2.0

Jos Warmer,
Anneke Kleppe

Object Constraint Language 2.0

Übersetzung aus dem Amerikanischen
von Elke Koerschgens

Bibliografische Information Der Deutschen Bibliothek –
Die Deutsche Bibliothek verzeichnet diese Publikation in der
Deutschen Nationalbibliografie; detaillierte bibliografische
Daten sind im Internet über <http://dnb.ddb.de> abrufbar.

ISBN 3-8266-1445-3
1. Auflage 2004

Alle Rechte, auch die der Übersetzung, vorbehalten. Kein Teil des Werkes darf in irgendeiner Form (Druck, Fotokopie, Mikrofilm oder einem anderen Verfahren) ohne schriftliche Genehmigung des Verlages reproduziert oder unter Verwendung elektronischer Systeme verarbeitet, vervielfältigt oder verbreitet werden. Der Verlag übernimmt keine Gewähr für die Funktion einzelner Programme oder von Teilen derselben. Insbesondere übernimmt er keinerlei Haftung für eventuelle aus dem Gebrauch resultierende Folgeschäden.

Die Wiedergabe von Gebrauchsnamen, Handelsnamen, Warenbezeichnungen usw. in diesem Werk berechtigt auch ohne besondere Kennzeichnung nicht zu der Annahme, dass solche Namen im Sinne der Warenzeichen- und Markenschutz-Gesetzgebung als frei zu betrachten wären und daher von jedermann benutzt werden dürften.

Authorized translation from the English language edition, entitled OBJECT CONSTRAINT LANGUAGE; THE: GETTING YOUR MODELS READY FOR MDA, 2nd Edition by WARMER, JOS; KLEPPE, ANNEKE, published by Pearson Education, Inc. publishing as Addison Wesley Professional, Copyright © 2003 by Pearson Education, Inc.

All rights reserved. No part of this book may be reproduced or transmitted in any form or by any means, electronic or mechanical, including photocopying, recording or by any information storage retrieval system, without permission from Pearson Education, Inc.

German language editon published by verlag moderne industrie Buch AG & Co. KG

Printed in Germany
© Copyright 2004 by mitp-Verlag/Bonn,
ein Geschäftsbereich der verlag moderne industrie Buch AG & Co. KG/Landsberg

Lektorat: Volker Bombien
Satz und Layout: G&U e.Publishing Services GmbH, Flensburg
Druck: Media-Print, Paderborn

Inhaltsverzeichnis

	Vorwort und Einleitung	13
	Wer sollte dieses Buch lesen?	14
	Wie sollte dieses Buch verwendet werden?	14
	Verwendete Schriftarten	15
	Informationen zu verwandten Themen	15
	Unser Dank	15
Teil I	**Benutzerhandbuch**	17
1	**MDA und OCL**	19
1.1	OCL – eine Einführung	19
1.2	MDA – Model Driven Architecture	20
1.3	Modellreifegrade	25
1.4	Erstellen besserer Modelle	29
1.5	Eigenschaften der OCL	33
1.6	Zusammenfassung	36
2	**OCL durch Beispiele erlernen**	39
2.1	Das Systembeispiel »Royal and Loyal«	39
2.2	Hinzufügen von Extra-Informationen	43
2.3	Hinzufügen von Invarianten	45
2.4	Arbeiten mit Objektsammlungen	48
2.5	Hinzufügen von Vor- und Nachbedingungen	52
2.6	Vererbung beachten	54
2.7	Kommentare	55
2.8	Let-Ausdrücke	56
2.9	Zusammenfassung	56
3	**Erstellen von Modellen mit OCL**	57
3.1	Was ist ein Modell?	57
3.2	UML-Diagramme als Basis	60
3.3	Vervollständigung von Klassendiagrammen	60

3.4	Vervollständigen von Interaktionsdiagrammen	71
3.5	Vervollständigen von Zustandsdiagrammen	75
3.6	Vervollständigen von Aktivitätsdiagrammen	78
3.7	Vervollständigen von Komponentendiagrammen	79
3.8	Vervollständigen von Use Cases	80
3.9	Modellierungsstile	82
3.10	Tipps und Tricks	86
3.11	Zusammenfassung	91
4	**Implementieren von OCL**	**93**
4.1	Der Implementierungsprozess	93
4.2	Implementieren von UML-Modellelementen	94
4.3	Implementierung der OCL-Standardbibliothek	96
4.4	Implementierung von OCL-Ausdrücken	108
4.5	Zusammenführen von Code-Fragmenten	111
4.6	Überlegungen zu Constraints	116
4.7	Zusammenfassung	118
5	**Verwendung der OCL für die MDA**	**121**
5.1	Das Verhältnis von OCL zur MDA	121
5.2	Metamodelle	122
5.3	Die OCL- und UML-Metamodelle	124
5.4	Mit OCL Sprachen definieren	127
5.5	Mit OCL Transformationen definieren	128
5.6	Zusammenfassung	131
Teil II	**Nachschlagewerk**	**133**
6	**Der Kontext von OCL-Ausdrücken**	**135**
6.1	Ein kombiniertes Modell	135
6.2	Klassen und andere Typen	138
6.3	Attribute und Assoziationsenden	140
6.4	Operationen	141
6.5	Ausdrücke in Verhaltensdiagrammen	142
6.6	Use Cases	144
6.7	Constraints und Vererbung	145

7 Basiselemente der OCL ... 149
- 7.1 Ausdrücke, Typen und Werte ... 149
- 7.2 Basistypen und Operatoren/Operationen ... 150
- 7.3 Prioritätsregeln ... 154
- 7.4 Kommentare ... 155

8 Benutzerdefinierte Typen ... 157
- 8.1 Merkmale der benutzerdefinierten Typen ... 157
- 8.2 Assoziationen und Aggregationen ... 158
- 8.3 Aufzählungstypen ... 163

9 Collection-Typen ... 165
- 9.1 Die Collection-Typen ... 165
- 9.2 Operationen auf Collection-Typen ... 168
- 9.3 Loop-Operationen oder Iteratoren ... 174

10 Fortgeschrittene Konstrukte ... 183
- 10.1 Konstrukte für Nachbedingungen ... 183
- 10.2 Operationen auf den Typ OclMessage ... 187
- 10.3 Ausdrücke für Pakete ... 188
- 10.4 Lokale Variablen ... 189
- 10.5 Tupel und Tupel-Typen ... 190
- 10.6 Nicht definierte Werte - der Typ OclVoid ... 191
- 10.7 Neu typisieren oder Casten ... 192
- 10.8 Regeln zur Typkonformität ... 192
- 10.9 Zugriff auf überschriebene Merkmale ... 194
- 10.10 Der Typ OclAny ... 195
- 10.11 Die Operation allInstances ... 198

A Glossar ... 199

B OCL-Grammatikregeln ... 203
- B.1 EBNF-Regeln zur Kontextdeklaration ... 203
- B.2 EBNF-Regeln für Ausdrücke ... 204

C Eine Syntax zur Geschäftsprozessmodellierung für die OCL ... 209
- C.1 Einleitung ... 209
- C.2 Informale Definition ... 211

C.3	Einige Anmerkungen zur Ähnlichkeit mit SQL	216
C.4	Ausführlichere Beispiele	217
D	**Beispiel-Implementation**	219
E	**Unterschiede zwischen den OCL-Versionen 1.1 und 2.0**	227
E.1	Veränderungen in der Syntax	227
E.2	Neue Typen	228
E.3	Zusätzliche vordefinierte Operationen	228
E.4	Neue Optionen in Nachbedingungen	229
E.5	Weitere Veränderungen	229
F	**Bibliografie**	231
	Stichwortverzeichnis	233

Vorwort zur ersten Auflage

Seit vielen Jahren beschäftigt sich ein Zweig der Computer-Wissenschaften mit dem Gebrauch formaler logischer Sprachen, um Dingen eine präzise und eindeutige Beschreibung zu verleihen. Als Akademiker habe ich mich in den 1970er und 1980er Jahren sehr mit derartigen Sprachen beschäftigt, vor allem mit Z und Larch. Den Sinn einer Aussage in einer dieser Sprachen zu entzerren, gleicht manchmal einem großen Puzzle. Sobald dieses Puzzle aber gelöst ist, erscheint der Sinn kristallklar und eindeutig. Als ich in die Welt der objektorientierten Methoden eintauchte, eröffnete sich mir ein neuer Weg der Spezifizierung – die Verwendung von Diagrammen. Sobald deutlich ist, in welchem Verhältnis die Basiselemente des Diagramms zueinander stehen, ist die Bedeutung offensichtlich.

Es existieren jedoch viele Bedeutungsfeinheiten und -nuancen, die Diagramme nicht vermitteln können: Einzigartigkeit, Ableitung, Grenzen, Beschränkungen etc. Deshalb habe ich mir ausgehend von einer Modellperspektive überlegt, dass eine sorgfältig gestaltete Kombination aus Diagrammsprachen und formellen Sprachen die Lösung sein könnte, um das Beste aus diesen beiden Bereichen zusammenzubringen. Aus dieser Einsicht heraus arbeitete ich während der frühen 1990er Jahre zusammen mit John Daniels an Syntropy, einer objektorientierten Modellierungssprache, in der sich die grafisch dargestellte Schlichtheit und Klarheit von OMT mit der Formalität einer Untermenge von Z vereint.

Die Object Constraint Language (OCL) wurde 1995 bei IBM während eines Projekts zu einem Geschäftsmodell entwickelt, in das sowohl Jos Warmer als auch ich selbst während unserer Arbeit in der Object Technology Practice bei IBM involviert waren. Dieses Projekt wurde durch die Ideen zu Syntropy stark beeinflusst. Aber im Gegensatz zu Syntropy werden in OCL keine unbekannten mathematischen Symbole verwendet. Damit OCL sowohl formell als auch einfach ist, wurde diese Sprache sehr sorgfältig entwickelt: Ihre Syntax ist sehr einfach und kann, wenn bereits Kenntnisse zu Modellierungs- und Programmierkonzepten vorhanden sind, innerhalb weniger Minuten erlernt werden.

1996 stießen Jos und ich zur Object Management Group, die damit beschäftigt war, einen Standard zu einer Sprache für objektorientierte Analyse und objektorientiertes Design zu entwickeln. Ich leitete in diesem Prozess die entsprechenden Anstrengungen von IBM und wir erarbeiteten zusammen mit ObjecTime Limited einen Entwurf, der die Schlichtheit und Präzision der Sprache unterstrich. Wir verfolgten die ganze Zeit das Ziel mit den anderen Wettbewerbern gemeinsam einen allgemeingültigen Standard zu erarbeiten, der die richtigen Elemente in der richtigen Ausgewogenheit enthielt. OCL war ein fundamentaler Aspekt dieses Vorschlags.

Der Hauptvorschlag bestand in der UML (Unified Modeling Language) von Rational Software Corporation und Partnern. Die drei Autoren Grady Booch, Ivar Jacobson und James Rumbaugh haben in UML ihre Ideen vereint. Die UML konzentriert sich in erster Linie auf die grafisch dargestellten Elemente und gibt diesen Elementen durch einen Text eine Bedeutung. Bei der Zusammenführung der verschiedenen Vorschläge wurde OCL verwendet, um der Definition von UML eine zusätzliche Präzision zu verleihen; außerdem wurde OCL Teil des Standards und stand somit den Modellierern zur Formulierung dieser zusätzlichen Bedeutungsnuancen zur Verfügung, die die Diagramme nicht leisten konnten. Hierbei handelt es sich um eine sehr wichtige Erweiterung der Standardsprache der objektorientierten Modellierung.

Das Buch von Jos Warmer und Anneke Kleppe stellt eine äußerst wichtige Ergänzung zur Literatur im Bereich der objektorientierten Modellierung dar. Die gemeinsame Arbeit mit Jos an der Entwicklung von OCL habe ich in den letzten Jahren sehr genossen. Er und Anneke haben mit diesem Buch eine erstklassige Arbeit zur Erklärung von OCL geleistet und diese Sprache so den Modellierern zugänglich gemacht. Sie haben sich dabei auf die wichtigsten Aspekte konzentriert und die jeweiligen Konzepte durch viele einfache Beispiele illustriert. Selbst diejenigen, die bisher keinerlei Erfahrung mit formalen Methoden gemacht haben, lernen mit diesem Buch, wie sie Präzision und Details in ihre Modelle einfließen lassen können.

Oktober 1998, Steve Cook

Vorwort zur zweiten Auflage

Als ich 1998 bei der Firma BoldSoft anfing, die heute zu Borland gehört, kam ich zum ersten Mal mit der Model Driven Architecture (MDA) in Kontakt. Zu dieser Zeit gab es den von der Object Management Group geprägten Begriff Model Driven Architecture noch nicht und auch das, was wir taten, entsprach nicht unbedingt der MDA-Terminologie, wie sie heute definiert ist – mit Begriffen wie plattformunabhängigen und plattformspezifischen Modellen.

Zudem war dies auch mein erster Kontakt mit OCL. Als ich bei BoldSoft anfing, wurde mir Folgendes zum Firmenprodukt, einem Framework zum Erstellen von Applikationen basierend auf UML-Modellen erklärt: »Ach ja, und außerdem haben wir diese kleine Sprache implementiert.« Danach wurde mir *Object Constraint Language: Precise Modeling with UML* von Jos Warmer und Anneke Kleppe überreicht, von dem Sie gerade die zweite Auflage in Ihren Händen halten.

Meiner Meinung nach ist OCL deshalb so erfolgreich, weil diese Sprache drei herausragende Merkmale hat. Erstens ist OCL klein. Es müssen lediglich einige wenige, simple Konzepte verstanden werden: Sie greifen auf ein Attribut zu, rufen eine Funktion auf oder wählen Objekte aus einer Objektsammlung aus. Zweitens ist OCL kompakt und trotzdem kraftvoll. Sie können kurze und treffende Begriffe schreiben, die »viel können«. Drittens, und vielleicht das Wichtigste, OCL vermittelt das Gefühl, eine ganz normale objektorientierte Programmiersprache zu sein. OCL enthält weder mathematische Symbole noch anspruchsvolle, theoretische Konzepte, sondern besitzt eine Syntax und Struktur, die vielen Anwendern einen schnellen Zugriff ermöglicht, die über eine gewisse Erfahrung auf dem Gebiet der Software-Entwicklung verfügen.

Ich habe den Erfolg von OCL hautnah bei BoldSoft miterleben dürfen. Die Implementierung von OCL ist eines der Features unseres Frameworks, das von unseren Kunden am meisten gelobt wurde. Viele dieser Kunden sind zu treuen OCL-Fans avanciert. Natürlich schätzen sie die leichte Erlernbarkeit von OCL, aber am meisten schätzen sie an dieser Sprache, dass sie ihre Arbeit erleichtert. Bei unseren Kunden handelt es sich um Software-Entwickler, die wissen, wie viel Programmieraufwand eine normale Programmiersprache verlangt, damit dasselbe Ergebnis erzielt wird, wie durch einen kurzen OCL-Ausdruck.

Während der letzten Jahre hatte ich die Ehre mit Jos und Anneke an der Entwicklung der neuen Standardversion von OCL, OCL 2.0, mitzuarbeiten. Diese Arbeit zielte hauptsächlich darauf ab, den semantischen Unterbau von OCL zu stärken und einige handverlesene Fähigkeiten zur Verbesserung der Ausdrucksmächtigkeit von OCL einzufügen, damit OCL ihren Teil zur versprochenen MDA leisten kann. Deshalb sollte die neue Standardversion von einer neuen Edition des OCL-Buchs von Jos und Anneke begleitet werden.

Es ist ein umfassendes Buch. Es wird nicht nur die Sprache OCL mit leicht nachvollziehbaren Beispielen und ausführlichen Erklärungen jedes Sprachelements beschrieben, sondern diese Sprache wird darüber hinaus in einen Kontext gesetzt und so gezeigt, wie und wo OCL verwendet werden kann und sollte. Das Buch enthält eine Vielzahl Tipps und Tricks zur Modellierung mit OCL und vermittelt zudem ein umfassendes Bild davon, wie OCL in die Model Driven Architecture passt sowie in die Modellerstellung mit UML im Allgemeinen. Es kann kein Zweifel daran bestehen, dass dies das relevante Werk über OCL für viele Jahre sein wird.

Anders Ivner

Vorwort und Einleitung

Im November 1997 bestimmte die *Object Management Group* (OMG) einen Standard für die objektorientierte Analyse sowie das Design. Der Standard ist unter dem Begriff *Unified Modeling Language* (UML) geläufig und umfasst Modelldiagramme inklusive ihrer Semantik und einem unter CASE-Tools austauschbaren Format. Innerhalb der UML stellt die *Object Constraint Language* (OCL) den Standard zur Formulierung von Ausdrücken dar, die zu den objektorientierten Modellen und anderen Artefakten der Objektmodellierung entscheidende Informationen hinzufügt.

In der UML Version 1.1 wurde davon ausgegangen, dass diese Informationen auf Einschränkungen (englisch: *Constraints* begrenzt sein würden. Diese Einschränkungen wurden als Restriktionen eines oder mehrerer Werte eines (oder von Teilen eines) objektorientierten Modells oder Systems definiert. In der UML Version 2 wurde diese Auffassung dahingehend geändert, dass neben den *Constraints* weitere zusätzliche Informationen in ein Modell einfließen müssen. Das Definieren von Abfragen, das Referenzieren von Werten oder das Bestimmen von Konditionen und Geschäftsregeln in einem Modell geschieht durch das Formulieren von Ausdrücken, das heißt, dass dies alles in OCL wiedergegeben wird.

OCL entwickelte sich aus einer formalen Sprache der Syntropy-Methode über eine von IBM verwendete Sprache zur Darstellung von Geschäftsregeln, bis sie 1997 in UML eingeflossen ist. Zu diesem Zeitpunkt erhielt sie ihren aktuellen Namen. Dieser Name hat sich bereits so gut etabliert, dass es wenig zweckmäßig wäre, OCL beispielsweise in *Object Expression Language* umzubenennen, obwohl dieser Name heute vielleicht eher zutreffen würde.

Während der vergangenen sechs Jahre wurde OCL als formale Sprache für objektorientierte Darstellungen verwendet. Heute wird diese Sprache von einer ganzen Reihe Tools unterstützt. Seit den Anfängen der OCL wurden viele Änderungen und Ergänzungen zu dieser Sprache vorgenommen. Letztendlich hat dies zu der neuen Version von OCL, Version 2, geführt, die die neue Version der UML begleitet. Die OCL Version 2 heißt offiziell *Object Constraint Language Specification* [OCL03]. Dieses Buch erklärt alle Merkmale dieser OCL-Version.

Vor kurzem hat die OMG eine Initiative namens Model Driven Architecture (MDA) gestartet. Im Grunde besagt dieser MDA-Ansatz lediglich, dass Modelle die Basis der Software-Entwicklung bilden. Um mit dieser Architektur arbeiten zu können, werden gute, solide, konsistente und kohärente Modelle benötigt. Derartige Modelle können durch die kombinierte Verwendung von UML und OCL erstellt werden.

In vielen Büchern, die zum Thema UML veröffentlicht worden sind, wurde der formalen Sprache nicht die Aufmerksamkeit zuteil, die sie verdient. Das Hauptziel dieses Buches besteht darin, diese Lücke zu füllen sowie die formale Sprache der UML zu erklären, die ebenso wie die UML-Diagramme die Modellierung objektorientierter Software unterstützt. Das zweite Ziel dieses Buches besteht darin, die OCL Version 2 einem größeren Publikum bekannt zu machen. Einigen Lesern fällt es eher schwer, sich für ein Standardwerk zu diesem Thema zu begeistern und es zu lesen. Deshalb sollten die entsprechenden Informationen in einer leicht zugänglichen Form zur Verfügung stehen. Als Letztes soll in diesem Buch erklärt werden, warum die Verwendung von OCL für die Anwendung der MDA unbedingt erforderlich ist. Ohne die Sprachen, Transformationen etc., die durch OCL ermöglicht werden, muss die Anwendung der MDA zwangsläufig scheitern.

Wer sollte dieses Buch lesen?

Dieses Buch versteht sich als ein Lehrbuch und Nachschlagewerk für Anwender der Objekttechnologie, die sich intensiver mit präziser Modellierung beschäftigen wollen. Dies schließt natürlich auch Anwender ein, die die Grundsätze der MDA anwenden möchten. Diese Anwender möchten OCL während ihrer Analyse- und Designphasen zum einen wahrscheinlich in Verbindung mit UML sowie zum anderen potenziell mit anderen grafischen Sprachen zur Modellierung von Objekten verwenden.

Dieses Buch setzt Grundkenntnisse der objektorientierten Modellierung, vorzugsweise UML, voraus. Fehlen Ihnen diese Grundkenntnisse, sollten Sie vorab eines der zahlreichen Werke zum Thema UML lesen.

Wie sollte dieses Buch verwendet werden?

Teil 1 dieses Buches erklärt, wie OCL eingesetzt werden kann. Jeder, der OCL noch nicht kennt, sollte diesen Teil lesen. Die Model Driven Architecture sowie die Schlüsselrolle, die OCL in diesem Framework spielt, werden vorgestellt. In diesem Teil wird OCL auf eine relativ formlose Art, meistens durch Beispiele erklärt. Zudem enthält dieser Teil Hinweise und Tipps, wie Modelle mit Hilfe von OCL erstellt und wie diese Modelle implementiert werden können.

Teil 2 stellt ein Nachschlagewerk dar, in dem die Sprache OCL komplett beschrieben wird. Falls Sie bereits mit OCL vertraut sind, werden Sie alles, was Sie über die neue Version wissen wollen, in diesem Teil finden.

Im Glossar in Anhang A befindet sich die in diesem Buch beschriebene Terminologie. In Anhang B finden Sie die Syntax zu dieser Sprache. Anhang C wird für die Leser interessant sein, die der Auffassung sind, dass die offizielle (konkrete) Syntax von OCL verbessert werden könnte. Hier wird ein Beispiel einer anderen Syntax, namens Business Modeling Syntax, vorgestellt, die die offizielle Syntax eventuell ersetzen könnte.

Verwendete Schriftarten

In diesem Buch werden die folgenden Schriftarten verwendet:

- Alle Ausdrücke und Kontextdefinitionen der OCL sind in einer `dicktengleichen (monospaced) Schriftart` gedruckt.
- Alle Schlüsselwörter der OCL sind in einer **`fetten dicktengleichen (monospaced) Schriftart`** gedruckt.
- Wenn ein Begriff zum ersten Mal vorgestellt oder definiert wird, ist dieser Begriff *kursiv* dargestellt.
- Alle Referenzen auf Klassen, Attribute und andere Elemente eines UML-Diagramms werden *kursiv* dargestellt.
- Alle Referenzen auf Typen beginnen mit einem Großbuchstaben und sind *kursiv* dargestellt. Alle Referenzen auf die Ausprägungen dieser Typen werden klein geschrieben. Beispielsweise bezieht sich in dem Satz »Der Wert eines booleschen Begriffs ist eine Ausprägung des Typs *Boolean*« das Wort booleschen auf den Wert und das Wort Boolean auf den Typ.

Informationen zu verwandten Themen

Der Text der UML- und OCL-Standards ist auf der OMG-Website (www.omg.org) frei erhältlich. Aktuelle Informationen zu OCL befinden sich auf der Website Klasse Objecten: www.klasse.nl/ocl/. Außerdem können verschiedene zur Verfügung stehende Tools OCL in Code übersetzen. Da der Tool-Markt einem sehr schnellen Wandel unterliegt, stellen wir in diesem Buch keine Tool-Liste zur Verfügung; sie wäre einfach zu schnell nicht mehr aktuell und überholt. Stattdessen finden Sie auf der zuletzt genannten Website immer eine Liste der aktuell zur Verfügung stehenden Tools.

Unser Dank

Obwohl das Cover eines Buches ausschließlich die Namen der Autoren wiedergibt, stecken in einem Buch immer auch Blut, Schweiß und Tränen vieler anderer Menschen. Wir möchten deshalb Balbir Barn, Steve Cook, Wilfried van Hulzen, John Hogg, Jim Odell und Cor Warmer für die Überarbeitung der ersten Edition dieses Buches danken. Besonderer Dank geht an Heidi Kuehn, die unser Englisch aufpoliert hat.

An folgende Menschen geht der Dank für ihre jeweiligen Beiträge zur ersten Version von OCL:

- An das IBM-Team, das die erste Version von OCL entwickelt hat: Mark Skipper, Anna Karatza, Aldo Eisma, Steve Cook und Jos Warmer.

- An das Team von IBM und ObjecTime, das einen gemeinsamen Entwurf eingereicht hat. Zum ObjecTime-Team gehörten John Hogg, Bran Selic und Garth Gullekson und zum IBM-Team Steve Cook, Dipayan Gangopadhyay, Mike Meier, Subrata Mitra und Jos Warmer. Marc Saaltink, Alan Wills und Anneke Kleppe wirkten auf individueller Basis mit.
- An das UML-1.1-Team und hier besonders an die informelle Arbeitsgruppe aus dem UML-Hauptteam: Guus Ramackers, Gunnar Overgaard und Jos Warmer.
- An weitere Menschen, die OCL in dieser Zeit beeinflusst haben und hier besonders an Desmond D'Souza, Alan Wills, Steve Cook, John Hogg und James Rumbaugh.
- An die vielen Menschen, die ihr Feedback zu den früheren OCL-Versionen gegeben haben.

Den folgenden Menschen möchten wir für ihren Beitrag bei der Weiterentwicklung von OCL danken, die mit der Version 2.0 des OMG-Standards abgeschlossen wurde.

- Den Mitgliedern des OCL 2.0-Teams, das einen gemeinsamen Entwurf eingereicht hat: Tony Clark, Anders Ivner, Jonas Högström, Martin Gogolla, Mark Richters, Heinrich Hußmann, Steffen Zschaler, Simon Johnston, Anneke Kleppe und Jos Warmer.
- Den Teilnehmern der OCL-Workshops während der UML 2000- und UML 2001-Konferenzen.
- Allen Menschen, die uns auf Fehler in den früheren Auflagen dieses Buches hingewiesen haben.

Weiterhin möchten wir allen unseren Lehrern, Kollegen, Kunden und Freunden danken, die uns während der letzten beiden Jahrzehnten darauf aufmerksam gemacht haben, dass der Formalismus in der Software-Entwicklung einer praktischen Form bedarf. Da wir einen eher theoretischen Hintergrund haben (Mathematik und theoretische Computerwissenschaften), wirkte solider Formalismus auf uns immer reizvoll. Aber sehr früh in unseren Karrieren sind wir darin übereingekommen, dass es zur Verbesserung von Software kaum erstrebenswert sein könne, einen fünfzeiligen Code durch einen zweiseitigen »Beweis« zu fundieren. Seit dieser Zeit versuchen wir beständig unsere Vorliebe für soliden und kompletten Formalismus mit unserem Hang zu Praktischen zu verbinden. Deshalb hoffen und erwarten wir, dass OCL genau das ist: praktischer Formalismus.

Anneke Kleppe und Jos Warmer

Juni 2003, Soest, Niederlande

Teil I

Benutzerhandbuch

Kapitel 1

MDA und OCL

Dieses Kapitel erklärt, warum das Erstellen von Modellen mit möglichst vielen Informationen zu einem System sehr wichtig ist und bezieht sich hierbei besonders auf die Arbeit mit der Model Driven Architecture. Da die Model Driven Architecture selbst noch relativ neu ist, wird sie kurz vorgestellt. Dieses Kapitel zeigt, warum OCL ein unerlässliches und notwendiges Element in der Model Driven Architecture ist.

1.1 OCL – eine Einführung

Bei der *Object Constraint Language* (OCL) handelt es sich um eine Modelliersprache, mit der Software-Modelle erstellt werden können. OCL ist als Standard-»Add-on« der Unified Modeling Language (UML) definiert, wobei UML wiederum ein Object Management Group (OMG)-Standard für die objektorientierte Analyse und das objektorientierte Design darstellt. Jeder in OCL geschriebene Ausdruck beruht auf den Typen (z. B. Klassen, Schnittstellen etc.), die in den UML-Diagrammen definiert sind. Deshalb bedeutet die Verwendung von OCL zumindest die Verwendung einiger Aspekte der UML.

Die in OCL geschriebenen Ausdrücke fügen den objektorientierten Modellen und anderen Artefakten der objektorientierten Modellierung wesentliche Informationen hinzu. Diese Informationen lassen sich häufig nicht in Diagrammen ausdrücken. In der UML 1.1 wurde davon ausgegangen, dass diese Informationen auf Einschränkungen (englisch: *Constraints*) begrenzt sein würden. Diese Einschränkungen wurden als Restriktionen eines oder mehrerer Werte eines objektorientierten Modells oder von Teilen eines objektorientierten Modells oder Systems definiert. In der UML 2 wurde diese Auffassung dahingehend geändert, dass neben den *Constraints* weitaus mehr zusätzliche Informationen in ein Modell einfließen müssen. Das Formulieren von Abfragen, das Referenzieren von Werten oder das Bestimmen von Konditionen und Geschäftsregeln wird in einem Modell durch das Schreiben von Ausdrücken erreicht. OCL ist die Standardsprache, in der diese Ausdrücke in einer klaren und eindeutigen Weise geschrieben werden können.

Vor kurzem wurde eine neue Version von OCL, die Version 2.0, offiziell in der *Object Constraint Language Specification* [OCL03] definiert und wurde als solche von der OMG angenommen. Dieses Buch bezieht sich auf diese Version der OCL und erklärt, wie sie in der Software-Entwicklung verwendet werden kann.

Es besteht eine enge Beziehung zwischen allen OMG-Standards. Die neueste OMG-Initiative ist die Model Driven Architecture (MDA). Im Grunde besagt der MDA-Ansatz, dass Modelle die Basis der Software-Entwicklung bilden. Deshalb sollten Modelle gut, solide, konsistent und kohärent sein. Derartige Modelle können durch die kombinierte Verwendung von UML und OCL erstellt werden.

1.2 MDA – Model Driven Architecture

Die Model Driven Architecture (MDA) wird immer mehr zu einem wichtigen Aspekt der Software-Entwicklung. Viele Tools sind MDA-kompatibel oder behaupten es zumindest. Aber was genau ist eigentlich MDA?

Bei MDA handelt es sich um ein Framework, das unter der Aufsicht der Object Management Group (OMG) erstellt worden ist. Es definiert, wie Modelle, die in einer bestimmten Sprache definiert wurden, in Modelle anderer Sprachen übertragen werden können. Ein Beispiel für eine derartige Transformation ist die Generierung eines Datenbankschemas aus einem UML-Modell, wobei UML die Quellsprache und SQL die Zielsprache ist. Der Quellcode wird ebenfalls als Modell betrachtet. Die Code-Generierung aus einem UML-Modell ist deshalb ebenfalls eine Form der Transformation.

Dieser Abschnitt vermittelt eine kurze Einführung in MDA. Diese Einführung erhebt jedoch keinen Anspruch auf Vollständigkeit. Weitere Informationen zu MDA entnehmen Sie bitte der OMG-Website und der einschlägigen Literatur, beispielsweise in *MDA Explained, The Model Driven Architecture: Practice and Promise* von Anneke Kleppe, Jos Warmer und Wim Bast [Kleppe03].

1.2.1 PIMs und PSMs

Der Schlüssel für die Verwendung von MDA liegt in der Bedeutung der Modelle für den Software-Entwicklungsprozess. Während der Verwendung von MDA wird der Software-Entwicklungsprozess durch die Modellierung Ihres Software-Systems vorangetrieben. Der MDA-Prozess unterteilt sich in drei Schritte:

1. Erstellen eines Modells mit einem hohen Abstraktionslevel, das unabhängig von jeder Implementierungstechnik ist. Dieses Modell trägt den Namen *Platform Independent Model* (PIM).

2. Transformation des PIMs in ein oder mehrere Modelle, die so erstellt wurden, dass sie Ihr System nach den entsprechenden Implementierungskonstrukten spezifizieren können, die in einer bestimmten Implementierungstechnik zur Verfügung stehen, beispielsweise in einem Datenbankmodell oder einem EJB(Enterprise Java Beans)-Modell. Diese Modelle werden *Platform Specific Models* (PSMs) genannt.

3. Transformation der PSMs in Code.

Da ein PSM sehr stark der Technik entspricht, ist die letzte Transformation eher unkompliziert. Der komplexe Vorgang ist derjenige, in dem ein PIM in ein PSM umgewandelt wird. Die Beziehungen zwischen PIM, PSM, Quellcode sowie der jeweiligen Umwandlung sind in Abbildung 1.1 dargestellt.

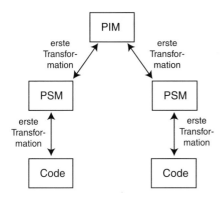

Abb. 1.1: *Das Verhältnis zwischen PIM, PSM und Code*

1.2.2 Automatisierung der Umwandlungen

Ein anderes Schlüsselelement der MDA besteht darin, dass die Umwandlungen von Tools durchgeführt werden. Viele Tools können plattformspezifische Modelle in Code umwandeln, dies ist nichts Neues. Das Neue besteht darin, dass die Umwandlung eines PIMs in ein PSM ebenfalls automatisiert wurde. Und darin bestehen die deutlichen Vorteile der MDA. Jeder, der längere Zeit mit Software-Entwicklung zu tun hatte, weiß, wie viel Zeit vor allem Routineaufgaben kosten, zum Beispiel das Erstellen eines Datenbankmodells aufgrund eines objektorientierten Designs oder das Erstellen eines COM(Common Object Model)-Komponentenmodells oder eines EJB-Komponentenmodells aus einem Entwurf auf einer höheren Abstraktionsebene. Das Ziel der MDA ist es, den umständlichen und mühsamen Teil der Software-Entwicklung zu automatisieren.

1.2.3 MDA-Bausteine

Das MDA-Framework besteht aus vielen eng miteinander verknüpften Teilen. Um das Framework verstehen zu können, müssen Sie sowohl die einzelnen Teile als auch ihre beiderseitigen Beziehungen verstehen. Deshalb werden wir uns die einzelnen Teile des MDA-Frameworks genauer ansehen: Die Modelle, die Modellierungssprachen, die Transformationswerkzeuge und die Transformationsdefinitionen, die in Abbildung 1.2 dargestellt sind.

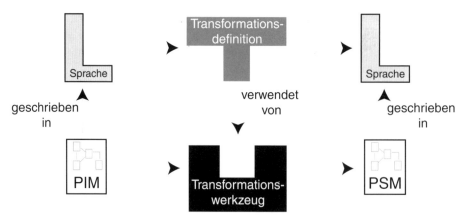

Abb. 1.2: Das MDA-Framework

Die Modelle

Das erste und wichtigste Element der MDA wird aus Modellen gebildet – den abstrakten Modellen (PIMs) und den konkreten Modellen (PSMs). Die Idee, die hinter MDA steckt, ist, dass ein PIM in mehr als ein PSM umgewandelt werden kann, wobei jedes PSM für eine andere Zielplattform erstellt wird. Wenn ein PIM Design-Entscheidungen wiedergeben würde, die ausschließlich auf eine Zielplattform abgestimmt wären, könnte ein PIM nicht in ein PSM einer anderen Zielplattform umgewandelt werden; PIMs müssen deshalb wirklich unabhängig von anderen Implementierungstechniken sein.

Umgekehrt bedeutet dies, dass ein PSM die Konzepte und Konstrukte genau reflektieren muss, die in der entsprechenden Plattform verwendet werden. Bei einem PSM, das beispielsweise auf Datenbanken ausgerichtet ist, müssen die Konzepte Tabelle, Spalte und Fremdschlüssel deutlich erkennbar sein. Die enge Beziehung zwischen einem PSM und seiner Technik gewährleistet, dass die Umwandlung in den Code effizient und effektiv ist.

Alle Modelle, das heißt, sowohl ein PSM als auch ein PIM, müssen konsistent und präzise sein und sollten so viele Informationen wie möglich zum System enthalten. Hier kann der Einsatz von OCL nützlich sein, da UML-Diagramme alleine typischerweise nicht genügend Informationen zur Verfügung stellen.

Die Modelliersprachen

Die Modelliersprachen bilden ein anderes Element des MDA-Frameworks. Da sowohl PIMs als auch PSMs automatisch umgewandelt werden, müssen sie in einer wohl definierten Standard-Modellierungssprache geschrieben sein, die von automatisierten Tools bearbeitet werden kann. Trotzdem werden PIMs von Hand geschrieben. Bevor ein System erstellt wird, ist lediglich den Menschen bekannt, was dieses System später leisten soll. Deshalb werden PIMs geschrieben, die dann von anderen Menschen verstanden und korrigiert werden. Dies stellt hohe Ansprüche an die Modellierungssprache für PIMs. Sie muss sowohl für Menschen als auch Maschinen verständlich sein.

Die PSMs werden generiert und müssen lediglich durch automatisierte Tools und durch Experten dieser spezifischen Technik verstanden werden. Die Anforderungen an die Sprachen zur Spezifizierung von PSMs sind wesentlich geringer, als die Anforderungen an die Sprache für PIMs. Zurzeit definieren so genannte Profile für UML UML-ähnliche Sprachen für spezifische Techniken, wie beispielsweise das EJB-Profil in *UML/EJB Mapping Specification* [EJB01].

Die Transformationswerkzeuge

Es gibt eine wachsende Nachfrage nach Transformationswerkzeugen. Diese Werkzeuge oder Tools implementieren den zentralen Teil des MDA-Ansatzes und automatisieren so einen wesentlichen Teil des Software-Entwicklungsprozesses. Viele Tools implementieren die Transformation von PSM nach Code (PSM-to-Code). Gegenwärtig implementieren nur wenige die Durchführung der Transformationsdefinitionen von einem PIM in ein PSM (PIM-to-PSM). Die meisten PIM-to-PSM-Tools werden mit einer PSM-to-Code-Komponente kombiniert. Mit diesen Tools soll dem Benutzer eine Flexibilität an die Hand gegeben werden, mit der er die Transformation an seine spezifischen Bedürfnisse anpassen kann.

Die Transformationsdefinitionen

Ein weiterer zentraler Teil des MDA-Frameworks wird durch die Definitionen gebildet, in denen beschrieben wird, wie ein PIM in ein spezifisches PSM und wie ein PSM in Code umgewandelt werden. Transformationsdefinitionen liegen getrennt von den Tools vor, die sie letztendlich ausführen, damit sie ebenfalls mit anderen Tools wiederverwendet werden können. Es lohnt sich nicht, eine Transformationsdefinition für den einmaligen Gebrauch zu erstellen. Deshalb ist es effektiver, wenn eine Transformation wiederholt bei unterschiedlichen PIMs oder PSMs in deren jeweils spezifischen Sprachen angewendet werden kann.

Einige Transformationsdefinitionen müssen benutzerdefiniert sein, das heißt, dass sie von den Entwicklern verfasst werden, die laut MDA-Prozess arbeiten. Transformationsdefinitionen sollten bevorzugt für jedermann frei zugänglich, eventuell sogar standardisiert und auf die individuellen Bedürfnisse des Benutzers abstimmbar sein. Einige Toolhersteller haben ihre eigenen Transformationsdefinitionen entwickelt, die bedauerlicherweise von den Benutzern meistens nicht auf deren Bedürfnisse angepasst werden können, da ihre Verwendung nicht transparent, sondern in der Funktionalität der Tools versteckt ist.

1.2.4 Die Vorteile der MDA

Dieser Abschnitt beschreibt einige Vorteile der MDA:

1. *Portabilität* erhöht heute und in Zukunft die Wiederverwendung in Applikationen und reduziert die Kosten sowie die Komplexität der Applikationsentwicklung und des Applikationsmanagements. MDA bringt uns Portabilität und Plattformunabhängigkeit, weil ein PIM wirklich plattformunabhängig ist und dazu verwendet werden kann, unterschiedliche PSMs für verschiedene Plattformen zu generieren.

2. *Produktivität* ermöglicht den Entwicklern, Designern und Systemadministratoren die Arbeit mit vertrauten Sprachen und Konzepten bei gleichzeitiger nahtloser Kommunikation und Integration zwischen den Teams. Durch die Verwendung von Tools, die die Codegenerierung aus einem PSM automatisch vornehmen, kann ein Produktivitätsgewinn erzielt werden. Dieser Gewinn kann gesteigert werden, wenn die Generierung eines PSMs aus einem PIM ebenfalls automatisiert worden ist.

3. *Cross-Plattform Interoperabilität* verwendet strikte Methoden, damit garantiert ist, dass alle Standards, die auf mehreren Implementierungstechniken basieren, dieselbe Geschäftslogik implementieren. Das Versprechen von Cross-Plattform-Interoperabilität kann durch Tools erfüllt werden, die nicht nur PSMs, sondern auch die Brücken zwischen PSMs und gegebenenfalls zu anderen Plattformen generieren.

4. *Einfachere Wartung und Dokumentation* dadurch dass MDA impliziert, dass viele der Informationen zur Applikation im PIM enthalten sein müssen. Zudem wird impliziert, dass das Erstellen eines PIMs weniger aufwändig ist, als das Schreiben von Code.

1.2.5 »Silver Bullet«?

Wenn wir Software-Entwicklern MDA vorstellen, wird meistens skeptisch reagiert: »Das funktioniert doch nie. Es ist unmöglich, aus einem Modell ein komplett funktionierendes Programm zu generieren. Der Code muss immer angepasst werden«. Verspricht MDA somit lediglich eine neue »Silver Bullet«?

Wir sind der Auffassung, dass MDA die Zukunft der Software-Entwicklung radikal verändern kann. Ein Argument dafür ergibt sich daraus, dass durch den Einsatz von MDA unter Verwendung eines guten Transformationswerkzeugs große Gewinne hinsichtlich Produktivität, Portabilität, Interoperabilität und Wartung erzielt werden, obwohl sich MDA noch in den Kinderschuhen befindet. Deshalb wird MDA heute verwendet und auch zukünftig weiter verwendet werden. Ein zweites Argument ergibt sich aus der Geschichte der Computerwissenschaft.

In den frühen 1960er Jahren befand sich unsere Branche mitten in einer Revolution. Die Verwendung existierender Assemblersprachen wurde durch prozedurale

Sprachen abgelöst. Dies ließ damals viele skeptische Stimmen laut werden, und das nicht ohne Grund. Die ersten Compiler waren nicht besonders gut. Die Programmiersprache Algol stellte den Programmierern beispielsweise die Möglichkeit zur Verfügung, dem Compiler Hinweise zu geben, wie er ein Stück Code übersetzen sollte. Viele Programmierer bezweifelten, dass der generierte Assemblercode so effizient sein könnte, wie der Assemblercode, den sie selbst geschrieben hatten. Viele Programmierer glaubten nicht daran, dass es Compiler schaffen würden, diese Zweifel aus dem Weg zu räumen.

Bis zu einem gewissen Grad behielten die Skeptiker Recht. Es gab sowohl Einbußen bei der Effizienz als auch bei der Geschwindigkeit und es konnten nicht alle Assembler-Tricks in einer prozeduralen Sprache programmiert werden. Trotzdem wurden die Vorteile der prozeduralen Sprachen zunehmend offensichtlicher. Werden abstraktere Sprachen verwendet, kann komplexere Software viel schneller erstellt werden und der daraus resultierende Code ist wesentlich einfacher zu warten. Gleichzeitig verringert eine bessere Compiler-Technik die Nachteile. Der generierte Assemblercode wurde immer effizienter. Heute ist es selbstverständlich, dass unsere Systeme nicht in Assembler programmiert werden. Tatsache ist, dass jeder, der verkünden würde, er wolle ein neues Customer-Relationship Managementsystem in Assembler erstellen, als vollkommen verrückt erklärt werden würde.

MDA beschert uns eine ähnliche, neue Revolution. Eines Tages können PIMs in PSMs *kompiliert* (transformiert) werden, die in prozeduralen Code *kompiliert* wurden (der selbst wiederum in Assembler- oder nackten Maschinencode kompiliert wurde). Die PIM-to-PSM *Compiler* (Transformationswerkzeuge) werden in den nächsten Jahren nicht besonders effizient sein. Ihre Benutzer werden nicht umhinkommen, Hinweise darüber zur Verfügung zu stellen, wie Teile eines Modells umgewandelt werden müssen. Eines Tages wird jedoch vielleicht jeder Mitarbeiter in dieser Branche den Vorteil des Arbeitens auf einem höheren Abstraktionslevel erkennen können.

Abschließend kann festgestellt werden, dass die MDA, obwohl sie sich noch in den Kinderschuhen befindet, das Potential besitzt, die Art und Weise der Software-Entwicklung radikal zu verändern. Wir sind wahrscheinlich Zeugen des Beginns eines Paradigmenwandels und in naher Zukunft wird die Software-Entwicklung ihren Fokus weg von Code und hin zu den Modellen ändern.

1.3 Modellreifegrade

Innerhalb des MDA-Prozesses zielt der Fokus der Software-Entwicklung darauf ab, ein abstraktes Modell des Systems zu produzieren. In der Software-Entwicklung werden zurzeit die UML oder eine andere Modellierungssprache verwendet. Trotzdem benutzt jeder die Standardsprache auf eine andere Weise. Um bei der Arbeit mit Modellen eine gewisse Ordnung und Transparenz zu erzielen, führen wir hier die Modeling Maturity Levels (MMLs, Modellreifegrad) ein.

Diese Reifegrade sind mit den CMM-Leveln (Capability Maturity Model) vergleichbar [CMM95].

Sie lassen erkennen, welche Rolle Modelle in Ihrem Software-Entwicklungsprozess spielen und in welche Richtung Verbesserungen dieses Prozesses gerichtet sein sollten.

Aus der Tradition heraus ergibt sich hier eine Lücke zwischen dem Modell und dem System. Das Modell wird wie ein Plan, wie Brainstorming-Material oder wie eine Dokumentation verwendet, wohingegen das System als realer Gegenstand angesehen wird. Der Code der Software weicht oft sehr weit vom Originalmodell ab. Mit jedem Modellreifegrad wird diese Lücke kleiner, wie aus Abbildung 1.3 ersichtlich, in der die rechte Seite das aktuelle System und die linke Seite das Modell des Systems darstellt.

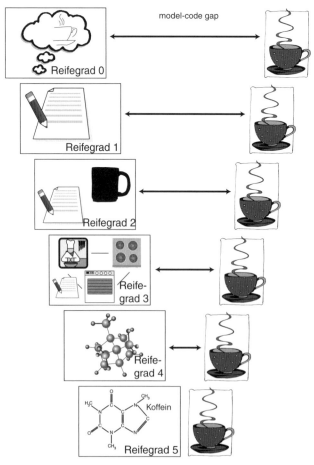

Abb. 1.3: *So überbrücken die Modellreifegrade die Lücke zwischen Modell und Code.*

Wird ein höherer Reifegrad erreicht, erhält der Ausdruck *Programmierung* eine neue Bedeutung. Je höher der Reifegrad ist, umso mehr gleichen sich Modellieren und Programmieren. Zur deutlichen Beschreibung jeden Reifegrades verwenden wir das Wort *codieren*, womit die finale Transformation aller Kenntnisse und Entscheidungen dieser Applikation – in jeder beliebigen Form – in ausführbaren Code einer Programmiersprache gemeint ist. Folglich sprechen wir nicht vom *Programmierer*, sondern vom *Codierer*.

1.3.1 Reifegrad 0: Keine Spezifikation

Auf dem untersten Reifegrad befindet sich die Spezifikation der Software lediglich in den Köpfen der Entwickler. Dieser Reifegrad ist unter nicht professionellen Software-Entwicklern üblich. Ein Entwickler entwickelt eine Idee über etwas, das er entwickeln möchte, teilt dies anderen Entwicklern mit, aber schreibt nichts dazu auf. Nachfolgend sind die Merkmale dieses Reifegrads aufgeführt:

- Es gibt häufig widersprüchliche Ansichten unter den Entwicklern sowie zwischen den Entwicklern und den Benutzern.
- Diese Arbeitsweise kann auf kleine Applikationen angewendet werden; größere und komplexere Applikationen benötigen vor dem Codieren ein gewisses Design.
- Sobald ein Codierer aus dem Prozess ausscheidet (was eigentlich immer vorkommt), ist der entsprechende Code nicht mehr zu verstehen.
- Codierer treffen ihre Wahl oft ad hoc.

1.3.2 Reifegrad 1: Text

Im Modell-Reifegrad 1 wird die Spezifikation der Software in einem oder mehreren Dokumenten in natürlicher Sprache niedergeschrieben. Diese Dokumente können mehr oder weniger formal, eventuell nach Anforderung und Systemfunktion nummeriert, lang oder kurz, oberflächlich oder detailliert sein, das ist reine Geschmackssache. Hierbei handelt es sich um den niedrigsten Reifegrad in der professionellen Software-Entwicklung. Nachfolgend sind die Merkmale dieses Reifegrads aufgeführt:

- Die Spezifikation ist nicht eindeutig, da auch die natürliche Sprache nicht eindeutig ist.
- Der Codierer nimmt aufgrund seiner persönlichen Interpretation des/der Texte/s Sachentscheidungen vor.
- Nachdem der Code verändert wurde, ist es unmöglich, die Spezifikation auf dem aktuellen Stand zu halten.

1.3.3 Reifegrad 2: Text mit Diagrammen

Im Modell-Reifegrad 2 wird die Spezifikation der Software durch ein oder mehrere Dokumente in natürlicher Sprache zur Verfügung gestellt, das/die durch verschiedene abstrakte Diagramme erweitert wurden, um die allgemeine Architektur und/oder einige komplexe Details zu erklären. Nachfolgend sind die Merkmale dieses Reifegrads aufgeführt:

- Der Text beschreibt weiterhin das System, aber er ist durch die Diagramme verständlicher geworden.
- Alle Merkmale von Reifegrad 1 sind weiterhin enthalten.

1.3.4 Reifegrad 3: Modelle mit Text

Im Modellreifegrad 3 bildet ein Satz Modelle, beispielsweise entweder Diagramme oder Text mit einer spezifischen und wohl definierten Bedeutung, die Spezifikation der Software. Zusätzlicher Text in natürlicher Sprache erklärt den Hintergrund und die Motivation zu den Modellen und ergänzt viele Details. Trotzdem bleiben die Modelle der wichtigste Teil der Design-/Analyse-Dokumente. Nachfolgend sind die Merkmale dieses Reifegrads aufgeführt:

- Die Diagramme oder formalen Texte repräsentieren wirklich die Software.
- Der Übergang vom Modell zum Code erfolgt meistens manuell.
- Nachdem der Code verändert wurde, ist es unmöglich (oder nur sehr schwer möglich), die Spezifikation auf dem aktuellen Stand zu halten.
- Der Codierer fällt weiterhin Sachentscheidungen, aber diese Entscheidungen nehmen nur wenig Einfluss auf die Architektur des Systems.

1.3.5 Reifegrad 4: Präzise Modelle

Im Modellreifegrad 4 spezifiziert ein Modell die Software, das heißt, ein konsistenter und kohärenter Satz aus Texten und/oder Diagrammen mit einer sehr spezifischen und wohl definierten Bedeutung. Hier wird der Text in natürlicher Sprache ebenfalls dazu verwendet Kommentare hinzuzufügen, die den Hintergrund und die Motivation zu den Modellen erklären. Die Modelle dieses Reifegrads sind für eine direkte Verbindung zum tatsächlichen Code präzise genug. Trotzdem besitzen sie einen unterschiedlichen Abstraktionsreifegrad. Ein Modell besteht aus mehr als lediglich Konzepten einiger Programmiersprachen, die in Diagrammen dargestellt sind. Reifegrad 4 ist der Reifegrad, auf den die Model Driven Architecture (MDA) ausgerichtet ist. In diesem Reifegrad gilt:

- Codierer nehmen keine Sachentscheidungen mehr vor.
- Es ist essentiell und einfach, Modelle und Code auf dem neuesten Stand zu halten.
- Iterative und inkrementelle Entwicklung werden durch die direkte Transformation vom Modell zum Code ermöglicht.

1.3.6 Reifegrad 5: Nur Modelle

Ein Modell des Reifegrads 5 ist eine komplette, konsistente, detaillierte und präzise Beschreibung des Systems. In Reifegrad 5 sind die Modelle so gut, dass sie die komplette Generierung des Codes ermöglichen. Am erstellten Code müssen keine Änderungen vorgenommen werden. Software-Entwickler können sich genauso auf die Model-to-Code-Generierung verlassen wie Codierer auf ihre Compiler. Der generierte Code ist für die Entwickler nicht sichtbar, da es keinen Grund gibt, in den Code hineinschauen zu müssen. Die Sprache, in der die Modelle geschrieben wurden, ist zur Programmiersprache der nächsten Generation geworden. Selbstverständlich ist weiterhin Text im Modell enthalten, aber dieser Text funktioniert wie die Kommentare im Quellcode.

Hier ist anzumerken, dass dieser Reifegrad bisher noch nirgends auf der Welt realisiert wurde. Deshalb ist dies bedauerlicherweise noch reine Zukunftstechnologie, aber unser erkennbares, ultimatives Ziel.

1.4 Erstellen besserer Modelle

Um den MDA-Prozess anwenden zu können, werden Modelle des Reifegrads 4 benötigt. Hierbei handelt es sich um den ersten Reifegrad, in dem Modelle mehr als einfach nur Papier sind. Die Modelle des Reifegrads 4 sind für einen direkte Verbindung zum Quellcode ausreichend präzise. Wenn Sie ein Modell aus dem PIM über PSM in Code umwandeln wollen, benötigen Sie diese Präzision.

Wie können Sie Modelle im Reifegrad 4 erstellen? In Abschnitt 1.1 wurde bereits erwähnt, dass eine Kombination aus UML und OCL der beste Weg zum Erstellen von PIMs ist. Durch die Spezifizierung Ihres Modells durch eine Kombination aus UML und OCL können Sie die Qualität Ihrer Modelle verbessern.

1.4.1 Warum eine Kombination aus UML und OCL?

Modellierung und insbesondere Software-Modellierung ist traditionell bedingt ein Synonym für das Erstellen von Diagrammen. Die meisten Modelle bestehen aus vielen Bildern mit »Blasen und Pfeilen« sowie ein wenig Begleittext. Die durch ein solches Modell vermittelten Informationen neigen dazu unvollständig, informell, ungenau und manchmal sogar inkonsistent zu sein.

Viele Fehler in diesen Modellen entstehen durch die Beschränkungen der verwendeten Diagramme. Ein Diagramm ist nicht in der Lage, das zu erklären, was Teil einer gründlichen Spezifikation sein sollte. In Abbildung 1.4 zeigt das UML-Modell beispielsweise eine Assoziation zwischen der Klasse *Flight* (Flug) und der Klasse *Person* (Person). Diese Assoziation zeigt an, dass eine bestimmte Gruppe Personen Passagiere eines Flugs sind, und das diese Gruppe auf der Seite der Klasse *Person* die Multiplizität viele (0..*) besitzt. Dies bedeutet, dass die Anzahl der Passagiere unbegrenzt ist. Tatsächlich ist die Zahl der Passagiere aber abhängig von der Anzahl Sitzplätze im Flugzeug, das diesen Flug vornehmen soll. Diese Restriktion kann nicht in diesem Diagramm dargestellt werden. In diesem Beispiel kann die Menge korrekt spezifiziert werden, indem dem Diagramm das folgende OCL-Constraint hinzugefügt wird:

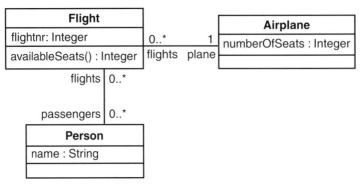

Abb. 1.4:   *Ein Modell in einem Diagramm*

```
context Flight
inv: passengers->size() <= plane.numberOfSeats
```

Ausdrücke in einer präzisen, mathematisch basierten Sprache wie OCL bieten eine Reihe Vorteile gegenüber der Verwendung von Diagrammen zur Spezifikation eines (Geschäfts- oder Software-)Systems. Diese Ausdrücke können beispielsweise nicht unterschiedlich von verschiedenen Personen, zum Beispiel einem Analysten oder einem Programmierer, interpretiert werden. Sie sind eindeutig und machen das Modell präziser und detaillierter. Diese Ausdrücke können mittels automatischer Tools überprüft werden, um sicher zu gehen, dass sie korrekt sind und zu den anderen Elementen des Modells konsistent verhalten. Die Generierung des Codes wird mächtiger.

Trotzdem kann die Repräsentation selbst oft nicht so einfach verstanden werden, wenn ein Modell in einer Sprache geschrieben ist, die das Modell allein durch Ausdrücke repräsentiert. Während beispielsweise der Quellcode als ultimatives Software-Modell angesehen werden kann, präferieren viele Personen ein grafisch dargestelltes Modell, wenn sie sich mit einem System befassen müssen. Das Gute bei einer Abbildung aus »Blasen und Pfeilen« besteht darin, dass ihre Bedeutung einfach zu erkennen ist.

Die Kombination von UML und OCL bietet dem Software-Entwickler das Beste aus beiden Welten. Viele verschiedene Diagramme zusammen mit Ausdrücken, die in OCL geschrieben wurden, können zur Spezifizierung von Modellen verwendet werden. Hier muss angemerkt werden, dass sowohl die Diagramme als auch die Ausdrücke in OCL notwendig sind, um das komplette Modell zu erhalten. Ohne die Ausdrücke in OCL wäre das Modell viel zu ungenau spezifiziert und ohne die UML-Diagramme würden sich die OCL-Ausdrücke auf nicht existierende Modellelemente beziehen, da es in OCL keine Möglichkeit gibt, Klassen und Assoziationen zu spezifizieren. Nur dann, wenn wir die Diagramme und die Constraints kombinieren, können wir das Modell vollständig spezifizieren.

1.4.2 Aufwertung durch OCL

Sind Sie immer noch nicht davon überzeugt, dass UML alleine durch die Verwendung von OCL aufgewertet wird? Das Diagramm in Abbildung 1.5 zeigt ein weiteres Beispiel mit drei Klassen: *Person*, *House*, *Mortgage* und ihre Verbindungen untereinander. Jeder, der sich dieses Modell ansieht, wird unzweifelhaft sofort annehmen, dass eine ganze Reihe Regeln zu diesem Modell gehört.

1. Eine Person wird nur dann eine Hypothek (*Mortgage*) auf ein Haus aufnehmen, wenn es ihr gehört. Es ist nämlich nicht möglich, eine Hypothek auf das Haus des Nachbarn oder eines Freundes aufzunehmen.
2. Das Datum für die Aufnahme einer Hypothek muss vor dem Datum der Ablösung einer Hypothek stehen.
3. Jede Person benötigt eine einmalige Identifizierungsnummer, beispielsweise in Deutschland die Personalausweisnummer, in den USA die Sozialversicherungsnummer (social security number).
4. Eine neue Hypothek wird nur dann gewährt, wenn das Einkommen der Person entsprechend hoch ist.
5. Eine neue Hypothek wird nur dann gewährt, wenn das Haus als Gegenwert ausreicht.

Alle diese Informationen fehlen in diesem Diagramm. Zudem gibt es keine Möglichkeit diese Regeln mit diesem Diagramm auszudrücken. Wenn diese Regeln nirgendwo dokumentiert sind, ist es möglich, dass verschiedene Leser von unterschiedlichen Voraussetzungen ausgehen. Dies hätte ein falsches Verständnis zur Folge und würde zu einer unkorrekten Implementierung des Systems führen. Werden diese Regeln in natürlicher Sprache niedergeschrieben, wie wir es weiter oben getan haben, reicht dies ebenfalls nicht aus. Definitionsgemäß ist natürlicher Text nicht eindeutig und kann somit sehr leicht unterschiedlich interpretiert werden. Das Problem des Missverständnisses und der unkorrekten Implementierung bleibt bestehen.

Lediglich dadurch, dass dieses Modell durch OCL-Ausdrücke für diese Regeln erweitert wird, kann eine komplette und präzise Beschreibung des »Hypotheken-Systems« erzielt werden. OCL ist eindeutig, so dass die Regeln nicht missverstanden werden können. Die Regeln lauten in OCL wie folgt:

```
context Mortgage
inv: security.owner = borrower
context Mortgage
inv: startDate < endDate
context Person
inv: Person::allInstances()->isUnique(socSecNr)
context Person::getMortgage(sum : Money, security : House)
pre: self.mortgages.monthlyPayment->sum() <= self.salary * 0.30
context Person::getMortgage(sum : Money, security : House)
pre: security.value >= security.mortgages.principal->sum()
```

Diese Regeln müssen im Modell aus einer Vielzahl von Gründen als OCL-Ausdrücke enthalten sein. Wie bereits weiter oben erwähnt, können so beim Betrachten des Modells Missverständnisse vermieden werden. Deshalb werden Fehler bereits in einem frühen Stadium der Entwicklung gefunden, wenn ihre Beseitigung noch mit relativ geringen Kosten verbunden ist.

Die vom Analysten, der das Modell erstellt, beabsichtigte Bedeutung ist für den Programmierer, der das Modell implementieren muss, klar erkennbar.

Falls das System nicht von Menschen gelesen wird, sondern in ein automatisches System eingegeben wird, kommt der Verwendung von OCL noch eine weitaus wichtigere Rolle zu. Tools können unter anderem zur Generierung von Simulationen und Tests, zur Überprüfung der Folgerichtigkeit, zur Generierung abgeleiteter Modelle in anderen Sprachen unter Verwendung von MDA-Transformationen und zur Generierung von Code verwendet werden. Wenn diese Arbeit von einem Computer zuverlässig geleistet werden könnte, würde diese Arbeit nur allzu gerne vom Menschen an die Maschine abgegeben werden.

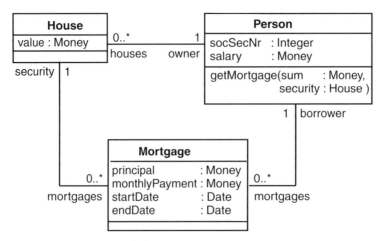

Abb. 1.5: *Das »Hypotheken-System« in einem Diagramm*

Die Automatisierung dieser Arbeit ist ausschließlich dann möglich, wenn das Modell selbst alle benötigten Informationen enthält. Ein computerisiertes Tool ist nicht in der Lage Regeln in natürlicher Sprache zu interpretieren. In OCL geschriebene Regeln beinhalten alle notwendigen Informationen für automatisierte MDA-Tools. Auf diese Art ist eine Implementierung schneller und effizienter, als wenn sie per Hand eingegeben werden würde. Zudem besteht eine garantierte Konsistenz zwischen dem Modell in UML/OCL und dem generierten Artefakt. Der Reifegrad des Software-Entwicklungsprozesses ist im Ganzen höher.

1.5 Eigenschaften der OCL

Im vorangegangenen Abschnitt haben wir gesehen, dass selbst ein einfaches drei-Klassen-Modell zusätzliche Informationen in OCL benötigt, damit es vollständig, konsistent und eindeutig ist. Wenn Ihnen lediglich das UML-Diagramm zur Verfügung stehen würde, blieben viele Fragen offen. Ein System, das alleine aufgrund des Diagramms erstellt worden wäre, wäre wahrscheinlich deshalb zwangläufig unkorrekt. Dies macht deutlich, dass OCL für das Erstellen besserer Modelle eine unerlässliche Sprache ist. Im nächsten Abschnitt werden wir uns die Merkmale von OCL genauer ansehen.

1.5.1 Eine einzige Sprache für Abfragen und Constraints

In UML 1.1 war OCL eine Sprache, mit der Constraints (Einschränkungen) für Elemente beschrieben wurden, die im Diagramm des Modells dargestellt waren. In der Einleitung zu diesem Buch wird Constraint folgendermaßen beschrieben:

> *Ein Constraint (Einschränkung) ist eine Restriktion eines oder mehrerer Werte (oder Teile) eines objektorientierten Modells oder Systems.*

Dies bedeutet, dass, obwohl die Diagramme im Modell angeben, dass bestimmte Objekt- oder Datenwerte im modellierten System vorhanden sind, diese Werte nur dann gültig sind, wenn die Bedingungen erhalten bleiben, die durch die Constraints spezifiziert wurden. Das Diagramm in Abbildung 1.4 zeigt uns beispielsweise, dass Flüge jede beliebige Anzahl an Passagieren haben können. Durch die Constraints werden diese Flüge jedoch dahingehend eingeschränkt, dass die Anzahl der Passagiere nicht über die Anzahl der im Flugzeug zur Verfügung stehenden Sitze hinausgehen kann. Flüge, für die diese Bedingung nicht zutrifft, sind im spezifizierten System nicht gültig.

In UML 2 können mit OCL nicht nur Constraints, sondern auch alle anderen Ausdrücke für Elemente in einem Diagramm geschrieben werden. Jeder OCL-Ausdruck bezeichnet einen Wert oder ein Objekt innerhalb des Systems. Der Ausdruck 1+3 ist zum Beispiel ein gültiger OCL-Ausdruck vom Typ *Integer*, der den Integerwert 4 repräsentiert. Wenn der Wert des Ausdrucks vom Typ *Boolean* ist, kann er als Constraint verwendet werden. Aus diesem Grund sind die Möglichkeiten der Sprache beträchtlich gewachsen.

OCL-Ausdrücke können überall in einem Modell verwendet werden, um einen Wert anzuzeigen. Der Wert kann entweder ein einfacher Wert, zum Beispiel Integer, sein oder auch eine Referenz auf ein Objekt, eine Wertesammlung oder eine Referenzsammlung auf Objekte darstellen. Ein OCL-Ausdruck kann beispielsweise einen booleschen Wert, der als Bedingung in einem Zustandsdiagramm verwendet wird, oder eine Nachricht in einem Interaktionsdiagramm darstellen. Ein OCL-Ausdruck kann dazu verwendet werden, sich auf ein spezifisches Objekt in einem Interaktions- oder Objektdiagramm zu beziehen. Der nächste Ausdruck definiert beispielsweise den Rumpf der Operation *availableSeats()* aus der Klasse *Flight*:

```
context Flight::availableSeats() : Integer
body: plane.numberOfSeats - passengers->size()
```

Andere Beispiele zur Verwendung von OCL-Ausdrücken beinhalten die Definition einer Ableitung eines abgeleiteten Attributs oder einer abgeleiteten Assoziation (siehe Abschnitt 3.3.8) oder die Spezifikation des Anfangswertes eines Attributs oder einer Assoziation (siehe Abschnitt 3.3.2).

Da durch einen OCL-Ausdruck jeder Wert oder jede Wertesammlung in einem System angezeigt werden kann, besitzt OCL dieselben Fähigkeiten wie SQL, nachzulesen in D. H. Akehurst and B. Bordbar, *On Querying UML Data Models with OCL* [Akehurst01]. Dies wird durch die Tatsache verdeutlicht, dass der Rumpf einer Suchoperation vollständig durch einen einzigen OCL-Ausdruck spezifiziert werden kann. Trotzdem gehören weder SQL noch OCL zu den Constraint-Sprachen. OCL ist zur selben Zeit eine Sprache für Constraints und für Abfragen.

1.5.2 Mathematische Grundlage, aber keine mathematischen Symbole

Ein herausragendes Merkmal der OCL ist ihre mathematische Grundlage. OCL basiert auf mathematischer Mengenlehre und Prädikatenlogik und besitzt eine formale mathematische Semantik, nachzulesen in Mark Richters, *A Precise Approach to Validating UML Models and OCL Constraints* [Richters01]. Trotzdem verwendet die Notation keine mathematischen Symbole. Erfahrungen mit formalen oder mathematischen Notationen lassen folgenden Schluss zu: Personen, die wissen, wie sie die Notation verwenden können, können Dinge präzise und eindeutig ausdrücken. Das Problem hierbei ist aber, dass nur sehr wenige Menschen in der Lage sind eine Notation wirklich zu verstehen. Obwohl es auf den ersten Blick so scheint, als sei eine präzise, eindeutige Notation eine gute Wahl, lässt sich eine mathematische Notation nicht als weit verbreitete Standardsprache anwenden.

Eine Modellierungssprache benötigt die Strenge und Präzision der Mathematik, aber die leichte Verwendbarkeit einer natürlichen Sprache. Diese widersprüchlichen Ansprüche müssen deshalb in das richtige Gleichgewicht gebracht werden. In OCL wurde dieses Gleichgewicht gefunden, indem die mathematischen Konzepte ohne das Hokuspokus der mathematischen Notation verwendet wird. Anstelle mathematischer Symbole verwendet OCL reine ASCII-Wörter, die dasselbe Konzept ausdrücken.

Besonders im Zusammenhang mit MDA, bei der ein Modell automatisch umgewandelt werden muss, ist eine eindeutige mathematische Grundlage für die PIM-Sprache sehr wichtig. Ein OCL-Ausdruck ist immer eindeutig, so dass unterschiedliche Tools den Ausdruck immer gleich verstehen.

Das Ergebnis ist eine präzise, eindeutige Sprache, die von jedem Anwender der Objekttechnologie sowie ihren Kunden, beispielsweise Personen, die weder Mathematiker noch Computerwissenschaftler sind, leicht gelesen und geschrieben werden kann. Falls Sie die Syntax der OCL nicht mögen, können Sie sich eine eigene definieren. Die OCL-Spezifikation ermöglicht es jedem, eine eigene Syntax zu definieren. Die einzige Bedingung, die daran geknüpft ist, besteht darin, dass die jeweilige Syntax in die im Standard definierten Sprachstrukturen abgebildet werden kann [OCL03]. In Anhang C finden Sie hierzu ein Beispiel, in dem eine andere Syntax dieselben zugrunde liegenden Strukturen beschreibt. Diese Syntax eignet sich besonders für die Geschäftsprozessmodellierung.

1.5.3 Stark typisierte Sprache

Ein besonderes Merkmal der OCL besteht darin, dass sie eine typisierte Sprache ist. OCL-Ausdrücke werden zur Modellierung und Spezifikation verwendet. Da viele Modelle nicht direkt ausgeführt werden, werden die meisten OCL-Ausdrücke geschrieben werden, bevor es eine ausführbare Version des Systems gibt. Trotzdem sollte es möglich sein, einen OCL-Ausdruck zu überprüfen, ohne dass eine ausführbare Version des jeweiligen Modells erstellt werden muss. Da es sich um eine typisierte Sprache handelt, ist es möglich, die OCL-Ausdrücke während der Modellierung und vor der Ausführung zu überprüfen. So können Fehler im Modell bereits in einem sehr frühen Stadium beseitigt werden.

Es gibt viele weitere, bekannte Programmiersprachen, die ebenfalls typisierte Sprachen sind. In diese Kategorie gehören Java, Eiffel, C#, Delphi und andere.

1.5.4 Deklarative Sprache

Ein anderes charakteristisches Merkmal besteht darin, dass OCL eine deklarative Sprache ist. In prozeduralen Sprachen, wie den Programmiersprachen, beschreiben die Ausdrücke die Aktionen, die ausgeführt werden müssen. In einer deklarativen Sprache beschreibt ein Ausdruck lediglich *was* getan werden muss, aber nicht *wie*. Damit dies sicher gestellt ist, haben OCL-Ausdrücke keine Seiteneffekte; das bedeutet, dass der Status eines Systems durch die Auswertung eines OCL-Ausdrucks nicht verändert wird. Deklarative Sprachen haben gegenüber prozeduralen Sprachen einige Vorteile.

Der Modellierer kann Entscheidungen auf einer hohen Abstraktionsebene treffen, ohne dabei alles bis ins Detail durchdenken zu müssen. Der Ausdruck im Rumpf (body) der Operation *availableSeats()* in Abschnitt 1.5.1 spezifiziert beispielsweise deutlich, was die Operation kalkulieren soll. Wie dies zu erfolgen hat, ist nicht angegeben; dies hängt von der Implementierungsstrategie des ganzen Systems ab. Eine Option besteht in der Darstellung der Assoziationen innerhalb des Codes. Wie können alle Passagiere eines *Flight* (Flug) gefunden werden? Ein *Flight*-Objekt könnte eine Referenzsammlung zu seinen Passagieren enthalten. Andererseits könnte ein *Flight* auch keine direkte Verbindung zu seinen Passagieren haben, müsste aber dann eine *Passenger*-Tabelle in einer Datenbank durchsuchen, um seine Passagiere zu finden. Eine dritte Implementierungsstrategie könnte darin bestehen, *Flight* ein zusätzliches Attribut hinzuzufügen, das die Anzahl der Passagiere beinhaltet. Hier sollte mit besonderer Sorgfalt vorgegangen werden, damit die Werte dieses Attributs sofort auf den aktuellsten Stand gebracht werden, sobald ein *Passenger* einen *Flight* bucht oder absagt. Der Ausdruck für den Rumpf in OCL lässt alle erwähnten Implementierungen zu, da hier ausschließlich das Was und nicht das Wie beschrieben wird. Falls eine prozedurale Sprache zur Spezifizierung des Rumpfes *availableSeats()* verwendet werden sollte, führt dies zwangsläufig zu einem gewissen Implementierungsstil, der für ein Modell im PIM-Level nicht wünschenswert ist.

Dadurch dass aus OCL eine deklarative Sprache geworden ist, werden die Ausdrücke in einem UML-Modell völlig in den Bereich der puren Modellierung erhoben. Hierbei wird auf die realen Details der Implementierung sowie der Implementierungssprache nicht näher eingegangen. Ein Ausdruck spezifiziert Werte auf einer hohen Abstraktionsebene und bleibt trotzdem zu 100 Prozent präzise.

1.6 Zusammenfassung

OCL ist eine Sprache, in der zusätzliche und notwendige Informationen zu Modellen und anderen Artefakten ausgedrückt werden können, die in der objektorientierten Modellierung verwendet werden. Sie sollte in Verbindung mit den grafisch dargestellten UML-Diagrammen zum Einsatz kommen.

Darüber hinaus können weitere Informationen in die Spezifikation (das Modell) aufgenommen werden, wenn OCL und UML kombiniert verwendet werden und nicht nur UML alleine. Wie Sie selbst an Hand sehr einfacher Beispiele gesehen haben, können viele essenzielle Aspekte eines Systems nicht in einem UML-Diagramm dargestellt, sondern diese Informationen können lediglich durch OCL-Ausdrücke wieder gegeben werden.

Der Reifregrad des Software-Prozesses nimmt durch die Erstellung eines kombinierten UML/OCL-Modells zu. Tools, die ein System simulieren, Tests oder Quellcode aus einem Modell generieren und Tools, die MDA unterstützen, benötigen als

Input detailliertere und präzisere Modelle. Die Qualität des Outputs dieser Tools hängt zum größten Teil von der Qualität des als Input verwendeten Modells ab.

Tools, die Tests und Quellcode aus UML/OCL generieren, machen den Entwicklungsprozess effizienter. Die in die Entwicklung der UML/OCL-Modelle investierte Zeit wird durch die anschließenden Entwicklungsstadien wieder zurückgewonnen.

OCL ist eine präzise und eindeutige Sprache, die sogar leicht von Personen verstanden wird, die weder Mathematiker noch Computerwissenschaftler sind. OCL verwendet keine mathematischen Symbole, obwohl die mathematische Strenge in ihrer Definition erhalten bleibt. Weil OCL eine typisierte Sprache ist, ist es möglich, einen in einer Spezifikation enthaltenen OCL-Ausdruck zu überprüfen, ohne dass eine ausführbare Version des Modells hergestellt werden muss.

OCL ist eine deklarative Sprache ohne Seiteneffekte. Deshalb ändert sich der Status eines Systems nicht aufgrund eines OCL-Ausdrucks. Darüber hinaus kann ein Modellierer in OCL exakt spezifizieren, was gemeint ist, ohne dass die Implementierung des zu erstellenden Systems eingeschränkt wird. Deshalb ist ein UML/OCL-Modell vollständig plattformunabhängig.

Kapitel 2

OCL durch Beispiele erlernen

Die beispielhafte Systemspezifikation in diesem Kapitel vermittelt eine kurze und informelle Einführung in OCL. Eine komplette und gründliche Beschreibung von OCL finden Sie in Teil 2 dieses Buches. Nachdem Sie dieses Kapitel gelesen haben, können Sie selbst einfache OCL-Ausdrücke in Ihre UML-Modelle einfügen.

2.1 Das Systembeispiel »Royal and Loyal«

Als Beispiel haben wir ein Computersystem für ein fiktionales Unternehmen namens Royal and Loyal (R&L) modelliert. R&L bearbeitet Treueprogramme für Unternehmen, die ihren Kunden unterschiedliche Bonusvarianten anbieten. Meistens werden diese Extras in Form von Bonuspunkten oder Flugmeilen vergeben, aber darüber hinaus sind auch andere Bonusarten möglich: Ermäßigte Preise, ein größerer Mietwagen zum Preis eines Standardmietwagens, extra oder besserer Service bei Flügen oder Ähnliches. In ein Treueprogramm kann ein Unternehmen alles aufnehmen, was es als Service anbieten möchte. Abbildung 2.1 stellt das UML-Klassenmodell dar, das R&L für die meisten seiner Kunden anwendet. Hierbei handelt es sich um ein typisches plattformunabhäniges Modell aus der MDA. Das Modell zeigt keine Abhängigkeiten zu den verwendeten Programmiersprachen, egal mit welcher das System erstellt wird.

Die zentrale Klasse des Modells ist die Klasse *LoyaltyProgram* (Treueprogramm). Ein System, das lediglich ein einziges Treueprogramm verwaltet, enthält nur eine Instanz dieser Klasse. Im Beispiel des Unternehmens R&L sind viele Instanzen dieser Klasse im System enthalten. Ein Unternehmen, das seinen Kunden eine Mitgliedschaft in einem Treueprogramm anbietet, wird *ProgramPartner* (Programmpartner) genannt. Ein oder mehrere Unternehmen können auf dasselbe Programm zugreifen. Im Beispiel können Kunden, die sich in das Treueprogramm einwählen, von allen Services profitieren, die jedes der teilnehmenden Unternehmen anbietet.

Kapitel 2
OCL durch Beispiele erlernen

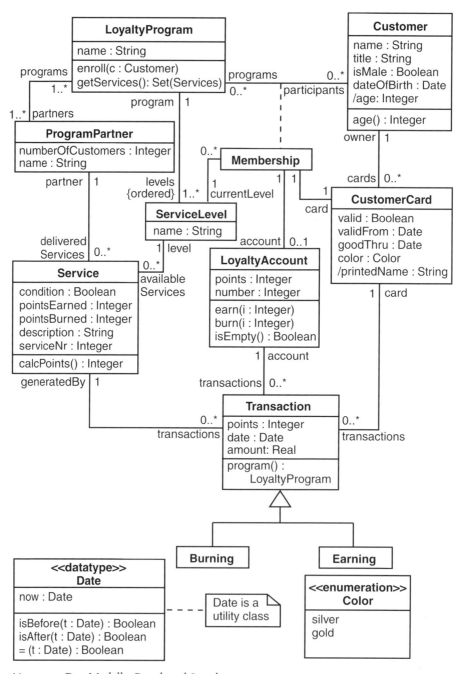

Abb. 2.1: *Das Modell »Royal and Loyal«*

Jeder Kunde eines Programmpartners kann dem Treueprogramm beitreten, indem er ein Formular ausfüllt und eine Mitgliedskarte erhält. Die Objekte der Klasse *Customer* (Kunde) stehen für die Personen, die dem Programm beigetreten sind. Die Mitgliedskarte wird durch die Klasse *CustomerCard* dargestellt und wird für eine Person ausgestellt. Die Verwendung der Karte wird nicht weiter überprüft, so dass eine einzige Karte auch von einer ganzen Familie oder einem Geschäft verwendet werden kann. Bei den meisten Treueprogrammen können Kunden Bonuspunkte sammeln. Jeder einzelne Programmpartner kann entscheiden, wann und wie viele Bonuspunkte er einem bestimmten Einkauf zuweist. Das Sammeln von Bonuspunkten kann zum Beispiel dazu verwendet werden, um einen spezifischen Service von einem Programmpartner zu »kaufen«. Um die von einem Kunden gesammelten Bonuspunkte einzusehen, kann jede Mitgliedschaft mit einer Klasse *LoyaltyAccount* (Treuekonto) verbunden werden.

Auf dieses Konto können unterschiedliche Transaktionen erfolgen. Das Treueprogramm »Silver and Gold« hat beispielsweise vier Programmpartner: Einen Supermarkt, eine Tankstellenkette, eine Autovermietung und eine Fluggesellschaft.

- Im Supermarkt kann der Kunde bei jedem Einkauf Bonuspunkte sammeln. Der Kunde erhält fünf Bonuspunkte für jeden regulären Einkauf über _ 25.
- Die Tankstellen bieten einen Rabatt von fünf Prozent bei jedem Kauf.
- Die Autovermietung bietet zwanzig Bonuspunkte pro _ 100.
- Bei der Fluggesellschaft können Kunden Bonuspunkte für Freiflüge sammeln. Für jeden normal bezahlten Flug bietet die Fluggesellschaft einen Bonuspunkt pro fünfzehn geflogener Meilen.

In diesen Beispielen gibt es zwei verschiedene Transaktionsarten. Zum einen gibt es Transaktionen, bei denen der Kunde Bonuspunkte erhält. Im Modell (in Abbildung 2.1) werden diese Transaktionen durch Unterklassen der Klasse *Transaction* (Transaktion) mit Namen *Earning* (Verdienst) dargestellt. Zum anderen gibt es Transaktionen, bei denen der Kunde Bonuspunkte verbraucht. Im Modell werden diese Transaktionen ebenfalls als Unterklasse der Klasse *Transaction* dargestellt und heißen *Burning* (Verbrauch). Die Tankstellen offerieren lediglich einen Rabatt, bieten oder akzeptieren jedoch keine Bonuspunkte. Da der Umsatz, den die Kunden generieren, erfasst werden muss, wird er in zwei parallelen Transaktionen im *LoyaltyAccount* eingetragen, wobei die Bonuspunkte der Transaktion zu gleichen Teilen auf *Earning* und auf *Burning* verteilt werden.

Kunden des Programms »Silver and Gold«, die die Mitgliedschaft extensiv nutzen, werden mit einem höheren Servicelevel belohnt: Sie erhalten die Goldcard. Über den regulären Service hinaus, werden den Besitzern der Goldcard folgende zusätzliche Services geboten:

- Der Supermarkt bietet jeden zweiten Monat ein kostenloses Produkt an. Dieses Produkt hat einen durchschnittlichen Wert von _ 25.
- Die Tankstellen bieten bei jedem Kauf einen Rabatt von 10 Prozent.
- Die Autovermietung offeriert einen größeren Wagen für denselben Preis.
- Die Fluggesellschaft bietet ihren Kunden mit Goldcard einen Sitzplatz in der Businessklasse zum Preis eines Sitzplatzes in der Economyklasse an.

Kunden müssen mindestens eine der folgenden Bedingungen erfüllen, um in den Besitz einer Goldcard zu gelangen:

- Entweder müssen sie während ihrer Mitgliedschaft innerhalb von drei aufeinander folgenden Jahren einen durchschnittlichen Umsatz von _ 5.000 im Jahr vorweisen.
- Oder sie können einen Umsatz von _ 15.000 in einem Jahr ihrer Mitgliedschaft vorweisen, wobei der Umsatz der Gesamtumsatz mit allen Programmpartnern ist.

Um die verschiedenen Servicelevel verwalten zu können, wurde die Klasse *Service-Level* in das Modell eingefügt. Ein Servicelevel wird im Treueprogramm definiert und für jede Mitgliedschaft verwendet.

R&L wirbt für dieses Programm und seine Vorzüge. R&L verwaltet die kompletten Kundendaten sowie alle Transaktionen auf den Treuekonten. Deshalb müssen die Programmpartner R&L über alle Transaktionen auf den Mitgliedskarten zum Treueprogramm informieren. Jedes Jahr versendet R&L neue Mitgliedskarten an alle Kunden. Wenn R&L es für angemessen hält, wird die Mitgliedskarte in die Goldcard getauscht. In diesem Fall sendet R&L dem Kunden die neue Goldcard zusammen mit Informationen über die zusätzlichen Serviceleistungen und entwertet die alte Mitgliedskarte.

Der Kunde kann aus dem Programm austreten, indem er eine Austrittserklärung an R&L sendet. Alle verbleibenden Bonuspunkte verfallen und die Karte wird entwertet. R&L kann die Mitgliedschaft kündigen, falls ein Kunde seine Mitgliedskarte über einen bestimmten Zeitraum nicht mehr verwendet hat. Bei dem Programm »Silver and Gold« beträgt dieser Zeitraum ein Jahr.

Wir könnten Ihnen hier weitere Informationen zu R&L geben, aber für unsere Zwecke genügen die bisherigen Informationen. Das Diagramm in Abbildung 2.1 umreißt das Modell des Systems. Jetzt ist der richtige Zeitpunkt gekommen, um die notwendigen Details mit Hilfe von Ausdrücken hinzuzufügen und einige nützliche und unentbehrliche Constraints zu erwähnen.

2.2 Hinzufügen von Extra-Informationen

Das Diagramm in Abbildung 2.1 stellt nicht alle relevanten Informationen über das System von R&L dar. In den folgenden Abschnitten werden Beispiele für zusätzliche Informationen gegeben, die nicht in einem Diagramm dargestellt, aber durch OCL-Ausdrücke spezifiziert werden können.

2.2.1 Vorgabewerte und Ableitungsregeln

Eine grundsätzliche Ergänzung zum Diagramm in Abbildung 2.1 erfolgt durch das Einbeziehen von Regeln, die die Vorgabewerte für Attribute und Assoziationsenden angeben. Regeln zu Vorgabewerten können sehr leicht ausgedrückt werden. Als Erstes muss die Klasse angegeben werden, in der sich die Attribute und Assoziationsenden befinden.

Diese Klasse wird *Kontext* genannt. Dann schreiben Sie den Ausdruck, der Ihre Regel für den Vorgabewert angibt. Ein Treuekonto wird beispielsweise immer mit null Punkten begonnen und eine Kundenkarte wird in dem Moment gültig, wenn sie ausgegeben wird.

```
context LoyaltyAccount::points
init: 0
context CustomerCard::valid
init: true
```

Ein anderer, aber unentbehrlicher Teil des Modells besteht in der Spezifikation zur Wertebestimmung eines abgeleiteten Elements. Ein Modell kann sowohl abgeleitete Attribute als auch abgeleitete Assoziationen beinhalten. Für beide kann eine so genannte *Ableitungsregel* spezifiziert werden. Hier bedeutet wiederum die Klasse den Kontext zum Ausdruck und beinhaltet die Attribute und Assoziationen. Der Ausdruck hinter dem Kontext gibt die Ableitungsregel an. Das abgeleitete Attribut *printedName* der Klasse *CustomerCard* ist beispielsweise aufgrund des Namens und Titels des Karteninhabers determiniert.

```
context CustomerCard::printedName
derive: owner.title.concat(' ').concat(owner.name)
```

In diesem Beispiel ist *printedName* eine Kombination aus dem Titel des Kunden, dem die Karte gehört, dessen Namen und dem, was zwischen den Anführungszeichen steht (z. B. 'Mr Johnson').

2.2.2 Anfrageoperationen

Anfragen sind Operationen, die den Systemstatus nicht verändern; sie geben entweder einfach einen Wert zurück oder setzen einen Wert. Die Definition eines Ergebnisses einer Anfrageoperation kann nicht in einem Diagramm wiedergegeben werden. In der OCL kann dieses Ergebnis durch das Schreiben eines *Rumpf-Ausdrucks* definiert werden. Der Name der Operation, die Parameter und die Art der Rückgabe (die Signatur) werden als Kontext wiedergegeben. Angenommen, die Klasse *LoyaltyProgram* beinhaltet beispielsweise eine Anfrage *getServices*, die alle Dienstleistungen aller Programmpartner in diesem Programm wiedergibt:

```
context LoyaltyProgram::getServices(): Set(Service)
body: partners.deliveredServices->asSet()
```

In diesem Beispiel wird das Assoziationsende *deliveredServices* der Klasse *ProgramPartner* verwendet, das einen Set (eine Menge) *Services* beinhaltet. Diese *Services*-Mengen werden für alle Ausprägungen der Klasse *ProgramPartner* in einem Set gesammelt und kombiniert, die mit einer Ausprägung der Klasse *LoyaltyProgram* verbunden sind, von der aus die Operation *getServices* aufgerufen wird. Dieses Set ist das Ergebnis der Anfrageoperation.

Im *Rumpf*-Ausdruck können die Parameter der Operation verwendet werden. Stellen Sie sich vor, Sie benötigen eine verbesserte Version der Operation *getServices*. Diese Operation verwendet als Parameter ein Programmpartnerobjekt und gibt die Services zurück, die durch das Parameterobjekt geliefert werden, wenn es ein Partner innerhalb dieses Programms ist. In diesem Fall kann die verbesserte Operation wie folgt spezifiziert werden:

```
context LoyaltyProgram::getServices(pp: ProgramPartner)
                      : Set(Service)
body: if partners->includes(pp)
      then pp.deliveredServices
      else Set{}
      endif
```

Das Ergebnis dieser Anfrageoperation ist entweder das Set *Services*, das durch den Parameter *pp* gehalten wird, oder eine leeres Set, wenn das Parameterbeispiel der Klasse *ProgramPartner* kein Partner der Klasse *LoyaltyProgram* ist, für die die Anfrage aufgerufen worden ist.

Hier ist anzumerken, dass es hier außer der Notation keinen Unterschied zwischen den abgeleiteten Attributen und den Anfrageoperationen ohne Parameter gibt. Die Anfrageoperation muss mit Klammern versehen werden.

2.2.3 Definieren neuer Attribute und Operationen

Obwohl viele Elemente des Modells bereits in der UML enthalten sind, können Attribute und Operationen mittels OCL-Ausdrücken hinzugefügt werden. Die Klasse, der Attribute oder Operationen hinzugefügt werden, gilt als der Kontext.

Ein auf diese Weise definiertes Attribut ist immer ein abgeleitetes Attribut. Der Ausdruck, der das Attribut definiert, umfasst sowohl den Namen und Typ des Attributs als auch die Ableitungsregeln. Wir möchten beispielsweise ein Attribut namens *turnover* in die Klasse *LoyaltyAccount* einfügen, das alle *amount*-Attribute (also alle Beträge) der Transaktionen eines Kontos aufsummieren soll. Dieses Attribut kann mit dem folgenden Ausdruck definiert werden. Der Teil nach dem Gleichheitszeichen gibt die Ableitungsregel für das neue Attribut an:

```
context LoyaltyAccount
def: turnover : Real = transactions.amount->sum()
```

Die Ableitungsregel resultiert in einer einzigen reellen Zahl, die sich aus der Summe der *amount*-Attribute aller derjenigen Transaktionen ergibt, die mit der Instanz der Klasse *LoyaltyAccount* assoziiert sind, in der sich das neu definierte Attribut befindet.

Eine in einem OCL-Ausdruck definierte Operation ist immer eine Anfrageoperation. Der Ausdruck nach dem Gleichheitszeichen benennt den Rumpf-Ausdruck. Wir möchten beispielsweise die Operation *getServicesByLevel* in die Klasse *LoyaltyProgram* einfügen. Dieser Anfragevorgang gibt ein Set aller Services für einen bestimmten Level eines Treueprogramms zurück:

```
context LoyaltyProgram
def: getServicesByLevel(levelName: String): Set(Service)
    = levels->select( name = levelName ).availableServices->asSet()
```

Das Ergebnis des Rumpf-Ausdrucks errechnet sich aus einer Selektion der mit der Instanz *LoyaltyProgram* assoziierten Level, für die die Operation *getServicesByLevel* aufgerufen wurde. Es gibt lediglich die in *ServiceLevel* zur Verfügung stehenden Services zurück, deren Namen dem Parameter *levelName* entsprechen. Warum die Operation *asSet* verwendet wird, ist in Abschnitt 2.4.2 erklärt.

2.3 Hinzufügen von Invarianten

Durch Invarianten können zu einem Modell weitere Informationen hinzugefügt werden. Eine *Invariante* ist ein Constraint, das für ein Objekt während seiner kompletten Lebensdauer wahr (true) sein sollte. Invarianten repräsentieren häufig Regeln, die für die tatsächlichen Objekte gelten sollten, nach denen die Software-Objekte modelliert werden.

2.3.1 Invarianten bei Attributen

Eine vernünftige und wünschenswerte Regel für jedes Treueprogramm von R&L wäre es, dass jeder Kunde, der in ein Treueprogramm aufgenommen wird, das gesetzlich vorgeschriebene Alter hat. Dies bedeutet, dass im Modell das Attribut *age* jedes Kundenobjektes gleich oder größer 18 sein muss. Dies kann in Form einer Invarianten dargestellt werden:

```
context Customer
inv ofAge: age >= 18
```

Invarianten zu einem oder mehreren Attributen einer Klasse können auf sehr einfache Weise ausgedrückt werden. Die Klasse, auf die sich die Invariante bezieht, ist der Kontext der Invariante. Darauf folgt ein boolescher Ausdruck, der die Invariante angibt. Alle Attribute dieser Kontext gebenden Klasse können in dieser Invarianten verwendet werden.

2.3.2 Der Typ des Attributs ist eine Klasse

Falls es sich bei dem Attribut nicht um einen Standardtyp wie *Boolean* oder *Integer* handelt, sondern der Typ selbst eine Klasse ist, können Sie die zu dieser Klasse definierten Attribute oder Anfrageoperationen verwenden, um die Invariante unter Verwendung der Punkt-Notation zu schreiben. Die Klasse *CustomerCard* enthält beispielsweise zwei Attribute *validFrom* und *goodThru* vom Typ *Date*. Eine einfache, aber sehr nützliche Invariante dieser beiden Attribute gibt an, dass das Datum *validFrom* zeitlich vor *goodThru* angesiedelt sein soll:

```
context CustomerCard
inv checkDates: validFrom.isBefore(goodThru)
```

Diese Invariante verwendet die Operation *isBefore* der Klasse *Date*, um festzustellen, ob das Datum im Parameter einen späteren Zeitpunkt bezeichnet als das Datumsobjekt, auf dem die Operation aufgerufen wird. Das Ergebnis ist ein boolescher Wert. Hier ist anzumerken, dass Sie ausschließlich Operationen verwenden sollten, die den Wert eines Attributs auf keinen Fall verändern; in diesem Zusammenhang sind lediglich die so genannten Anfrageoperationen erlaubt.

2.3.3 Invarianten bei assoziierten Objekten

Invarianten können ebenballs Regeln für assoziierte Objekte angeben. Die Regel, dass jeder Kartenbesitzer volljährig sein sollte, kann ebenfalls wie folgt angegeben werden:

```
context CustomerCard
inv ofAge: owner.age >= 18
```

Um eine Invariante bei einem assoziierten Objekt anzugeben, wird der Rollenname der Assoziation verwendet, um eine Verbindung zu dem Objekt am anderen Ende herzustellen. Falls der *Rollenname* nicht zur Verfügung steht, sollten Sie den Namen der Klasse verwenden. Hier ist anzumerken, dass es die vorherige OCL-Version erforderte, dass der Klassenname mit einem Kleinbuchstaben am Anfang geschrieben wurde. In Version 2 sollte der verwendete Name jedoch mit dem Namen der Assoziationsklasse identisch sein. Jedem Assoziationsende sollte ein *Rollenname* gegeben werden. Das Verfolgen einer Assoziation unter Verwendung von *Rollennamen*, um zu den entsprechenden Instanzen zu gelangen, wird *Navigation* genannt.

Die Suche nach dem richtigen Kontext zu einer Invarianten kann zu einer Herausforderung werden. Normalerweise ist der Kontext der richtige Kontext, für den die Invariante auf einfachste Weise ausgedrückt werden kann und/oder für die die Invariante am einfachsten zu überprüfen ist.

2.3.4 Die Verwendung von Assoziationsklassen

Assoziationsklassen können ebenfalls in OCL-Ausdrücken verwendet werden. Hier gelten jedoch besondere Regeln. Assoziationsklassen müssen keinen *Rollennamen* haben. Aus diesem Grund wird der Name der Assoziationsklasse zum Verweis auf eine Ausprägung dieser Klasse verwendet. Die vorherige OCL-Version erforderte es, dass der Klassenname mit einem Kleinbuchstaben am Anfang geschrieben wurde. In Version 2 sollte der Name jedoch mit dem Namen der Assoziationsklasse identisch sein. Die folgende Invariante verwendet die Assoziationsklasse *Membership* um anzuzeigen, dass der Servicelevel jeder Mitgliedschaft ein Servicelevel sein muss, der dem Treueprogramm bekannt ist, für das die Invariante gilt:

```
context LoyaltyProgram
inv knownServiceLevel: levels->
            includesAll(Membership.currentLevel)
```

Wird die Assoziationsklasse als Kontext verwendet, können Sie unter Verwendung der *Rollennamen* zu den Ausprägungen der beiden Klassen an den Enden der Assoziation navigieren, zu der die Assoziationsklasse gehört:

```
context Membership
inv correctCard: participants.cards->includes(self.card)
```

Da eine Assoziationsklasse tatsächlich eine eigene Klasse darstellt, kann sie gewöhnliche Assoziationen zu anderen Klassen haben. Auf diese kann, wie in Abschnitt 2.3.3 erklärt, verwiesen werden. Nachfolgend wird beispielsweise eine Anfrageoperation für die Assoziationsklasse *Membership* definiert, wobei die gewöhnliche Assoziation zwischen *Membership* und *ServiceLevel* verwendet wird:

```
context Membership
def : getCurrentLevelName() : String = currentLevel.name
```

2.3.5 Verwendung von Aufzählungen

In einem UML-Modell können Aufzählungsarten definiert werden. Eine Aufzählungsart kann beispielsweise als Typ eines Attributs einer Klasse in einem UML-Klassenmodell verwendet werden. Die Werte einer Aufzählungsart werden in einem OCL-Ausdruck durch den Namen der Aufzählungsart, gefolgt von zwei Doppelpunkten, gefolgt vom Wertenamen angezeigt. Ein Beispiel dazu findet sich in der Klasse *CustomerCard* wieder, in der das Attribut *color* zwei verschiedene Werte haben kann – entweder *silver* oder *gold*. Die folgende Invariante gibt an, dass die Farbe dieser Karte dem Servicelevel der Mitgliedschaft entsprechen muss:

```
context Membership
inv levelAndColor:
    currentLevel.name = 'Silver' implies card.color = Color::silver
    and
    currentLevel.name = 'Gold' implies card.color = Color::gold
```

2.4 Arbeiten mit Objektsammlungen

Meistens ist die Multiplizität einer Assoziation größer als 1, wobei ein Objekt mit einer Sammlung von Objekten der assoziierten Klasse verbunden ist. Um mit einer derartigen Sammlung arbeiten zu können, stellt OCL eine Reihe von Operationen für Sammlungen zur Verfügung und unterscheidet zwischen zwei verschiedenen Sammelarten.

2.4.1 Arbeiten mit Operationen für Sammlungen

Immer wenn am Ende einer Navigation eine Objektsammlung steht, können Sie eine der *Operationen für Sammlungen* (collection operations) zur Manipulation dieser Sammlung verwenden. Um die Verwendung einer vordefinierten Operation für Sammlungen anzuzeigen, müssen Sie zwischen dem *Rollennamen* und der Operation einen Pfeil platzieren. Wenn Sie eine Operation verwenden, die in einem UML-Modell definiert wurde, müssen Sie einen Punkt verwenden.

Die Operation size

Bei dem Treueprogramm des Unternehmens R&L wäre es erforderlich, dass den Kunden mindestens ein Service angeboten wird. Mit der Punkt-Notation können Sie von dem Kontext des Treueprogramms über die Programmpartner bis zu den Services, die diese liefern, navigieren. Am Ende steht eine Sammlung von *Service*-Instanzen. Mit der Pfeil-Notation können Sie die vordefinierte Operation *size* anwenden. Die Regel würde wie folgt lauten:

```
context LoyaltyProgram
inv minServices: partners.deliveredServices->size() >= 1
```

Die Operation select

Eine andere Invariante des R&L-Modells erfordert, dass die Anzahl der gültigen Karten für jeden Kunden mit der Anzahl der Programme, an denen der Kunde teilnimmt, übereinstimmen muss. Diese Constraints können durch die Verwendung der Operation *select* auf die Menge ausgedrückt werden. Die Operation *select* verwendet einen OCL-Ausdruck als Parameter. Das Ergebnis von *select* ist eine Untermenge der Menge, auf die es angewendet wurde. Hierbei ist der Parameter-Ausdruck für alle Elemente der Ergebnis-Untermenge wahr (true). Im nachfolgenden Beispiel ist das Ergebnis von *select* eine Untermenge von *cards* und das Attribut *valid* ist wahr:

```
context Customer
inv sizesAgree:
    programs->size() = cards->select( valid = true )->size()
```

Die Operationen forAll und isEmpty

Desweiteren ist es für das R&L-Modell relevant, dass Instanzen nutzlos sind und nicht vorhanden sein sollten, falls keiner der Services, die in einem *LoyaltyProgram* angeboten werden, bei den Instanzen von *LoyaltyAccount* dem Konto gutgeschrieben werden oder das Konto belasten. Wir verwenden die Operation *forAll* für die Sammlung aller Services, um darzulegen, dass alle Services diese Bedingungen erfüllen. Die Operation *forAll* verwendet wie *select* einen Ausdruck als Parameter. Das Ergebnis ist ein boolescher Wert: Es ist wahr, wenn der Ausdruck für alle Elemente der Sammlung als wahr bewertet wird, denn ansonsten ist es falsch. Die folgende Invariante gibt an, dass die Mitglieder des *LoyaltyProgram*s keine *LoyaltyAccount*s haben, wenn das *LoyaltyProgram* es nicht ermöglicht, Punkte zu sammeln und zu verbrauchen. Das bedeutet, dass die Sammlung der *LoyaltyAccount*s, die mit *Membership* assoziiert sind, leer sein muss:

```
context LoyaltyProgram
inv noAccounts: partners.deliveredServices->forAll(
            pointsEarned = 0 and pointsBurned = 0 )
                implies Membership.account->isEmpty()
```

Hier ist anzumerken, dass das Definieren eines Constraints für eine Klasse bereits impliziert, dass die Bedingung für alle Instanzen der Klasse gilt. Deshalb gibt es keinen Grund folgende Zeilen zu schreiben:

```
context LoyaltyProgram
inv noAccounts: forAll( partners... )
```

Tatsächlich handelt es sich hier um einen falschen Ausdruck. Die Operation *forAll* wird dann benutzt, wenn bereits eine Untermenge aller Instanzen einer Klasse existiert und wir die Elemente dieser Untermenge überprüfen wollen. Im vorangegangenen Beispiel sind alle Services, die von den Partnern eines bestimmten *LoyaltyPrograms* geliefert wurden, eine Untermenge aller Instanzen der Klasse *Service*. Diese Untermenge wird daraufhin untersucht, dass lediglich die Services darin enthalten sind, deren *pointsEarned* und *pointsBurned* gleich null sind. (Für weitergehende Informationen zu diesem Thema siehe Abschnitt 3.10.3.)

Das vorangegangene Beispiel stellt zudem zwei logische Operationen vor: *and* und *implies*. Die Operation *and* ist die normale logische *UND*-Operation für boolesche Werte. Die Operation *implies* gibt an, dass der zweite Teil ebenfalls wahr sein muss, wenn der erste Teil bereits wahr ist; wenn der ersten Teil nicht wahr ist, spielt es keine Rolle, ob der zweite Teil wahr ist, denn der ganze Ausdruck ist dann wahr.

Die Operation collect

Eine sehr häufig verwendete Operation für Sammlungen ist die Operation *collect*. Sie wird beispielsweise verwendet, wenn Sie die Menge aller Werte eines bestimmten Attributs aller Objekte einer Sammlung haben wollen. Tatsächlich benutzen viele Beispiele in diesem Kapitel diese Operation, da die Punkt-Notation eine Abkürzung für die Verwendung der Operation *collect* ist. Sehen Sie sich beispielsweise den folgenden Ausdruck im Kontext von *LoyaltyProgram* an:

```
partners.numberOfCustomers
```

Eine weitere Möglichkeit dies zu schreiben, wäre

```
partners->collect( numberOfCustomers )
```

Dies bedeutet, dass für jedes Element in der Sammlung der Partner eines Treueprogramms der Wert des Attributs *numberOfCustomers* zu einer neuen Sammlung hinzugefügt wird. In diesem Fall beinhaltet diese Integer-Werte.

Die daraus resultierende Sammlung ist keine Untermenge der Originalsammlung. In den meisten Fällen ist es tatsächlich so, dass sich der Typ der Elemente in der entstandenen Sammlung vom Typ der Elemente in der manipulierten Sammlung unterscheidet. In unserem Fall enthält die Sammlung *partners* Elemente des Typs *ProgramPartner*, während in der Sammlung, die aus der Anwendung der Operation *collect* herrührt, Elemente des Typs *Integer* enthalten sind.

Die Operation *collect* kann nicht nur zum Sammeln der Attributwerte verwendet werden, sondern auch, um eine neue Sammlung aus den Objekten an den Assoziationsenden zu erstellen. Der nächste Ausdruck, der bereits in diesem Abschnitt verwendet wurde, ist ein Beispiel für einen impliziten Gebrauch der Operation *collect* auf Assoziationsenden:

```
partners.deliveredServices
```

Eine weitere Möglichkeit dies zu schreiben, wäre

```
partners->collect( deliveredServices )
```

Bei jedem Element in der Sammlung der Partner eines Treueprogramms wird der Wert des Assoziationsendes *deliveredServices* zu einer neuen Sammlung hinzugefügt. In diesem Fall enthält er Referenzen auf Instanzen der Klasse *Service*.

Weitere Operationen für Sammlungen

Dieser Abschnitt enthält weitere Operation für Sammlungen (eine komplette Liste finden Sie in Kapitel 9):

- *notEmpty* - dies ist wahr, wenn die Sammlung mindestens ein Element enthält
- *includes(object)* - dies ist wahr, wenn *object* ein Element der Sammlung ist
- *union(collection of objects)* - ergibt eine Sammlung von Objekten, in der alle Elemente aus beiden Mengen vorkommen
- *intersection(collection of objects)* - ergibt sich in einer Sammlung von Objekten, in der diejenigen Elemente , die in beiden Mengen gleichzeitig vorkommen, enthalten sind

2.4.2 Sets, Bags, OrderedSets und Sequences

Bei der Arbeit mit Objektsammlungen sollten Sie die Unterschiede zwischen einem *Set*, einem *Bag*, einem *OrderedSet* und einer *Sequence* kennen. In einem *Set* taucht jedes Element nur einmal auf. In einem *Bag* können Elemente mehr als einmal vorkommen. Eine *Sequence* ist ein *Bag*, in dem die Elemente geordnet vorliegen. Ein *OrderedSet* ist ein *Set*, in dem die Elemente geordnet vorliegen.

Navigationen, die in Sets und Bags enden

Damit Sie verstehen können, warum diese Unterschiede so wichtig sind, sollten Sie einen Blick auf das Attribut *numberOfCustomers* der Klasse *ProgramPartner* werfen. Wir wollen darlegen, dass dieses Attribut die Anzahl der Kunden beinhaltet, die in mindestens einem Treueprogramm teilnehmen, das von den Programmpartnern angeboten wird. In OCL würde dies wie folgt ausgedrückt werden:

```
context ProgramPartner
inv nrOfParticipants:
    numberOfCustomers = programs.participants->size()
```

Trotzdem gibt es ein Problem in Zusammenhang mit diesem Ausdruck. Ein Kunde kann an mehr als einem Treueprogramm teilnehmen. Das heißt mit anderen Worten, dass eine Referenz zu demselben Objekt der Klasse *Customer* in der Sammlung *program.participants* wiederholt werden kann. Deshalb handelt es sich bei dieser Sammlung um ein *Bag* und nicht um ein *Set*. Im vorangegangenen Ausdruck werden diese Kunden zweimal gezählt, dies ist nicht in unserem Interesse.

In OCL ist es die Regel, dass Sie mit einer *Bag* enden, sobald Sie entlang mehr als einer Assoziation mit einer Multiplizität größer 1 navigieren. Das heißt, wenn Sie von A zu mehr als einem B und von dort zu mehr als einem C gehen, ergibt sich ein *Bag* aus Cs. Sobald Sie nur entlang einer dieser Assoziationen navigieren, erhalten Sie ein *Set*. Es gibt Standardoperationen, mit denen ein Typ in jeden der anderen Typen umgewandelt werden kann. Unter Verwendung dieser Operationen können Sie die vorherige Invariante wie folgt verbessern:

```
context ProgramPartner
inv nrOfParticipants:
    numberOfCustomers = programs.participants->asSet()->size()
```

Wenn Sie eine Assoziation mit einer Multiplizität größer 1 zum gewünschten Ende hin navigieren und von dort aus wiederum eine Assoziation mit einer Multiplizität größer 1 zum gewünschten Ende hin navigieren, resultiert dies wieder in einem *Bag*. Der Ausdruck *transactions.generatedBy* aus dem Kontext von *CustomerCard* bezeichnet ein *Bag* aus Instanzen von *Service*. Jeder Service kann mit mehr als einer Transaktion assoziiert werden, deshalb kann es vorkommen, dass in einem Transaktionsset einige Services mehrmals aufgeführt werden.

Navigationen zu OrderedSet und Sequences

Wenn Sie eine mit *{ordered}* gekennzeichnete Assoziation navigieren, ergibt sich eine Sammlung des Typs *OrderedSet*. Wenn Sie die oben beschriebenen Regeln befolgen, dann ergibt sich eine *Sequence*, falls sie mehr als eine Assoziation navigieren und eine dieser Assoziationen mit *{ordered}* gekennzeichnet ist. Bestimmte Standardoperationen arbeiten mit der Reihenfolge eines *OrderedSets* oder einer *Sequence*: *first, last* und *at(index)*. Die einzige geordnete Assoziation im R&L-Modell befindet sich zwischen *LoyaltyProgram* und *ServiceLevel*. Im Kontext von *LoyaltyProgram* endet der Ausdruck *serviceLevel* in einem *OrderedSet*. Wir können angeben, dass das erste Element in diesem *OrderedSet* den Namen *Silver* haben muss:

```
context LoyaltyProgram
inv firstLevel: levels->first().name = 'Silver'
```

2.5 Hinzufügen von Vor- und Nachbedingungen

Vor- und Nachbedingungen sind Constraints, die die Applizierbarkeit und die Wirkung einer Operation spezifizieren, ohne dass ein Algorithmus oder eine Implementierung angegeben werden. Werden sie zu einem Modell hinzugefügt, führt dies zu einer vollständigeren Spezifikation des Systems.

2.5.1 Einfache Vor- und Nachbedingungen

Der Kontext zu Vor- und Nachbedingungen wird durch den Namen der Klasse spezifiziert, die die Operation und die Operationssignatur enthält (Name, Parameter und Rückgabetyp). Im Beispiel zu R&L hat die Klasse *LoyaltyAccount* eine Operation *isEmpty*.[1] Wenn die Anzahl der Punkte auf dem Konto null entspricht, gibt die Operation den Wert *true* zurück. In der Nachbedingung wird dies verdeutlicht. Sie gibt an, dass die Operation das Ergebnis des booleschen Ausdrucks *points = 0* zurückgegeben hat. Der Rückgabewert der Operation wird durch das Schlüsselwort *result* angegeben:

```
context LoyaltyAccount::isEmpty(): Boolean
pre : -- none
post: result = (points = 0)
```

Für diese Operation gibt es keine Vorbedingung, so dass wir den mit doppeltem Bindestrich gekennzeichneten Kommentar *none* (keine) an der Stelle eingefügt haben, an der normalerweise die Vorbedingungen stehen würden. Vorbedingung können, auch wenn sie leer sind, optional eingefügt werden. Dies ist eine Frage des Stils. Unserer Meinung nach sollten zur Verdeutlichung selbst leere Vorbedingungen angegeben werden. Falls dieses Beispiel beispielsweise Teil einer Operationsliste inklusive ihrer Vor- und Nachbedingungen wäre und die Vorbedingung für die Operation *isEmpty* die einzige wäre, die in dieser Liste fehlen würde, könnte der Leser dies missverstehen und annehmen, dass die Vorbedingung versehentlich vergessen worden wäre.

2.5.2 Vorherige Werte in Nachbedingungen

In einer Nachbedingung kann der Ausdruck sich gleichzeitig auf zwei Momente beziehen:

- Auf den Wert am Anfang der Operation
- Auf den Wert am Ende der Operation

Normalerweise ist der Wert eines Attributs, eines Assoziationsendes oder einer Anfrageoperation in einer Nachbedingung der Wert am Ende einer Operation. Um sich auf den Wert einer Eigenschaft zu Beginn einer Operation zu beziehen, muss das Schlüsselwort @*pre* an den Namen der Eigenschaft angehängt werden. Dies zeigt das folgende Beispiel:

```
context Customer::birthdayHappens()
post: age = age@pre + 1
```

---

[1] Hier ist anzumerken, dass diese Operation mit der Operation *isEmpty*, die auf Sammlungen definiert ist, nicht übereinstimmt.

Der Begriff *age* bezieht sich auf den Wert des Attributs nach der Durchführung der Operation. Der Begriff *age@pre* bezieht sich auf den Wert des Attributs *age* vor der Durchführung der Operation.

Falls Sie den vorherigen Wert einer Anfrageoperation benötigen, müssen Sie *@pre* an den Operationsnamen vor den Parametern anhängen. Dies sehen Sie im folgenden Beispiel:

```
context Service::upgradePointsEarned(amount: Integer)
post: calcPoints() = calcPoints@pre() + amount
```

Das Anhängen von *@pre* ist ausschließlich in OCL-Ausdrücken erlaubt, die Teil einer Nachbedingung sind.

2.5.3 Botschaften in Nachbedingung

Ein weiterer Punkt, der ausschließlich in Nachbedingung erlaubt ist, ist das Spezifizieren einer stattgefundenen Kommunikation. Diese kann mit Hilfe des Operators *hasSent* ('^') durchgeführt werden. Sie können zum Beispiel das Standard-Beobachter-Muster spezifizieren:

```
context Subject::hasChanged()
post: observer^update(12, 14)
```

Der Ausdruck *observer^update(12, 14)* ist dann wahr, wenn während der Durchführung der Operation *hasChanged()* eine Update-Nachricht mit den Argumenten *12* und *14* an das *observer*-Objekt gesendet wurde. Hierbei ist *update()* entweder eine in der Klasse *observer* definierte Operation oder ein Signal, das irgendwo anders im UML-Modell spezifiziert wurde. Das/die Argument/e des Nachrichtenausdrucks (hier *12* und *14*) müssen mit den Parametern der Operation- oder Signaldefinition übereinstimmen.

2.6 Vererbung beachten

Bei der Verwendung von Vererbung liegt der Vorteil darin, dass ein Objekt, das die Schnittstelle der Oberklasse verwendet, nichts über die Unterklassen wissen muss. Trotzdem kann es manchmal vorkommen, dass die Unterklassen ausdrücklich erwähnt werden sollen. Im Beispiel zum Unternehmen R&L möchten die Programmpartner die Anzahl der auszugebenden Bonuspunkte limitieren. Sie haben festgesetzt, dass maximal 10.000 Punkte durch die Verwendung der Services eines Partners gesammelt werden können. Die folgende Invariante summiert für einen Partner alle Punkte aller Transaktionen. Sie spezifiziert dies jedoch nicht unserer Absicht entsprechend, da sie nicht zwischen *Burning-* und *Earning-*Transaktionen unterscheidet:

```
context ProgramPartner
inv totalPoints:
    deliveredServices.transactions.points->sum() < 10,000
```

Um die Unterklassen zu bestimmen, zu denen ein Element dieser Sammlung von Transaktionen gehört, verwenden wir die Standardoperation *oclIsTypeOf*. Diese Standardoperation verwendet entweder eine Klasse, einen Datentyp, eine Komponente oder einen Schnittstellennamen als Parameter. Damit wir alle Instanzen dieser Unterklasse aus der Sammlung erhalten, verwenden wir die Operation *select*. Mit der Operation *collect* erhalten wir eine Punktesammlung aus der Sammlung gewinnbringender Transaktionen. Dies sind die Punkte, die durch die Operation *sum* gesammelt und mit der maximalen Vergabe an Punkten verglichen werden. Deshalb müsste die korrekte Invariante wie folgt heißen:

```
context ProgramPartner
inv totalPointsEarning:
    deliveredServices.transactions
        ->select( oclIsTypeOf( Earning ) ).points->sum() < 10,000
```

2.7 Kommentare

In jedem Modell sind Kommentare notwendig, um das menschliche Verständnis zu erleichtern. Dies gilt ebenfalls für ein UML/OCL-Modell. In der Praxis hat es sich bewährt, jeden OCL-Ausdruck mit einem Kommentar zu versehen. Ein Zeilenkommentar wird durch zwei Minuszeichen angezeigt: --. Alles, was nach dieser Markierung in derselben Zeile steht, gilt als Kommentar. Kommentare, die mehr als eine Zeile beanspruchen, können durch /* und */ begrenzt werden.

Die vorangegangene Invariante hätte folgenden Kommentar haben können:

```
/* die folgende Invariante gibt an, dass die maximale Anzahl der Punkte,
   die durch den Service eines Programmpartners gesammelt werden kann,
   10.000 entspricht
*/
context ProgramPartner
inv totalPointsEarning:
    deliveredServices.transactions       -- alle Transaktionen
      ->select( oclIsTypeOf( Earning ) ) -- wähle gewinnbringende Trans-
aktionen aus
        .points->sum()             -- sammelt alle Punkte
            < 10,000               -- Summe kleiner als 10.000
```

2.8 Let-Ausdrücke

Manchmal werden lange Ausdrücke geschrieben, in denen Unterausdrücke mehrmals verwendet werden. Der *let*-Ausdruck ermöglicht es Ihnen, eine Variable zu definieren, die anstelle der Unterausdrücke verwendet werden kann. Das folgende Beispiel zeigt, dass entweder das Datum von *validFrom* oder von *goodThru* auf einer Kundenkarte geändert werden müssen, um die Karte zu entwerten. Es wird eine eigene Variable namens *correctDate* definiert, mit der angezeigt wird, ob das aktuelle Datum zwischen dem Datum von *validFrom* und *goodThru* liegt oder nicht:

```
context CustomerCard
inv: let correctDate : Boolean =
            self.validFrom.isBefore(Date::now) and
            self.goodThru.isAfter(Date::now)
     in
        if valid then
           correctDate = false
        else
           correctDate = true
        endif
```

Ein *let*-Ausdruck kann in jeden beliebigen OCL-Ausdruck aufgenommen werden. Die neu definierte Variable ist ausschließlich innerhalb dieses spezifischen Ausdrucks bekannt.

2.9 Zusammenfassung

In diesem Kapitel haben Sie anhand von Beispielen gelernt, wie OCL-Ausdrücke geschrieben werden. Diese Beschreibung der OCL ist jedoch weder vollständig noch detailliert oder präzise. In Teil 2 dieses Buches wird die vollständige Spezifikation der Sprache OCL vorgestellt. In den nachfolgenden Kapiteln dieses Teils wird erklärt, wie Sie die OCL-Ausdrücke für das Modellieren verwenden können.

Kapitel 3

Erstellen von Modellen mit OCL

Dieses Kapitel vermittelt, wie ein UML-Modell durch OCL-Ausdrücke erweitert werden kann, so dass es zu einem derart reichhaltigen Modell wird, dass es automatisierten Tools als Eingabe zur Verfügung stehen kann. Wenn nichts anderes angegeben ist, beziehen sich alle Beispiele in diesem und den folgenden Kapiteln auf das System des Unternehmens R&L, wie es in Abbildung 2.1 dargestellt ist.

3.1 Was ist ein Modell?

Bevor wir beschreiben, wie ein Modell erstellt wird, müssen wir wissen, was mit dem Begriff *Modell* gemeint ist. Dieser Begriff kommt in verschiedenen Kontexten vor und hat oft eine ganz unterschiedliche Bedeutung. Das R&L-System, das im vorherigen Kapitel dargestellt wurde, wird beispielsweise oft als *Klassenmodell* bezeichnet. Ein Zustandsdiagramm heißt manchmal auch *Zustandsmodell*. Handelt es sich bei diesen beiden Modellen um unterschiedliche, voneinander unabhängige Begriffe oder sind sie lediglich Teile ein und derselben Sache?

3.1.1 Definitionen

In diesem Buch beschreibt ein Modell ein System, das eine klar definierte Sprache verwendet. Deshalb lautet die Antwort auf die weiter oben gestellte Frage, dass beide Begriffe unterschiedliche Sichtweisen desselben Modells darstellen. Sowohl Klassen- als auch Zustandsdiagramme weisen Elemente auf, die dasselbe System in derselben Sprache beschreiben – nämlich UML.

Wir verwenden den Begriff *Modell*, wenn wir uns auf eine logische und kohärente Menge aus Modellelementen beziehen, die sowohl Merkmale als auch Restriktionen aufweisen können. Die Modellelemente stellen hierbei die kompositorischen Elemente dar, die in Artefakten verwendet werden können, die in UML und/oder OCL verfasst wurden. Klassen sind beispielsweise Modellelemente und deshalb folglich Zustände. Attribute und Operationen sind Merkmale der Klassen, wohingegen Ableitungsregeln und Invarianten Restriktionen für Attribute und Klassen darstellen. Da die meisten Modelle mithilfe von Tools erstellt werden, wird der Ort, an dem alle Modellelemente gespeichert sind, als *Modell-Repository* bezeichnet.

Der Begriff *Diagramm* wird dann verwendet, wenn ein bestimmter Blickwinkel auf den Bestand der Modellelemente angezeigt werden soll. Unter Verwendung dieser

Definitionen zeigt die Abbildung 2.1 den Teil des R&L-Modells, der in einem *Diagramm* dargestellt werden kann. Modellelemente können entweder in einem, in vielen oder in keinem Diagramm dargestellt werden. Sobald ein Element in einem Modell-Repository vorkommt, ist es Teil dieses Modells. Es muss dann in keinem Diagramm dargestellt werden. Selbst wenn ein Modellelement in einem Diagramm präsentiert wird, ist es nicht notwendig, dass alle Merkmale gezeigt werden. Eine Klasse kann beispielsweise in zwei Diagrammen dargestellt werden. Das erste Diagramm kann alle Attribute enthalten, aber keine Operationen, während im zweiten Diagramm alle Operationen, aber keine Attribute enthalten sind. Die in diesem Buch verwendeten Definitionen fassen dies wie folgt zusammen:

> *Ein Modell ist eine konsistente und kohärente Menge aus Modellelementen inklusive Merkmalen und Restriktionen.*
>
> *Ein Modell-Repository ist die Archivierung aller Modellelemente in einem automatisierten Tool.*
>
> *Ein Diagramm stellt eine Sicht auf die Modellelemente eines Modells dar.*

3.1.2 Ein Modell ist eine konsistente und kohärente Einheit

Jedes Modell muss eine integrierte, konsistente und kohärente Einheit ergeben. Es muss klar ersichtlich sein, in welcher Relation die im Diagramm dargestellten Entitäten zu den Entitäten anderer sichtbarer Teile eines Modells stehen. Im vorangegangenen Beispiel muss erkennbar sein, dass in beiden Klassendiagrammen dieselbe Klasse dargestellt ist. Es muss ebenfalls erkennbar sein, dass die Objekte in einem Interaktionsdiagramm Instanzen der im Modell vorhandenen Klassen sind. Die Klassen können in einem der Klassendiagramme abgebildet sein. Ein anderes Beispiel für die Beziehungen zwischen Modellelementen, die in verschiedenen Diagrammen gezeigt werden, besteht in der Verbindung zwischen einem Zustandsdiagramm mit all seinen Zuständen und Übergängen sowie der zu diesem Zustandsdiagramm gehörenden Klasse. Diese Klasse muss im Modell vorhanden sein und kann in anderen Diagrammen dargestellt werden. Die Attribute und Operationen der im Klassendiagramm dargestellten Klasse können ebenfalls in einem Zustandsdiagramm dargestellt werden, zum Beispiel in einer Bedingung für Übergänge.

OCL-Ausdrücke werden meistens nicht in einem Diagramm gezeigt, sind aber dennoch ein Teil des Modells. Sie befinden sich in dem zugrunde liegenden Repository. Automatisierte Tools verwenden diese OCL-Ausdrücke in einem Modell zusätzlich zu den anderen Informationen in diesem Modell. Hierzu müssen wir festlegen, wie die UML-Diagramme und die OCL-Ausdrücke miteinander verbunden sind. Die Relation zwischen den in einem Diagramm gezeigten OCL-Ausdrücken und den Entitäten eines Diagramms muss deutlich erkennbar sein. Das Bindeglied zwischen einer Entität in einem UML-Diagramm und einem OCL-Ausdruck wird *Kontextdefinition* eines OCL-Ausdrucks genannt.

3.1.3 Der Kontext eines OCL-Ausdrucks

Die *Kontextdefinition* eines OCL-Ausdrucks spezifiziert die Entität in einem Modell, für die der OCL-Ausdruck definiert worden ist. Normalerweise handelt es sich hierbei um eine Klasse, eine Schnittstelle, einen Datentyp oder eine Komponente. Aus praktischen Gründen verwenden wird den Begriff *Typ* im übrigen Teil dieses Buches dazu entweder eine Klasse, eine Schnittstelle, einen Datentyp oder eine Komponente anzuzeigen. In der Sprache des UML-Standards wird dies *Classifier* genannt, aber wir bevorzugen den eher intuitiven Begriff *Typ*.

Manchmal handelt es sich bei der Entität um eine Operation und ganz selten sogar um eine Instanz. Es ist jedoch immer ein spezifisches Element des Modells, das normalerweise in einem UML-Diagramm definiert wird. Dieses Element wird *context* (Kontext) des Ausdrucks genannt.

Über den Kontext hinaus ist es wichtig, den *kontextuellen Typ* eines Ausdrucks zu kennen. Der kontextuelle Typ ist entweder der Typ des Kontexts oder seines Containers. Dies ist deshalb wichtig, weil OCL-Ausdrücke für ein einzelnes Objekt ausgewertet werden, das immer eine Instanz des kontextuellen Typs darstellt. Um den Kontext von der Instanz, für die der Ausdruck ausgewertet wird, auseinander halten zu können, wird die Instanz *kontextuelle Instanz* genannt. Manchmal ist es notwendig, sich explizit auf die kontextuelle Instanz zu beziehen. Zu diesem Zweck wird das Schlüsselwort *self* verwendet (siehe Abschnitt 6.1.2).

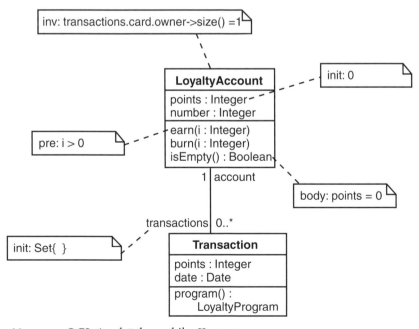

Abb. 3.1: *OCL-Ausdrücke und ihr Kontext*

In Abbildung 3.1 ist beispielsweise der kontextuelle Typ für alle Ausdrücke die Klasse *LoyaltyAccount*. Die Vorbedingung (*pre: i>0*) hat als Kontext die Operation *earn*. Wenn dies ausgewertet wird, ist die kontextuelle Instanz eine Instanz von *LoyaltyAccount*, für die die Operation aufgerufen wurde. Der Anfangswert (*init: 0*) hat als Kontext das Attribut *points*. Die neu erstellte Instanz der Klasse *LoyaltyAccount* ist dann die kontextuelle Instanz.

3.2 UML-Diagramme als Basis

Wenn ein neues Modell begonnen werden soll, muss als Erstes eine Reihe Diagramme erstellt werden. Das wichtigste Diagramm in einem Modell ist das Klassendiagramm. Hier laufen alle Informationen im Modell zusammen, da jedes Modell aus Klassen und Komponenten besteht. Die Verwendung von OCL hängt sehr stark von den Typen (Klassen, Datentypen etc.) ab, die in einem UML-Klassendiagramm definiert worden sind. Dieses Diagramm sollte deshalb als Erstes erstellt werden. Die anderen Diagramme können nach Nutzen und Vorliebe erstellt werden.

Im zweiten Schritt sollte identifiziert werden, wo es notwendig ist, dass explizit Extrainformationen festgelegt werden. Nachfolgend sind einige offensichtliche Situationen aufgeführt, die nach zusätzlichen Informationen verlangen:

- Es kann sein, dass Elemente zu ungenau spezifiziert erscheinen. Dies ergibt sich zum Beispiel, wenn ein Attribut als *abgeleitet* definiert wurde, aber keine Ableitungsregeln vergeben worden sind.

- Geschäftsregeln müssen in das Modell eingebaut werden. Dies wird in zahlreichen Invarianten ausgedrückt, nachzulesen in Hans-Erik Eriksson und Magnus Penker, *Business Modeling with UML, Business Patterns at Work* [Eriksson00].

- Das System verlangt nach präziserer Definition der Schnittstellen. Deshalb werden den Operationen Vor- und Nachbedingungen hinzugefügt.

- Einige Aspekte der Diagramme erscheinen ohne festgelegte Invarianten nicht eindeutig.

In den nachfolgenden Abschnitten werden Situationen beschrieben, in denen es unerlässlich ist, den Diagrammen Ausdrücke hinzuzufügen, damit sich ein vollständiges und eindeutiges Modell ergibt.

3.3 Vervollständigung von Klassendiagrammen

Ein in einem Klassendiagramm dargestelltes Modell kann durch zusätzliche Informationen an den verschiedensten Stellen erweitert werden. Die meisten der in diesem Abschnitt vorgestellten Beispiele erweitern das Klassendiagramm des R&L-Systems, das bereits in Kapitel 2, Abbildung 2.1 dargestellt wurde.

3.3.1 Ableitungsregeln

Abgeleitete Attribute und Assoziationen werden oft durch Modelle definiert. Ein abgeleitetes Element kann nicht alleine stehen. Der Wert eines abgeleiteten Elements muss immer durch andere (Basis-) Werte im Modell determiniert werden. Wird es versäumt, den Wert eines Elements abzuleiten, ergeben sich unvollständige Modelle. Mit OCL kann die Ableitung in einer Ableitungsregel ausgedrückt werden. Im nachfolgenden Beispiel wird der Wert des abgeleiteten Elements *usedServices* so definiert, dass es allen Services entspricht, zu denen Transaktionen auf dem Konto generiert worden sind:

```
context LoyaltyAccount::usedServices : Set(Services)
derive: transactions.service->asSet()
```

Hier ist anzumerken, dass die Frage, ob es sich bei *usedServices* um ein Attribut oder eine Assoziation handelt, durch das/die UML-Diagramm/e beantwortet werden muss. In unserem Beispiel wurde dies im Diagramm in Kapitel 2 nicht dargestellt, so dass wir diese Frage auch nicht beantworten können. Abgeleitete Attribute werden oft in den Diagrammen überhaupt nicht dargestellt, sondern durch Attributdefinitionen in der OCL definiert (siehe Abschnitt 3.9.1).

3.3.2 Vorgabewerte

In der Modellinformation kann der Vorgabewert eines Attributs oder einer Assoziation durch einen OCL-Ausdruck spezifiziert werden. Im nachfolgenden Beispiel beträgt der Vorgabewert des Attributs *points* 0 und der Vorgabewert des Assoziationsendes *transactions* ist eine leere Menge:

```
context LoyaltyAccount::points : Integer
init: 0
context LoyaltyAccount::transactions : Set(Transaction)
init: Set{}
```

Achten Sie auf den Unterschied zwischen einem Vorgabewert und einer Ableitungsregel. Eine Ableitungsregel drückt eine Invariante aus: Das abgeleitete Element sollte immer den Wert haben, der in der Regel definiert ist. Ein Vorgabewert muss lediglich in dem Moment, in dem die kontextuelle Instanz erstellt wird, zutreffen. Nach diesem Moment kann das Attribut jederzeit einen anderen Wert annehmen.

3.3.3 Der Rumpf von Anfrageoperationen

Ein Klassendiagramm kann mehrere Anfrageoperationen einführen. Anfrageoperationen sind Operationen, bei denen es keine Seiteneffekte gibt, da sie beispielsweise den Zustand einer Instanz innerhalb des Systems nicht verändern. Anfrageoperationen enden in einem Wert oder einer Wertemenge, ohne dass der

Status des Systems verändert wird. Anfrageoperationen können im Klassendiagramm dargestellt werden, aber ausschließlich durch die Spezifizierung des Operationsergebnisses werden sie vollständig definiert. Mit OCL kann das Ergebnis in einem einzigen Ausdruck namens *body expression* dargestellt werden. Tatsächlich handelt es sich bei OCL um eine ausgewachsene Anfragesprache, die durchaus mit SQL verglichen werden kann. Dies beschreiben auch D. H. Akehurst und B. Bordbar in *On Querying UML Data Models with OCL* [Akehurs01]. Dies illustriert die Verwendung der Rumpf-Ausdrücke.

Das nächste Beispiel drückt aus, dass die Operation *getCustomerName* immer den Namen des Kartenbesitzers angibt, der mit dem Treuekonto verbunden ist:

```
context LoyaltyAccount::getCustomerName() : String
body: Membership.card.owner.name
```

3.3.4 Invarianten

Eine andere Methode zur Erweiterung eines Klassendiagramms besteht in der Bestimmung einer Invarianten. Der Begriff Invariante ist wie folgt definiert:

> *Eine Invariante ist ein boolescher Ausdruck, der eine Bedingung festlegt, die immer von allen Instanzen des Typs, für den die Invariante definiert wurde, zutreffen muss.*[1]

Eine Invariante wird mit einem *booleschen* Ausdruck beschrieben, der als wahr festgelegt wird, wenn der Invariante entsprochen wird. Die Invariante muss sowohl bei der Vervollständigung des Konstruktors als auch bei der Vervollständigung jeder öffentlichen Operation wahr sein, aber nicht notwendigerweise während der Ausführung der Operationen. Wird eine Invariante in ein Modell eingebaut, bedeutet dies, dass jedes System, das entsprechend dem Modell erstellt wurde, falsch ist, sobald die durch die Invariante dargestellte Regel gebrochen wird. Was zu tun ist, wenn einer Invarianten nicht entsprochen wird, finden Sie in Abschnitt 4.6.2.

Im folgenden Beispiel müssen alle Karten, die Transaktionen auf dem Treuekonto generieren, denselben Besitzer haben:

```
context LoyaltyAccount
  inv oneOwner: transactions.card.owner->asSet()->size() = 1
```

Invarianten können Namen gegeben werden, was sich dann als sinnvoll herausstellen kann, wenn von begleitenden Texten Verweise hergestellt werden müssen. Die vorangegangene Invariante hat den Namen *oneOwner*.

---

[1] Präziser ausgedrückt, bedeutet dies, dass eine Invariante in allen konsistenten Zuständen des Systems wahr sein muss. Wenn das System beispielsweise eine Operation ausführt, befindet es sich nicht in einem konsistenten Zustand, so dass die Invariante nicht wahr sein muss. Sobald die Ausführung jedoch beendet ist, muss die Invariante natürlich wieder wahr sein.

3.3.5 Vor- und Nachbedingungen

Mit Vor- und Nachbedingungen zu Operationen kann ein in einem Klassendiagramm dargestelltes Modell auf andere Weise vervollständigt werden. Da Vor- und Nachbedingungen nicht spezifizieren, wie der Rumpf einer Operation implementiert werden soll, können sie die Schnittstellen im System auf eine effektive Weise definieren. Die Begriffe sind wie folgt definiert:

> *Eine Vorbedingung ist ein boolescher Ausdruck, der in dem Moment wahr sein muss, wenn die Operation mit ihrer Ausführung beginnt.*

> *Eine Nachbedingung ist ein boolescher Ausdruck, der in dem Moment wahr sein muss, wenn die Operation ihre Ausführung beendet.*

Hier ist darauf hinzuweisen, dass Vor- und Nachbedingungen ausschließlich zu einem bestimmten Zeitpunkt wahr sein müssen: Beispielsweise vor und nach der Ausführung einer Operation. Im Gegensatz dazu müssen Invarianten immer wahr sein.

Mit OCL-Ausdrücken können sowohl Vor- und Nachbedingungen von Operationen aller UML-Typen als auch Vor- und Nachbedingungen von Use Cases spezifiziert werden. Auf die erste Option wird in diesem Abschnitt eingegangen, während die zweite in Abschnitt 3.8.1 erklärt wird. Im nachfolgenden Beispiel meldet sich ein Kunde, der im System eventuell durch die Teilnahme an einem anderen Treueprogramm bereits bekannt ist, unter der Bedingung in einem Treueprogramm an, dass sein Attribut *name* nicht leer ist. Die Nachbedingungen der Operation *enroll* (Anmeldeoperation) stellen sicher, dass der neue Kunde in die Kundenliste des Treueprogramms aufgenommen wurde:

```
context LoyaltyProgram::enroll(c : Customer)
pre : c.name <> ''
post: participants = participants@pre->including( c )
```

Hier ist anzumerken, dass eine selbst einfache Nachbedingung wie *myVar = 10* keinen bestimmten Befehl im Rumpf der Operation spezifiziert. Die Variable *myVar* kann auf viele Arten den Wert *10* annehmen. Es folgen einige Beispiel-Implementierungen in Java:

```
-- verwenden Sie eine andere Variable
otherVar = 10;
-- beziehen Sie hier andere Statements mit ein
myVar = otherVar;
-- verwenden Sie eine Berechnung
myVar = 100/10;
-- verwenden Sie ein anderes Objekt
myVar = someElement;   -- wenn der Wert von someElement 10 entspricht
```

Das Prinzip bei der Verwendung von Vor- und Nachbedingungen wird häufig auch *Design by Contract*-Prinzip genannt. *Design by Contract* kann in Zusammenhang mit jeder objektorientierten Entwicklungsmethode verwendet werden. Die folgenden Abschnitte beschreiben das Prinzip und seine Vorteile.

Design by Contract

Die Definition des Begriffs *contract* in Zusammenhang mit dem *Design by Contract* leitet sich aus der rechtlichen Idee eines Vertrages ab: Eine eindeutige, gesetzmäßige Regelung zwischen zwei Parteien, in der beide Parteien Verpflichtungen anerkennen und die die Basis der Rechte beider Parteien darstellt. Bezogen auf objektorientierte Begriffe ist ein Vertrag ein Mittel, um die Verantwortlichkeiten eines Objekts klar und eindeutig festzulegen. Ein Objekt ist dafür verantwortlich, Services (die Verpflichtungen) ausschließlich dann auszuführen, wenn bestimmte Vereinbarungen (die Rechte) erfüllt sind. Ein Vertrag ist die exakte Spezifikation einer Objektschnittstelle. Alle Objekte, die die angebotenen Services nutzen wollen, werden *Clients* (Kunden) oder *Consumers* (Verbraucher) genannt. Das Objekt, das die Services anbietet, heißt *Supplier* (Anbieter).

Obwohl die Idee zu einem Vertrag aus der rechtlichen Praxis stammt, wird sie nicht eins zu eins in der Objekttechnologie umgesetzt. Ein Vertrag wird von einem Anbieter unabhängig davon angeboten, ob ein Client vorhanden ist oder nicht. Trotzdem ist ein Client an die Konditionen eines Vertrags gebunden, wenn er die Services eines Vertrags in Anspruch nimmt.

Ein Vertrag beschreibt die Services, die ein Objekt zur Verfügung stellt. Für jeden Service beschreibt er explizit die beiden folgenden Dinge:

- Die Bedingungen, zu denen der Service zur Verfügung gestellt wird.
- Eine Spezifikation des Ergebnisses des zur Verfügung gestellten Services, unter der Voraussetzung, dass die Bedingungen erfüllt werden.

Ein Beispiel für einen Vertrag ist in Zusammenhang mit den Briefkästen in den Niederlanden Folgendes:

> *Ein Brief, der vor 18:00 Uhr eingeworfen wird, wird am Morgen des nächsten Werktags innerhalb der Niederlande zugestellt.*

Ein weiteres Beispiel ist ein Vertrag für einen Express-Service:

> *Für zwei Euro wird ein Brief mit einem maximalen Gewicht von 80 Gramm innerhalb der Niederlande innerhalb von 4 Stunden zugestellt.*

Tabelle 3.1 zeigt die Rechte und Pflichten beider Parteien für das Beispiel der Lieferung im Express-Service. Hier ist anzumerken, dass die Rechte der einen Partei direkt auf die Pflichten der anderen Partei abgebildet werden können.

Ein Vertrag kann ziemlich kompliziert werden – beispielsweise, wenn er zum Verkauf eines Hauses aufgesetzt wird. Ein wichtiger Punkt in einem Vertrag besteht darin, dass die Rechte und Pflichten eindeutig sein müssen. In der Software wird der Begriff *formale Spezifikation* verwendet. Beide Parteien profitieren von einem klaren Vertrag:

- Der Anbieter kennt die genauen Konditionen, unter denen sein Service verwendet werden kann. Falls der Kunde seinen Pflichten nicht nachkommt, trägt der Anbieter für die Konsequenzen keine Verantwortung. Dies bedeutet, dass der Anbieter davon ausgehen kann, dass die Konditionen *immer* erfüllt werden.

- Der Kunde kennt die genauen Konditionen, zu denen er den angebotenen Service nutzen oder nicht nutzen kann. Wenn der Kunde darauf bedacht ist, dass die Konditionen erfüllt werden, ist die korrekte Ausführung des Services garantiert.

Die Schnittstelle, die durch ein Objekt angeboten wird, besteht aus einer ganzen Reihe Operationen, die durch das Objekt ausgeführt werden können. Für jede Operation kann ein Vertrag vorgesehen werden. Die Rechte des Objekts, das den Vertrag anbietet, werden in den Vorbedingungen spezifiziert. Die Pflichten werden durch die Nachbedingungen spezifiziert.

Falls die Vertragsbedingungen von einer der Parteien nicht erfüllt werden, gilt der Vertrag als gebrochen. Falls dies eintreten sollte, ist genau feststellbar, wer den Vertrag gebrochen hat: Entweder hat der Kunde die spezifizierten Bedingungen nicht erfüllt oder der Anbieter hat seinen Service nicht korrekt ausgeführt. Versagen einer Vor- oder Nachbedingung – das heißt, eine der Bedingungen ist nicht wahr, wenn sie es sein sollte - bedeutet den Bruch des Vertrags. In Eiffel, der einzigen Sprache, die das Design-by-Contract-Prinzip implementiert, wird eine Ausnahme ausgelöst, wenn eine Vor- oder Nachbedingung nicht zutrifft. Auf diese Art wird aus dem Ausnahmemechanismus ein wesentlicher Teil des Prinzips *Design by Contract*.

Partei	Pflichten	Rechte
Verbraucher	zahlt 2 Euro	der Brief wird innerhalb 4 Stunden geliefert
	liefert einen Brief unter 80 Gramm	
	spezifiziert die Lieferadresse innerhalb der Niederlande	
Express-Service-Unternehmen	der Brief wird innerhalb 4 Stunden geliefert	die Lieferadressen befinden sich innerhalb der Niederlande erhält 2 Euro alle Briefe wiegen unter 80 Gramm

Tabelle 3.1: *Rechte und Pflichten eines Vertrags*

3.3.6 Botschaften in Nachbedingung

Der Umstand, dass eine Nachbedingung angibt, dass eine bestimmte Operation aufgerufen wurde, ist besonders bei der Definition von Schnittstellen sehr hilfreich. Im Eclipse-Framework, einer offenen Plattform zur Tool-Integration, die durch eine offene Community von Tool-Providern (www.eclipse.org) erstellt wurde, ist jede Datei in einem Projekt enthalten. Verschiedene *Builder*, die dafür verantwortlich sind, assoziierte Dateien auf dem aktuellen Stand zu halten, können mit dem Projekt verlinkt werden. Ein Beispiel für einen *Builder* ist der Java-Compiler, der eine .java-Datei in eine .class-Datei kompiliert. Sobald eine Datei gesichert wird, werden alle *Builder* durch Aufruf ihrer Operation *incrementalBuild* darüber informiert. Es gibt keinen Grund, offen zu legen, wie das Framework dies bewerkstelligt, aber es ist notwendig die Eclipse-Entwickler über dieses Feature zu informieren. Eine einfache Nachbedingung zur *Save*-Operation der Klasse *File* reicht völlig aus:

```
context File::save()
post: self.project.builders->forAll( b : Builder |
b^incrementalBuild() )
```

Allgemein gesagt, sollte die Nachbedingung der Operationen Informationen zu Nachrichten enthalten, wenn das Bedürfnis besteht, dynamische Aspekte eines Modellelements ohne die Enthüllung der aktuellen Implementierung zu spezifizieren. Hier muss noch einmal darauf hingewiesen werden, dass eine Nachbedingung keine Befehle im Rumpf einer Operation spezifiziert. Die Nachricht kann auf unterschiedlichste Art gesendet worden sein. Die Nachbedingung gibt lediglich an, dass sie gesendet wurde. Es folgen einige Beispiel-Implementierungen, die in Java möglich sind:

```
-- nehmen Sie alle Builder und machen Sie eine Schleife über die Sammlung
Builders[] builders = getProject().getBuilders();
for(int i=0; i<builders.size; i++) {
   builders[i].incrementalBuild();
}
-- überlassen Sie einem anderen Objekt die Aufgabe, die Builder aufzurufen
someObject.takeCareOfBuilders( getProject() );
-- überlassen Sie dem Projekt die Aufgabe, die Builder aufzurufen
getProject().callBuilders();
```

3.3.7 Zyklen in Klassenmodellen

Viele Klassenmodelle stellen Zyklen in dem Sinn dar, dass Sie bei einer Instanz starten, durch verschiedene Assoziationen navigieren und dann bei einer Instanz derselben Klasse wieder ankommen. In einem Klassendiagramm wird dies als ein

Zyklus von Klassen und Assoziationen dargestellt. Sehr oft ist ein derartiger Zyklus der Grund für Zweideutigkeiten.

Das in Abschnitt 1.4.2 und in Abbildung 3.2 erneut dargestellte Beispiel zeigt ein Klassendiagramm mit einem Zyklus. In diesem Modell besitzt eine Person (*Person*) *ein Haus (House)*, das durch eine Hypothek (*Mortgage*) abbezahlt wird. Die Hypothek (*Mortgage*) hat als Sicherheit das Haus (*House*), das die Person (*Person*) besitzt. Obwohl das Modell auf den ersten Blick korrekt erscheint, hat es einen Fehler. Besser gesagt, es ist ungenau und kann deshalb nicht eindeutig verstanden werden. Das Modell erlaubt es einer Person, eine Hypothek zu besitzen, die durch ein Haus gesichert ist, das aber einer anderen Person gehört. Dies ist aber nicht die Intention des Modells. Die notwendige Invariante kann einfach durch das folgende Stück OCL-Code angegeben werden:

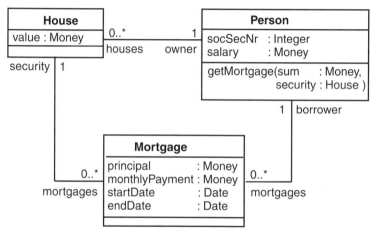

Abb. 3.2: *Ein Zyklus in einem Klassenmodell*

```
context Person
inv: self.mortgages.security.owner
    ->forAll(owner : Person | owner = self)
```

Im Allgemeinen sollten Zyklen in Klassenmodellen sorgfältig überprüft und die Constraints dieser Zyklen als Invarianten bei einer der Klassen des Zyklus angegeben werden. Die Invariante oder die Invarianten müssen besonders sorgfältig geschrieben werden, wenn die Multiplizitäten in einem Zyklus größer als eins sind.

3.3.8 Definieren abgeleiteter Klassen

Eine Sicht ist ein bekanntes Konzept im Bereich der relationalen Datenbanksysteme. In einem UML/OCL-Modell existiert ein ähnliches Konzept. Dieses Konzept wird *abgeleitete Klasse* genannt. Eine abgeleitete Klasse ist eine Klasse, deren Merkmale vollständig aus bereits existierenden Klassen und anderen abgeleiteten Klassen abgeleitet werden können. Das Konzept der abgeleiteten Klasse wurde von Michael Blaha und William Premerlani in *Object-Oriented Modeling and Design for Database Applications* [Blaha98] vorgestellt und von H. Balsters in *Modeling Database Views with Derived Classes in the UML/OCL-framework* [Balsters03] formalisiert.

Es ist beispielsweise im R&L-System sinnvoll, eine abgeleitete Klasse zu definieren, die einen Transaktionsbericht für den Kunden, wie in Abbildung 3.3 dargestellt, enthält. Die Attribute, Assoziationsenden und Anfrageoperationen dieser Klasse können durch die folgenden Ausdrücke definiert werden:

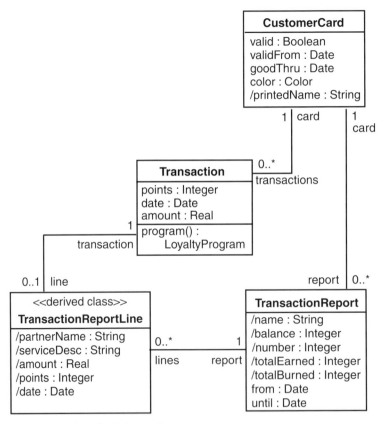

Abb. 3.3: *Eine abgeleitete Klasse*

```
context TransactionReportLine::partnerName : String
derive: transaction.generatedBy.partner.name
context TransactionReportLine::serviceDesc : String
derive: transaction.generatedBy.description
context TransactionReportLine::points : Integer
```

```
derive: transaction.points
context TransactionReportLine::amount : Real
derive: transaction.amount
context TransactionReportLine::date : Date
derive: transaction.date
```

Die Klasse *TransactionReport* wurde nicht vollständig abgeleitet. Bei den Attributen *from* und *until* handelt es sich um normale Attribute ohne Ableitungsregeln. Alle anderen Attribute können abgeleitet werden:

```
context TransactionReport::name : String
derive: card.owner.name
context TransactionReport::balance : Integer
derive: card.Membership.account.points
context TransactionReport::number : Integer
derive: card.Membership.account.number
context TransactionReport::totalEarned : Integer
derive: lines.transaction->select( oclIsTypeOf( Earning ) )
        .points->sum()
context TransactionReport::totalBurned : Integer
derive: lines.transaction->select( oclIsTypeOf( Burning ) )
        .points->sum()
```

Um die Definition dieser Klasse zu vervollständigen, werden einige Invarianten benötigt. Die Invariante *dates* gibt an, dass die Transaktionen in diesem Report Transaktionen zwischen den *from*- und *until*-Daten sein sollten. Die Invariante *cycle* gibt an, dass die Transaktionen in den Zeilen des Reports tatsächlich den Transaktionen für diese Kundenkarte entsprechen sollen:

```
context TransactionReport
inv dates: lines.date->forAll( d | d.isBefore( until ) and
        d.isAfter( from ) )
context TransactionReport
inv cycle: card.transactions->includesAll( lines.transaction )
```

3.3.9 Dynamische Multiplizität

Bei Assoziationen in einem Klassendiagramm handelt es sich manchmal um ungenaue Spezifikationen eines Systems. Dies ist dann der Fall, wenn die Multiplizität der Assoziation nicht fixiert ist, sondern aufgrund eines anderen Wertes im System determiniert werden sollte. Dies wird *dynamische Multiplizität* genannt. Es wurde bereits in Abschnitt 1.4.1 ein Beispiel hierzu vorgestellt, in dem die Multiplizität der Assoziation zwischen Flug (*Flight*) und Passagier (*Passenger*) durch die Anzahl der Sitzplätze (*numberOfSeats*) in einem Flugzeug (*Airplane*) begrenzt wurde.

3.3.10 Optionale Multiplizität

Eine *optionale Multiplizität* einer Assoziation in einem Klassendiagramm stellt häufig lediglich partielle Spezifikation dessen, was wirklich beabsichtigt wird, dar. Manchmal ist die Optionalität frei, das heißt, dass es unter allen Bedingungen entweder ein oder kein assoziiertes Objekt geben kann. Es kommt jedoch häufig vor, dass eine optionale Assoziation nicht wirklich frei ist. Ob ein assoziiertes Objekt präsent sein kann oder muss, hängt vom Zustand der beteiligten Objekte ab. In Abbildung 3.2 ist zum Beispiel die optionale Assoziation nicht vollständig frei. Falls eine Person eine Hypothek aufgenommen hat, muss sie gleichzeitig ein Haus besitzen. Das Constraint kann durch die folgende Invariante spezifiziert werden:

```
context Person
inv optionality: mortgages->notEmpty() implies houses->notEmpty()
```

Wenn eine optionale Multiplizität in einem Klassendiagramm vorliegt, müssen Sie normalerweise OCL-Invarianten verwenden, um die Umstände, unter denen die optionale Assoziation leer oder nicht leer sein kann, zu beschreiben.

3.3.11 ODER-Constraints

In einem Klassendiagramm kann zwischen zwei Assoziationen ein *ODER-Constraint* enthalten sein, wie in Abbildung 3.4 dargestellt. Dieses Constraint zeigt an, dass nur eine der potentiellen Assoziationen zu einem Zeitpunkt für ein einzelnes Objekt instantiiert werden kann. Dies wird durch eine gestrichelte Linie dargestellt, die zwei oder mehrere Assoziationen (hier muss allen Assoziationen mindestens eine Klasse gemeinsam sein) mit dem String *{or}*, der an der gestrichelten Linie angebracht wird, verbindet. Die Multiplizität der Assoziationen muss optional sein, da diese ansonsten nicht leer sein können.

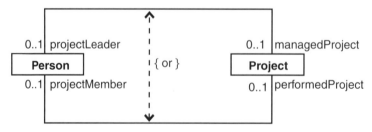

Abb. 3.4: *Oder-Constraint*

Hier ist anzumerken, dass die visuelle Darstellung eines *ODER*-Constraints unter Umständen nicht eindeutig sein kann. Dies trifft dann zu, wenn zwei Assoziationen zwischen denselben Klassen eine Multiplizität haben, die an beiden Enden beider Assoziationen optional ist. Das visuell dargestellte *ODER*-Constraint kann nun auf zwei Arten verstanden werden. Zum einen kann es so verstanden werden, dass eine Person entweder ein *managedProject* oder ein *performedProject* hat, aber auf keinen Fall beides. Zum anderen kann es so verstanden werden, dass ein Projekt entweder einen *projectLeader* oder einen *projectMember* hat, aber auf keinen Fall beides. Deshalb sind zwei unterschiedliche Interpretationen möglich.

Obwohl in diesem Beispiel die Interpretation offensichtlich zu sein scheint, können Sie sich sicher vorstellen, welche Konsequenzen es hätte, wenn eine derartige Darstellung fehlinterpretiert werden würde. Wenn das visuelle *ODER*-Constraint als ein OCL-Constraint spezifiziert wird, ist das Problem der Doppeldeutigkeit beseitigt. Wenn Sie die erste Interpretation ausdrücken möchten, sollten Sie das Diagramm durch die folgende Invariante erweitern:

```
context Person
inv: managedProject->isEmpty() or performedProject->isEmpty()
```

Die Invariante zur Darstellung der zweiten Interpretation lautet:

```
context Project
inv: projectLeader->isEmpty() or projectMember->isEmpty()
```

Dieses Beispiel verdeutlicht die Notwendigkeit formaler Constraints und wie diese Constraints die Eindeutigkeit eines Modells gewährleisten.

3.4 Vervollständigen von Interaktionsdiagrammen

Mit OCL-Ausdrücken können ebenfalls UML-Interaktionsdiagramme vervollständigt werden. Das Diagramm in Abbildung 3.5 wird in diesem Abschnitt als Beispiel herangezogen. Im R&L-System werden neue Transaktionen durch eine Operation von *LoyaltyProgram* namens *addTransaction* eingeführt. Diese Operation benötigt fünf Parameter:

1. Die Nummer des Kontos, für das die Transaktion durchgeführt wird, heißt *accNr* und ist vom Typ *Integer*.
2. Der Name des Programmpartners, der den Service liefert, für den die Transaktion durchgeführt wird, heißt *pName* und ist vom Typ *String*.
3. Die Identifikation des Services heißt *servId* und ist vom Typ *Integer*.
4. Die Summe, die für den Service bezahlt wird, heißt *amnt* und ist vom Typ *Real*.
5. Das Datum, zu dem die Transaktion erfolgt, heißt *d* und ist vom Typ *Date*.

Die Operation *addTransaction* implementiert den folgenden Algorithmus. Als Erstes wird der richtige Service ausgewählt. Dieser Service berechnet die durch die

Transaktion verdienten und ausgegebenen Punkte und erstellt ein Transaktionsobjekt des zutreffenden Typs. Dieses Objekt wird zum Assoziationsende *transactions* des Services hinzugefügt. Als Zweites wird das richtige Konto ausgewählt. Die neu erstellte Transaktion wird zu den mit dem Konto assoziierten Transaktionen hinzugefügt, während die Balance des Kontos angepasst wird. Zuletzt wird die richtige Karte ausgesucht und die neue Transaktion wird zu den anderen mit der Karte assoziierten Transaktionen hinzugefügt. Der Algorithmus wird im Sequenzdiagramm dargestellt.

Als ein kompliziertes Beispiel einer OCL-Nachbedingung wird die Operation *addTransaction* ebenfalls unter Verwendung einer Nachbedingung im folgenden OCL-Ausdruck spezifiziert:

```
context LoyaltyProgram::addTransaction( accNr: Integer,
                                        pName: String,
                                        servId: Integer,
                                        amnt: Real,
                                        d: Date )
post: let acc : LoyaltyAccount =
          Membership.account->select( a | a.number = accNr ),
      newT : Transaction =
          partners-> select(p | p.name = pName)
            .deliveredServices
              ->select(s | s.serviceNr = servId)
                .transactions
                  ->select( date = d and amount = amnt ),
      card : CustomerCard =
          Membership->select( m |
                    m.account.number = accNr ).card
  in acc.points = acc.points@pre + newT.points          and
     newT.oclIsNew()                                    and
     amnt = 0 implies newT.oclIsTypeOf( Burning )       and
     amnt > 0 implies newT.oclIsTypeOf( Earning )       and
     acc.transactions - acc.transaction@pre = Set{ newT } and
     card.transactions - card.transaction@pre = Set{ newT }
```

3.4.1 Instanzen

In einem Interaktionsdiagramm werden Instanzen dargestellt. Da wir den Anspruch haben, dass ein Modell in sich logisch zu sein hat, muss jede abgebildete Instanz zu einem Typ gehören, der in einem anderen Diagramm des Modells erklärt wird. Normalerweise handelt es sich bei diesem anderen Diagramm um ein Klassendiagramm. Obwohl es in UML keine expliziten Regeln dazu gibt, muss der

Empfänger einer Nachricht in einem Interaktionsdiagramm dem Sender der Nachricht bekannt und sichtbar sein. Dies kann in einem Diagramm dadurch angezeigt werden, dass der Name, unter dem der Empfänger dem Sender bekannt ist, verwendet wird. Formal hat dies überhaupt keine Bedeutung, aber dem Leser erscheint dies hilfreich. Dies kann ebenfalls dadurch ausgedrückt werden, dass Sie den Instanzen eigene Namen geben und dem Diagramm OCL-Ausdrücke zur Seite stellen, die die Beziehungen der Instanzen untereinander angeben.

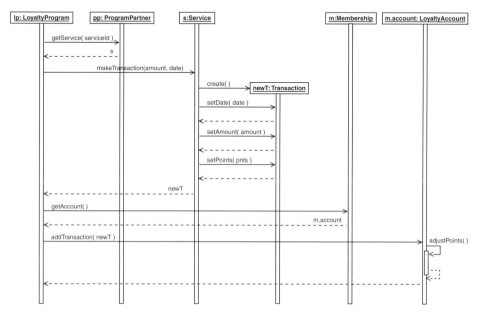

Abb. 3.5: OCL-Ausdrücke in einem Sequenzdiagramm

In Abbildung 3.5 können Sie erkennen, dass das Beispiel *LoyaltyAccount* hier *m.account* heißt, wobei *m* auf die Ausprägung von *Membership* im Diagramm verweist. Um anzugeben, welche Beziehungen zwischen den anderen Instanzen im Diagramm bestehen, können die folgenden Ausdrücke verwendet werden:

```
lp.partners->includes(pp) and pp.name = pName
pp.deliveredServices->includes( s ) and s.serviceNr = served
lp.Membership->includes( m ) and m.account.number = accNr
```

3.4.2 Bedingungen

Ein Teil der Interaktionen in einem Sequenz- oder Kollaborationsdiagramm kann eine angefügte Bedingung enthalten, die spezifiziert, unter welchen Umständen dieser Teil ausgeführt wird. Diese Bedingung kann als OCL-Ausdruck formuliert werden.

Kapitel 3
Erstellen von Modellen mit OCL

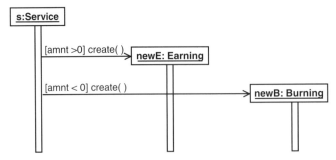

Abb. 3.6: *Erweitertes Interaktionsdiagramm*

Da es sich bei einem Interaktionsdiagramm um ein Ausprägungsdiagramm handelt, ist der OCL-Ausdruck im Kontext zu einer Instanz und nicht im Kontext zu einem Typ formuliert. Dies kommt selten vor, deshalb muss besondere Sorgfalt aufgewendet werden, um den kontextuellen Typ und die kontextuelle Instanz zu bestimmen. Die kontextuelle Instanz ist die Instanz, an deren Lebenslinie die Bedingungen angebracht werden. Bei dem kontextuellen Typ handelt es sich um den Typ dieser Instanz.

Ein Beispiel dazu ist in Abbildung 3.6 dargestellt, welches das Sequenzdiagramm der Abbildung 3.5 erweitert. Das Service-Objekt *s* erstellt abhängig vom Parameter *amnt* der Transaktion *addTransactions* eine Transaktion des richtigen Typs. Die Bedingungen sind aufgrund der Tatsache als gültige OCL-Ausdrücke formuliert, dass das Diagramm eine Operation spezifiziert und deshalb die Parameter der Operation verwendet werden können.

3.4.3 Tatsächliche Parameterwerte

Eine Nachricht in einem Interaktionsdiagramm entspricht nicht der Spezifikation oder Definition einer Operation oder eines Signals, sondern repräsentiert den Aufruf einer Operation oder das Senden eines Signals. Sowohl Operationen als auch Signale können Parameter aufweisen. Die Parameter einer Nachricht sind keine formalen Parameter, sondern tatsächliche Werte. Wenn beispielsweise eine Operation definiert wird, werden sowohl ihr Name als auch der Name und der Typ jedes Parameters angegeben, wie in *setValue(i: Integer)*. Wenn eine Operation aufgerufen wird, werden ihre formalen Parameter durch tatsächliche Werte ersetzt, wie in *setValue(235)*.

Mit einem OCL-Ausdruck können Sie den tatsächlichen Wert eines Parameters einer Nachricht spezifizieren. Im dargestellten Beispiel in Abbildung 3.5 wird der zu ersetzende Wert für den Parameter der Operation *addT* durch *newT* zur Verfügung gestellt. Hierbei verweist *newT* auf die neu erstellte Transaktionsinstanz.

Hier ist anzumerken, dass die Nachricht an ein Objekt in einem Interaktionsdiagramm mit einer Operation der Klasse des Empfängerobjekts oder mit einem Signal, das irgendwo anders definiert wurde, übereinstimmen muss. Übereinstimmung bedeutet hier, dass der Name der Operation identisch ist und die Parameter in der Nachricht den Parametertypen entsprechen, die für die Operation angegeben sind. Die Ergebnisnachricht in einem Interaktionsdiagramm (ein gestrichelter Pfeil im Sequenzdiagramm oder eine Zuweisung in einem Kollaborationsdiagramm) muss ebenfalls dem Ergebnistyp der aufgerufenen Operation entsprechen.

3.5 Vervollständigen von Zustandsdiagrammen

In UML-Zustandsdiagrammen werden OCL-Ausdrücke auf vielfältige Art und Weise verwendet. Der kontextuelle Typ ist auf jeden Fall die Klasse, zu der das Zustandsdiagramm gehört, und die kontextuelle Instanz ist die Instanz, für die ein Übergang des Zustandsdiagramms feuert.

Das Beispiel in diesem Abschnitt handelt von einem einfachen Prozesskontrollsystem in einem Unternehmen, das Flaschen mit unterschiedlichem, flüssigem Inhalt produziert. Die verwendeten Klassen sind in Abbildung 3.7 dargestellt. Der Prozess läuft folgendermaßen ab: Ein Objekt der Produktionslinie (*Line*) nimmt eine neue Flasche (*Bottle*) aus dem Vorrat und veranlasst ein Befüllobjekt (*Filler*), die Flasche zu befüllen. Die Flasche überwacht ihren Inhalt und benachrichtigt den Befüller, wenn sie voll ist. Der Befüller veranlasst die Produktionslinie, die Flasche zum Schließer (*Capper*) zu bewegen, der die Flasche dann verschließt. Abbildung 3.8 beinhaltet das Zustandsdiagramm der Klasse *Filler*, und Abbildung 3.9 beinhaltet das Zustandsdiagramm der Klasse *Bottle*.

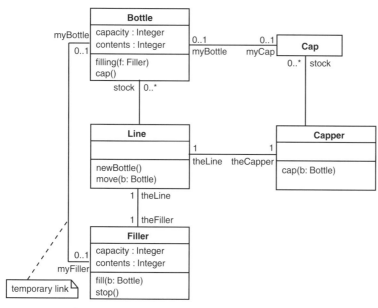

Abb. 3.7: *Klassendiagramm für das System zur Flaschenbefüllung*

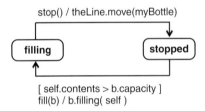

Abb. 3.8: *Zustandsdiagramm von Filler*

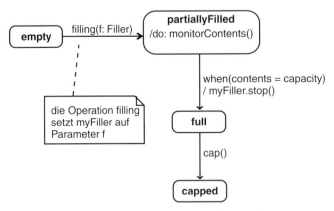

Abb. 3.9: *Zustandsdiagramm von Bottle mit Change Event*

3.5.1 Bedingungen

Mit OCL-Ausdrücken können *guards* (*Bedingungen*) in Zustandsdiagrammen dargestellt werden. Ein *guard* ist eine Bedingung zu einem Übergang in einem Zustandsdiagramm. Eine Bedingung ist oft im Zustandsdiagramm selbst enthalten. In einem derartigen Fall befindet sie sich in eckigen Klammern ([and]) hinter dem Ereignis, das den Übergang ausgelöst hat. In Abbildung 3.8 finden Sie eine Bedingung für den Übergang aus dem Zustand *stopped* in den Zustand *filling*. In diesem Fall ändert das Objekt *Filler* lediglich dann seinen Zustand, wenn es genug Flüssigkeit enthält.

3.5.2 Ziel von Aktionen

Eine Aktion in einem Zustandsdiagramm stellt entweder den Aufruf einer Operation oder das Senden eines Ereignisses dar. Aktionen können an Übergänge oder Zustände im Zustandsdiagramm gekoppelt sein. Wenn eine Aktion an einen Übergang gekoppelt ist, wird sie ausgeführt, falls und wenn die Transaktion ausgelöst wird und auf ein spezifisches Objekt oder eine spezifische Objektmenge ausgerichtet ist. Wenn sie an einen Zustand gekoppelt ist, wird die Aktion ausgeführt, wenn der Zustand betreten oder verlassen wird oder wenn ein angezeigtes Ereignis eintritt. Im letzteren Fall ist das Ziel normalerweise das Objekt *self*.

Zur Identifizierung des Ziels einer Aktion, unabhängig davon, ob diese Aktion an einen Übergang oder einen Zustand gekoppelt ist, kann ein OCL-Ausdruck verwendet werden. Das Ziel der Aktion *theLine.move(b)* in Abbildung 3.8 ist beispielsweise das Objekt *Line*, das mit der kontextuellen Instanz *Filler* verlinkt ist. Die Aktion *myFiller.stop()* in Abbildung 3.9 hat als Ziel das Objekt *Filler*, das mit der kontextuellen Instanz von *Bottle* verlinkt ist.

3.5.3 Tatsächliche Parameterwerte

Weil Aktionen das Aufrufen von Operationen oder das Senden von Ereignissen repräsentieren und beide Parameter haben können, können auch die Aktionen in den Zustandsdiagrammen Parameter besitzen. Wie bei den Parametern für die Nachrichten in einem Interaktionsdiagramm handelt es sich hierbei um tatsächliche Werte und nicht um die formalen Parameter der dazugehörigen Operation oder des versendeten Ereignisses. Der Wert eines derartigen Parameters kann durch die Verwendung eines OCL-Ausdrucks spezifiziert werden, so dass der Kontext des Ausdrucks entweder der Übergang oder der Zustand wird, mit dem die Aktion gekoppelt ist. In Abbildung 3.8 haben beide Aktionen einen tatsächlichen Wert als Parameter.

3.5.4 Change Events

Ein *Change Event* ist ein Ereignis, das generiert wird, wenn ein oder mehrere Attribute oder Assoziationen ihren Wert ändern. Das Ereignis entsteht immer dann, wenn der Wert, der durch den Ausdruck angezeigt wird, von falsch auf wahr wechselt. Ein Change Event wird durch das Schlüsselwort *when* angezeigt, parametrisierbar durch einen OCL-Ausdruck. In Abbildung 3.9 wird beispielsweise an das Zustandübergangsdiagramm der Klasse *Bottle* ein Change Event für den Übergang des Zustands *partiallyFilled* in den Zustand *full* angehängt. Der Übergang erfolgt, sobald die Bedingung *contents = capacity* wahr wird. Es ist kein extern generiertes Ereignis notwendig.

Hier ist anzumerken, dass ein Change Event nicht dasselbe ist wie eine Guard-Bedingung. Eine Guard-Bedingung wird lediglich einmal evaluiert, wenn das Ereignis ausgelöst wird. Wenn die Bedingung falsch ist, findet kein Übergang statt. Dies bedeutet, dass das Ereignis verloren ist, wenn kein anderer Übergang für dasselbe Ereignis spezifiziert wird. Wenn ein Change Event auftaucht, kann eine Bedingung immer noch jeden Übergang blockieren, der ansonsten durch diese Veränderung ausgelöst werden könnte.

3.5.5 Beschränkungen für Zustände

Normalerweise gibt es Beschränkungen für Link- und Attributwerte, wenn sich ein Objekt in einem bestimmten Zustand befindet. Diese sollten explizit spezifiziert werden. Für die Klasse *Bottle* sollten beispielsweise die folgenden Invarianten gelten:

```
context Bottle
inv: (self.oclInState(capped) or self.oclInState(full))
                                implies contents = capacity
inv: self.oclInState(empty) implies contents = 0
inv: self.oclInState(capped) implies myCap->notEmpty()
inv: self.oclInState(partiallyFilled) implies myFiller->notEmpty()
```

3.6 Vervollständigen von Aktivitätsdiagrammen

OCL-Ausdrücke können ebenso wie in den Interaktionsdiagrammen dazu verwendet werden, die Spezifikation von Aktivitätsdiagrammen zu vervollständigen

- um Instanzen anzuzeigen
- um Bedingungen zu spezifizieren
- um tatsächliche Parameterwerte zu spezifizieren

In einem Aktivitätsdiagramm kann mit einem OCL-Ausdruck die Instanz angezeigt werden, die eine Aktivität ausführt. Die kontextuelle Instanz für alle Ausdrücke im Diagramm ist die Instanz, die die Gesamtaktivität, die dieses Diagramm als eine Spezifikation seiner Gesamtimplementierung beinhaltet, ausführt (oder kontrolliert).

Aktivitätsdiagramme werden ebenfalls dazu benutzt, den Fluss eines kompletten Systems oder Geschäfts zu spezifizieren. In diesem Fall führt kein Objekt die Gesamtaktivität aus. (Es könnte sein, dass jemand behauptet, dass das System oder das Unternehmen die Gesamtaktivität wahrnimmt.) Deshalb kann das Schlüsselwort *self* nicht verwendet werden. Abschnitt 3.8 enthält weitere Erklärungen zu den Auswirkungen dieses Beispiels.

Abbildung 3.10 zeigt die Spezifikation der Operation *addService(s:Service, p:ProgramPartner)* der Klasse *LoyaltyProgram*. Dieses Diagramm enthält alle Beispiele zur möglichen Verwendung von OCL. Die erste Aktivität (von oben) besitzt einen tatsächlichen Parameter: *s.level*. Hierbei handelt es sich um *ServiceLevel level* des *Service s*. Sowohl die erste als auch die zweite Aktivität von oben werden von der kontextuellen Instanz ausgeführt, die durch das Schlüsselwort *self* angezeigt wird. Dagegen wird die mittlere Aktivität durch die Programmpartner-Instanz ausgeführt, die dem Parameter *p* entspricht, und die letzte Aktivität durch den Parameter *s*. Bei den Bedingungen, die bei beiden Entscheidungen angegeben sind, handelt es sich um einfache OCL-Ausdrücke.

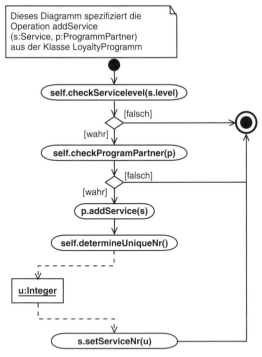

Abb. 3.10: *Aktivitätsdiagramm zur Spezifikation der Operation addService*

3.7 Vervollständigen von Komponentendiagrammen

In Komponenten- oder Verteilungsdiagrammen werden OCL-Ausdrücke eher selten verwendet. Lediglich wenn Elemente, die normalerweise in einem Klassendiagramm dargestellt werden, in einem Komponenten- oder Verteilungsdiagramm vorkommen, können OCL-Ausdrücke verwendet werden.

Wenn beispielsweise ein Komponentendiagramm explizit Spezifikationen zu Schnittstellen enthält, können die Operationen in den Schnittstellen unter Verwendung von Vor- und Nachbedingung spezifiziert werden. Ein Beispiel zu einer derartigen Situation ist in Abbildung 3.11 dargestellt, die aus der UML-Spezifikation selbst stammt.

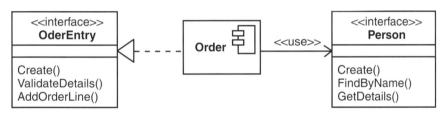

Abb. 3.11: *Komponentendiagramm*

Neben Schnittstellen können zudem Klassen in einem Komponentendiagramm dargestellt werden. Für diese gelten dieselben Bedingungen, die bereits in Abschnitt 3.3 besprochen wurden.

3.8 Vervollständigen von Use Cases

In den Use Cases der UML können sowohl Vor- als auch Nachbedingungen verwendet werden. Diese können gegebenenfalls in OCL geschrieben werden. Da Use Cases einen informalen Weg zur Angabe von Anforderungen darstellen und OCL eine formale Sprache ist, müssen einige Änderungen vorgenommen werden, wenn die Vor- und Nachbedingungen der Use Cases durch OCL-Ausdrücke definiert werden sollen.

3.8.1 Vor- und Nachbedingungen

Obwohl Use Cases wie Operationen, die auf ein komplettes System definiert wurden, betrachtet werden können, können wir das komplette System nicht als Typ definieren, weil es weder eine Klasse, eine Schnittstelle, ein Datentyp noch eine Komponente ist. Deshalb besitzen die Vor- und Nachbedingungen eines Use Cases weder einen kontextuellen Typ noch eine kontextuelle Instanz. Deshalb kann das Schlüsselwort *self* nicht verwendet werden.

Zudem ist nicht klar, auf welche Modellelemente sich in dem Ausdruck bezogen werden sollte. Normalerweise können alle Elemente verwendet werden, die über den kontextuellen Typ zugänglich sind. Hier gibt es aber keinen kontextuellen Typ. Deshalb müssen die möglichen Modellelemente explizit angegeben werden. Dies kann durch die Formalisierung der im Use Case erwähnten Typen, zum Beispiel *Customer* und *Order*, in einem begleitenden Klassendiagramm geschehen, sowie durch das Hinzufügen eines Abschnitts mit dem Namen (beispielsweise) *concerns* mit einer Liste von Variablendeklarationen, zum Beispiel *newCustomer : Customer, newOrder : Order*.

Eine weitere Konsequenz besteht darin, dass keine Kontextdefinition geschrieben werden kann, wenn es keinen kontextuellen Typ gibt, auf den sich bezogen werden kann. Dies ist jedoch kein Problem. Die OCL-Ausdrücke können direkt in den Use Case an der durch die Use Case-Schablonen angezeigten Position aufgenommen werden.

Im folgenden Beispiel wird ein Use Case für das R&L-System dargestellt. Es beschreibt, wie das Upgrade der Kundenkarten vor sich geht und wie ungültige Karten aus dem System entfernt werden. Da nicht alle Informationen zu den Attributen und Operationen des Systems in die Abbildung 2.1 einbezogen werden konnten, ist die Klasse *CustomerCard* – mit allen Attributen, die im folgenden Use Case verwendet werden - noch einmal in Abbildung 3.12 dargestellt.

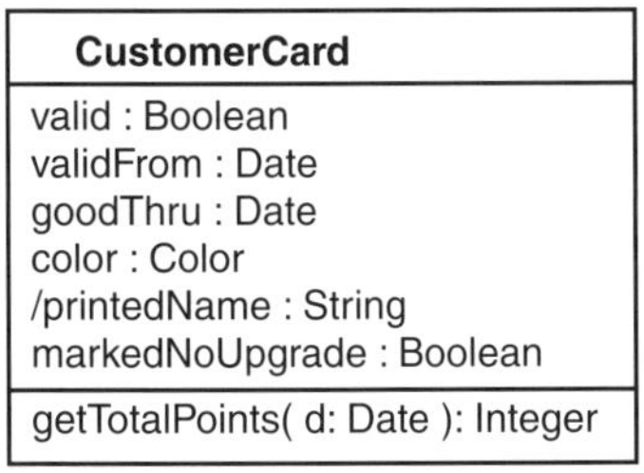

CustomerCard
valid : Boolean validFrom : Date goodThru : Date color : Color /printedName : String markedNoUpgrade : Boolean
getTotalPoints(d: Date): Integer

Abb. 3.12: *Die Klasse CustomerCard mit all ihren Attributen und Operationen*

Use Case-Titel: Überprüfen der Kundenkarten für das Treueprogramm

Zusammenfassung: Die Karten aller Teilnehmer am Treueprogramm werden regelmäßig überprüft. Alle entwerteten Karten werden entfernt und die Karten, die häufig genutzt wurden, erhalten ein Upgrade in den nächsten Servicelevel

Primärakteur: der Benutzer

Verwendet: - die Klassendiagramme des Royal & Loyal-Systems, wie sie in Abbildung 2.1 und in Abbildung 3.12 gezeigt werden

- *lp* vom Typ *LoyaltyProgram*, das wiederum das *Treueprogramm* ist,

für das die Karten überprüft werden

- *upgradeLimit* vom Typ *Integer*, das anzeigt, wie viele

Punkte gesammelt worden sein müssen, bevor ein Upgrade der Karte durchgeführt wird

- *fromDate* vom Typ *Date*, das das Datum angibt, ab dem

Punkte berechnet werden müssen, um herauszufinden, ob ein Upgrade erforderlich ist

Vorbedingung: keine

Standardablauf:

1. Der Akteur startet den Use Case und gibt den *upgradeLimit* an. Dieser Wert muss größer 0 sein.

2. Das System wählt alle Karten aus, die entwertet worden sind oder ein *goodThru*-Datum besitzen, das vor dem heutigen Tag liegt. Diese zeigt es dem Benutzer an.

3. Der Akteur überprüft die entwerteten Karten und markiert jede Karte, die nicht entfernt werden muss, indem er ihr ein neues *goodThru*-Datum gibt.

4. Das System entfernt alle ungültigen Karten, außer denen mit dem neuen *goodThru*-Datum.

5. Der Akteur vergibt *fromDate*. Dieses Datum muss vor dem heutigen Tag liegen.

6. Das System berechnet für alle verbleibenden Karten die Anzahl der gesammelten Punkte in der Periode, die mit *fromDate* beginnt und heute endet. Dann zeigt es die Karten an, deren Punktezahl höher ist, als das *upgradeLimit*

7. Der Akteur überprüft die zum Upgrade vorgesehenen Karten und markiert jede Karte, die kein Upgrade erhält.

8. Das System führt bei den ausgewählten Karten ein Upgrade aus.

```
Erweiterungen:
-- anzeigen, was zu tun ist, wenn upgradeLimit und fromDate
-- ihre Einschränkungen nicht einhalten können
Nachbedingung:
-- jedes goodThru-Datum liegt in der Zukunft
lp.participants.cards.goodThru->forAll( d | d.isAfter( Date::now )
und
-- alle Karten, die genügend Punkte gesammelt haben und nicht anderweitig
markiert wurden
-- erhalten ihr Upgrade
let upgradedCards : Set( CustomerCard ) =
        lp.participants.cards->select( c |
            c.getTotalPoints( fromDate ) >= upgradeLimit
            and c.markedNoUpgrade = false )
in
    upgradedCards->forAll( c |
        lp.levels->indexOf( c.Membership.currentLevel ) =
        lp.levels->indexOf( c.Membership.currentLevel@pre ) + 1
```

3.9 Modellierungsstile

Neben der Ausbesserung offensichtlicher Mängel in einem Modell können OCL-Ausdrücke auch dazu benutzt werden, um dieselbe Information auf unterschiedliche Weise zu formulieren. Es gibt verschiedene Stile der Modellierung. In diesem Abschnitt wird auf einige dieser Modellierungsstile näher eingegangen.

3.9.1 Definitionen von Attributen oder Operationen

Attribute oder Operationen können im Klassendiagramm definiert werden, indem sie zu einem Typ hinzugefügt werden. Sie können jedoch auch durch einen OCL-Ausdruck definiert werden. In diesem Fall müssen das neue Attribut oder die neue Operation nicht im Diagramm dargestellt werden. Im folgenden Beispiel werden zwei Attribute, *wellUsedCards* und *loyalToCompanies*, sowie eine Operation, *cardsForProgram*, definiert:

```
context Customer
def: wellUsedCards : Set( CustomerCard )
        = cards->select( transactions.points->sum() > 10,000 )
def: loyalToCompanies : Bag( ProgramPartner )
        = programs.partners
def: cardsForProgram(p: LoyaltyProgram) : Set(Cards)
        = p.Membership.card
```

Der Ausdruck hinter dem Gleichheitszeichen in einer Attributdefinition gibt an, wie der Wert des Attributs berechnet werden muss. Es handelt sich hierbei um eine Ableitungsregel (siehe Abschnitt 3.3.1). Das neu definierte Attribut *loyalToCompanies* entspricht beispielsweise immer der Sammlung an Programmpartnern, die mit den Programmen assoziiert sind, in denen der Verbraucher angemeldet ist. Das Attribut *wellUsedCards* entspricht immer der Menge an Karten, für die die Anzahl aller durch Transaktionen mit dieser Karte gesammelten Punkte höher als 10.000 ist.

Der Ausdruck nach dem Gleichheitszeichen in einer Operationsdefinition gibt das Operationsergebnis an. Es handelt sich hierbei um einen Rumpf-Ausdruck (siehe Abschnitt 3.3.3). Hier ist anzumerken, dass durch einen OCL-Ausdruck definierte Operationen Anfrageoperationen sind. Diese können keine Seiteneffekte haben. Im vorangegangenen Beispiel ist das Ergebnis der Operation *cardsForProgram* immer eine Kartenmenge, die für das Treueprogramm *p* ausgestellt wurde, das wiederum der Operation als Parameter übergeben wurde.

3.9.2 Die Subset-Einschränkung

Ein Klassendiagramm kann *Subset-Einschränkungen (Constraints)* enthalten, wie Abbildung 3.13 zeigt. Diese Einschränkung bedeutet, dass die Linkmenge einer Assoziation eine Untermenge der Linkmenge einer anderen Assoziation ist. In Abbildung 3.13 ist *flightAttendants* eine Untermenge von *crew*. Die einelementige Menge *pilot* ist ebenfalls eine Teilmenge von *crew*.

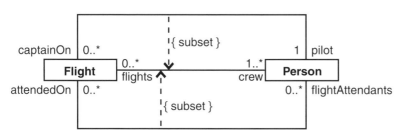

Abb. 3.13: *Eine Subset-Einschränkung*

Wenn alle Subset-Einschränkungen im Diagramm angezeigt würden, wäre es überladen und nur sehr schwer zu lesen. In einem derartigen Fall sollten Sie zur Spezifizierung der Subset-Einschränkungen OCL-Ausdrücke verwenden. Die beiden in Abbildung 3.13 dargestellten Subset-Einschränkungen sind mit den folgenden Invarianten *Flight* und *Person* identisch:

```
context Flight
inv: self.crew->includes(self.pilot)
inv: self.crew->includesAll(self.flightAttendants)
```

```
context Person
inv: self.flights->includes(self.captainOn)
inv: self.flights->includesAll(self.attendedOn)
```

3.9.3 Hinzufügen von Vererbung versus Invarianten

Während einer Modellierung stoßen wir häufig auf Situationen, in denen wir ein Detail zum Klassenmodell hinzufügen, um die Echtweltsituation so genau wie möglich zu spezifizieren. Stellen Sie sich beispielsweise vor, wir hätten ein einfaches Klassendiagramm einer Gitarre (*Guitar*), in dem diese Gitarre eine bestimmte Anzahl an Saiten (*GuitarString*) besitzt. Darüber hinaus gibt es zwei Gitarrentypen: Elektrisch (*ElectricGuitar*) und klassisch (*ClassicGuitar*). Zudem gibt es zwei Typen von Gitarrensaiten. Zu jedem Gitarrentyp gehört eine bestimmte Sorte Gitarrensaiten.

Die Assoziation zwischen *Guitar* und *GuitarString* spezifiziert, dass eine *Guitar* *GuitarString*s besitzt. Die Assoziation zwischen *ClassicGuitar* und *PlasticString* ist eine Redefinition derselben Assoziation, die eine *ClassicGuitar* auf *PlasticString*s (Kunststoffsaiten) einschränkt. Die Generalisierung zwischen den Assoziationen zeigt, dass die untere Assoziation eine Spezialisierung der oberen, eher allgemeinen Assoziation ist. Die Assoziation zwischen *ElectricGuitar* und *MetalString* ist ebenfalls eine Redefinition der oben stehenden Assoziation. Diese Situation ist in Abbildung 3.14 dargestellt.

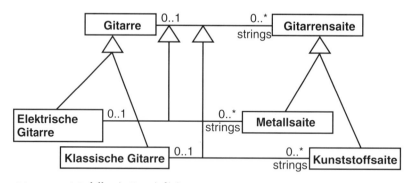

Abb. 3.14: *Modell mit Spezialisierungen*

Wie Sie erkennen können, wird das Modell verhältnismäßig komplex. Es kann durch die Verwendung von Invarianten vereinfacht werden. Die beiden Spezialisierungen der oberen Assoziation können durch zwei Invarianten zu den Gitarrentypen erfasst werden. Dies zeigt das Klassenmodell in Abbildung 3.15. Das visuelle Klassenmodell wird lesbarer, während der Level der Details beibehalten wird. Die Invarianten sind nachfolgend aufgeführt:

Modellierungsstile

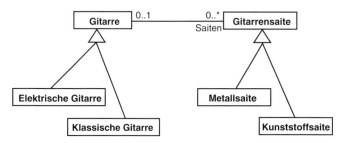

Abb. 3.15: *Modell ohne spezialisierte Assoziationen*

```
context ClassicGuitar
inv strings1: strings->forAll(s | s.oclIsTypeOf(PlasticString) )
context ElectricGuitar
inv strings2: strings->forAll(s | s.oclIsTypeOf(MetalString) )
```

Das vorangegangene Modell kann noch weiter vereinfacht werden, wenn entweder die Unterklassen von *Guitar* oder *GuitarString* oder sogar beide Unterklassen entfernt werden. Wenn der Hauptgrund für die Subklassen darin liegt, die verschiedenen Saitenarten für die unterschiedlichen Gitarren zu unterscheiden, macht diese Vereinfachung Sinn. Abhängig von der Situation kann diese Vereinfachung entweder wie in Abbildung 3.16 oder wie in Abbildung 3.17 enden.

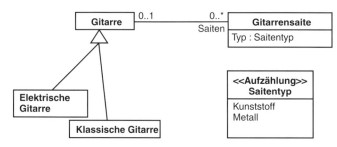

Abb. 3.16: *Modell mit weniger Subklassen*

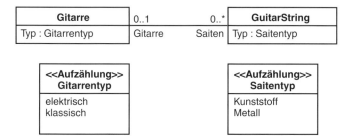

Abb. 3.17: *Klassenmodell ohne Subklassen*

Es folgen die Invarianten für das Klassenmodell aus Abbildung 3.16:

```
context ClassicGuitar
inv strings3: strings->forAll(type = StringType::plastic)
context ElectricGuitar
inv strings4: strings->forAll(type = StringType::metal )
```

Es folgen die Invarianten für das Klassenmodell aus Abbildung 3.17:

```
context Guitar
inv strings5: type = GuitarType::classic implies
strings->forAll(type = StringType::plastic)
context Guitar
inv strings6: type = GuitarType::electric implies
strings->forAll(type = StringType::metal )
```

Der entscheidende Faktor für den Kompromiss, der durch diese Umstände gemacht werden muss, besteht in der Entscheidung, welche Lösung in Ihrer Situation die beste ist. Abbildung 3.17 hält das Modell einfach, da es hier keinen Grund für Subklassen gibt. Falls weder Attribute noch Verhalten spezifisch für die Subklassen sein sollten, bedeutet das eine gute Lösung. In Abbildung 3.16 finden wir ein ausführlicheres Modell vor, das passt, wenn es Attribute und Operationen *gibt*, die für die verschiedenen Subklassen spezifisch sind. In Abbildung 3.14 ist ein ausführliches Modell mit viel zu vielen Details dargestellt. Diese Option ist nur dann empfehlenswert, wenn Sie alle Details in einem visuellen Diagramm zeigen wollen. Allgemein gilt, dass die Wiedergabe ihres Modells in grafischer oder visueller Form die beste Möglichkeit ist, einen guten Überblick zu erhalten, während sich die Textform am besten für das Hinzufügen von Details eignet. Die Kunst besteht darin, das richtige Gleichgewicht zu finden und dies hängt sowohl von dem beabsichtigten Gebrauch als auch vom angestrebten Publikum ab.

3.10 Tipps und Tricks

In diesem Abschnitt werden Ihnen einige Tipps und Tricks an die Hand gegeben, mit denen Sie sinnvolle OCL-Ausdrücke schreiben können.

3.10.1 Vermeiden komplexer Navigationsausdrücke

Durch die Verwendung von OCL können wir lange und komplexe Ausdrücke schreiben, die durch das ganze Objektmodell navigieren. Wir können, ausgehend von lediglich einem Kontext, alle Invarianten für ein Klassenmodell schreiben, was jedoch nicht heißen soll, dass diese Vorgehensweise empfehlenswert ist.

Jede Navigation, die durch das ganze Klassenmodell hindurchgeht, erstellt eine Verbindung zwischen den beteiligten Objekten. Ein essenzieller Aspekt der Objektorientierung besteht in Kapselung. Durch eine lange Navigation werden Details entfernter Objekte den Objekten vermittelt, die die Navigation ausgelöst haben. Wenn möglich sollten die Kenntnisse eines Objekts auf sein direktes Umfeld beschränkt bleiben, das heißt auf die Merkmale des Typs. Darauf wird in Abschnitt 8.1 näher eingegangen.

Ein weiteres Argument gegen komplexe Navigationsausdrücke besteht darin, dass sowohl das Schreiben und Lesen als auch das Verstehen von Invarianten aufgrund der Komplexität sehr schwierig wird. Es ist ziemlich schwierig, die entsprechenden Invarianten zu einer spezifischen Klasse zu finden, und noch viel schwieriger diese Invarianten zu warten. So werden Änderungen des Modells zu einem wahren Alptraum.

Falls es in einem Programm nicht möglich ist, Punkte zu sammeln, sollten Sie die folgenden Ausdrücke in Erwägung ziehen, mit denen Sie spezifizieren können, dass eine *Membership* (Mitgliedschaft) kein *loyaltyAccount* (Treuekonto) hat:

```
context Membership
inv noEarnings: programs.partners.deliveredServices->
forAll(pointsEarned = 0) implies account->isEmpty()
```

Anstatt diesen langen Weg zu navigieren, können wir dieses Constraint aufteilen. Wir definieren ein neues Attribut namens *isSaving* für das *LoyaltyProgram*. Dieses Attribut ist wahr, wenn in diesem Programm Punkte gesammelt werden können:

```
context LoyaltyProgram
def: isSaving : Boolean =
partners.deliveredServices->forAll(pointsEarned = 0)
```

Die Invariante für *Membership* kann dieses neue Attribut verwenden, anstatt durch das Modell zu navigieren. Die neue Invariante sieht wesentlich einfacher aus:

```
context Membership
inv noEarnings: programs.isSaving implies account->isEmpty()
```

3.10.2 Sorgfältige Auswahl des Kontexts

Per Definition werden Invarianten auf einen Typ angewendet, so dass es wichtig ist, eine Invariante dem richtigen Typ zuzuordnen. Es gibt jedoch keine bindenden Regeln, die unter allen Umständen angewendet werden müssen, aber die folgenden Richtlinien sind eine gute Hilfe:

- Falls die Invariante den Attributwert in einer Klasse einschränkt, bedeutet dies, dass die Klasse geeignet ist, die dieses Attribut enthält.

- Falls die Invariante den Attributwert von mehr als einer Klasse einschränkt, bedeutet dies, dass die Klassen geeignet sind, die eines dieser Attribute enthalten.

- Wenn einer Klasse die Aufgabe zugewiesen wird, für die Wartung des Constraints zu sorgen, sollte diese Klasse der Kontext sein. (Diese Richtlinie verwendet die Idee des von Verantwortung geleiteten Designs, das Rebecca Wirfs-Brock, Brian Wilkerson und Lauren Wiener in *Designing Object-Oriented Software* näher beschreiben [Wirfs-Brock90].)

- Jede Invariante sollte durch eine möglichst geringe Anzahl von Assoziationen navigieren.

Manchmal ist es eine gute Übung, dieselbe Invariante mit verschiedenen Klassen als Kontext zu beschreiben. Es sollte das Constraint verwendet werden, das am einfachsten zu lesen und zu schreiben ist. Wird eine Invariante dem falschen Kontext zugeordnet, gestaltet sich ihre Spezifizierung und ihre Wartung entsprechend schwieriger.

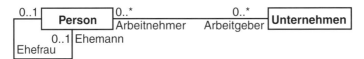

Abb. 3.18: *Persons (Personen) arbeiten für eine Company (Unternehmen)*

Deshalb sollten wir als Übung eine Invariante auf unterschiedliche Weise schreiben. Die für das Diagramm in Abbildung 3.18 geschriebene Invariante gibt Folgendes an: Zwei miteinander verheirateten Personen ist es nicht gestattet in demselben Unternehmen zu arbeiten. Dies kann folgendermaßen formuliert werden, wenn *Person* das kontextuelle Objekt ist:

```
context Person
inv: wife.employers->intersection(self.employers)->isEmpty()
and
husband.employers->intersection(self.employers)->isEmpty()
```

Dieses Constraint gibt an, dass es kein Unternehmen im der Menge der Unternehmen der Frau oder des Mannes zu der Person gibt, die ebenfalls in der Menge der Unternehmen der Person vorhanden ist. Das Constraint kann ebenso im Kontext von *Company* geschrieben werden, so dass ein einfacherer Ausdruck entsteht:

```
context Company
inv: employees.wife->intersection(self.employees)->isEmpty()
```

In diesem Beispiel ist wahrscheinlich *Company* das Objekt, das für die Wartung der Anforderung verantwortlich ist. Deshalb ist *Company* der am besten geeignete Kontext, an den die Invariante angefügt werden kann.

3.10.3 Vermeiden von allInstances

Bei der Operation *allInstances* handelt es sich um eine vordefinierte Operation für alle Modellelemente, die eine Menge aller Instanzen des Modellelements sowie aller zugehörigen Subtypen innerhalb des Systems zurückliefert. Eine Invariante, die an eine Klasse angehängt wird, gilt immer für alle Instanzen der Klasse. Deshalb reicht häufig ein einfacher Ausdruck für eine Invariante aus, ohne dass auf die vordefinierte Operation *allInstances* zurückgegriffen werden muss. Die beiden folgenden Invarianten zur Klasse *Person* (die nicht dargestellt ist) sind beispielsweise gleichwertig, aber die erste wird bevorzugt:

```
context Person
inv: parents->size <= 2
context Person
inv: Person.allInstances->forAll(p | p.parents->size <= 2)
```

Von der Verwendung von *allInstances* ist abzuraten, da so die Invariante komplexer wird. Wie Sie im Beispiel erkennen können, verbirgt es die aktuelle Invariante. Ein anderer, wichtigerer Grund besteht darin, dass es in den meisten Systemen, außer in den Datenbanksystemen, schwierig ist, alle Instanzen einer Klasse zu finden. Über eine explizite Nachverfolgungseinrichtung hinaus, die einen Datensatz aller Instanzen zu einer bestimmten Klasse hält, wenn diese erstellt oder zerstört werden, gibt es keine Möglichkeit diese Beispiele zu finden. Deshalb gibt es keine Möglichkeit die Invariante unter Verwendung einer Programmiersprache zu implementieren, die mit der Operation *allInstances* vergleichbar wäre.

In Datenbanksystemen kann die Operation *allInstances* zur Darstellung von Typen, die eine Datenbanktabelle repräsentieren, verwendet werden. In diesem Fall resultiert die Operation in einer Menge von Objekten, die alle Datensätze in der Tabelle wiedergibt.

3.10.4 Splitten von UND-Constraints

Constraints werden während des Modellierens verwendet und sollten so einfach wie möglich zu lesen und zu schreiben sein. Menschen neigen jedoch zu langen Constraints. Beispielsweise können alle Invarianten einer Klasse in einer langen Invariante ausgedrückt oder alle Vorbedingungen einer Operation in einem Constraint geschrieben werden. Im Allgemeinen ist es sinnvoller ein kompliziertes Constraint in einzelne, kleinere Constraints aufzusplitten. Es ist möglich, eine Invariante an den meisten Stellen, an denen sie eine *UND*-Operationen enthält, zu splitten. Die Invariante für *ProgramPartner* könnte beispielsweise wie folgt heißen:

```
context LoyaltyProgram
inv: partners.deliveredServices->forAll(pointsEarned = 0)
    and
    Membership.card->forAll(goodThru = Date.fromYMD(2000,1,1))
    and
    participants->forAll(age() > 55)
```

Diese Invariante ist komplett gültig und nützlich, sie kann jedoch in drei separaten Invarianten formuliert werden und ist dann einfacher zu lesen:

```
context LoyaltyProgram
inv: partners.deliveredServices->forAll(pointsEarned = 0)
inv: Membership.card->forAll(goodThru = Date::fromYMD(2000,1,1))
inv: participants->forAll(age() > 55)
```

Das Splitten der Invarianten hat erhebliche Vorteile:

- Jede Invariante wird weniger komplex und ist deshalb leichter zu lesen und zu schreiben.

- Wenn Sie festlegen, ob eine Invariante geeignet ist, können Sie sich präzise auf die betroffene Invariante konzentrieren, anstatt sich mit der ganzen Invariante beschäftigen zu müssen.

- Wenn Sie eine Implementierung überprüfen und beschädigte Constraints finden, ist es einfacher den beschädigten Teil zu bestimmen. Im Allgemeinen gilt, je einfacher die Invariante, umso besser lässt sich ein Problem lokalisieren.

- Dieselben Argumente gelten für Vor- und Nachbedingungen. Wenn während einer Durchführung eine Vorbedingung nicht funktioniert, kann das Problem effektiver angegangen werden, wenn kleine, separate Constraints verwendet werden.

- Die Wartung simpler Invarianten ist ebenfalls einfacher zu handhaben. Wenn Sie eine Bedingung ändern wollen, müssen Sie lediglich eine kleine Invariante ändern.

3.10.5 Verwenden der Kurzschreibweise collect

Die Kurzschreibweise für die Operation *collect* bei Sammlungen, wie sie in Abschnitt 9.3.11 definiert ist, wurde entwickelt, um das Lesen der Navigationen durch ein Klassenmodell zu vereinfachen. Sie können von links nach rechts lesen, ohne durch das Schlüsselwort *collect* abgelenkt zu werden. Es ist empfehlenswert, diese abkürzende Schreibweise so oft wie möglich zu verwenden. Sie ist nachfolgend abgebildet:

```
context Person
inv: self.parents.brothers.children->notEmpty()
```

Dies kann wesentlich leichter gelesen werden, als

```
context Person
inv: self.parents->collect(brothers)
                        ->collect(children)->notEmpty()
```

Beide Invarianten sind identisch, aber die erste ist leichter zu verstehen.

3.10.6 Assoziationsenden sollten immer benannt werden

Falls multiple Assoziationen zwischen denselben Klassen bestehen, ist die Benennung der Assoziationsenden vorgeschrieben. Auch wenn dies nicht vorgeschrieben sein sollte, hat sich das Benennen der Assoziationen bewährt. Im Fall von gerichteten oder nicht navigierbaren Assoziationen kann eine Ausnahme gemacht werden und es müssen lediglich die Enden benannt werden, die navigierbar sind.

Der Name eines Assoziationsendes, wie beispielsweise der Name eines Attributs, zeigt den Zweck dieses Elements für das die Assoziation beinhaltende Objekt an. Zudem ist die Benennung der Assoziationsenden während einer Implementierung hilfreich, weil der beste Name für das Attribut, das die Assoziation repräsentiert, bereits festgelegt ist.

3.11 Zusammenfassung

In diesem Kapitel haben Sie gesehen, wie sehr ein Modell von OCL-Ausdrücken profitieren kann. Es wurde Ihnen für jedes UML-Diagramm gezeigt, wo OCL-Ausdrücke hinzugefügt werden können.

Das Klassendiagramm kann von OCL-Ausdrücken profitieren, in denen Ableitungsregeln, Vorgabewerte, der Rumpf von Anfrageoperationen, Invarianten sowie Vor- und Nachbedingungen angegeben sind. OCL-Ausdrücke haben sich zudem für die Spezifizierung von Zyklen, die Definition abgeleiteter Klassen sowie zur Spezifizierung dynamischer und optionaler Multiplizität bewährt.

In Verteilungs- oder Komponentendiagrammen können durch OCL-Ausdrücke explizit erwähnte Schnittstellen und Klassen spezifiziert werden.

Das Interaktions- und das Aktivitätsdiagramm können durch die Spezifizierung von Instanzen und tatsächlichen Parameterwerten sowie durch die Angabe von Bedingungen verbessert werden.

Das Zustandsdiagramm kann mit Guards, expliziten Aktionszielen und tatsächlichen Parameterwerten erweitert werden. Change Events und Einschränkungen für Zustände können ebenfalls durch OCL formuliert werden.

In einem Use Case können die Vor- und Nachbedingungen in OCL geschrieben werden.

Zudem haben wir unterschiedliche Modellstile untersucht und einige nützliche Tipps zur Erstellung von Modellen gelernt.

Kapitel 4

Implementieren von OCL

In diesem Kapitel wird beschrieben, wie OCL-Ausdrücke in Code implementiert werden. Obwohl in den Beispielen die Sprache Java verwendet wurde, können die erklärten Elemente in jeder objektorientierten Programmiersprache als Zielsprache angewendet werden. Es kann sogar eine nicht objektorientierte Sprache verwendet werden, wodurch das Bearbeiten jedoch umständlicher wird.

Das Abbilden von OCL-Ausdrücken in Code kann entweder manuell oder durch automatisierte Tools erfolgen. Verschiedene zur Verfügung stehende Tools können OCL in Code übersetzen. Da der Tool-Markt einem sehr schnellen Wandel unterliegt, stellen wir in diesem Buch keine Tool-Liste zur Verfügung; sie wäre einfach zu schnell nicht mehr aktuell und überholt. Deshalb finden Sie auf der Website http://www.klasse.nl/ocl/ eine Liste der aktuell zur Verfügung stehenden Tools.

Dieses Kapitel verfolgt die Abbildung der OCL-Gebilde nicht systematisch. Eine systematische Behandlung würde im Eigentlichen einer Spezifizierung eines OCL-Compilers entsprechen. Dies würde nicht nur sehr viel Raum in diesem Buch einnehmen, sondern wäre zudem auch in gewissem Maße langweiliger Lesestoff. Stattdessen beschreibt dieses Kapitel die Hauptanforderungen und Lösungen zur Implementierung von OCL.

4.1 Der Implementierungsprozess

UML und OCL sind keine Programmiersprachen, sondern Spezifikationssprachen. Das bedeutet, dass ein UML/OCL-Modell spezifiziert, wie ein System strukturiert ist und was es leisten muss, und nicht wie es implementiert werden sollte. Die Modelle werden normalerweise nicht direkt kompiliert und ausgeführt. Trotzdem gibt es natürlich eine enge Beziehung zwischen der Implementierung eines Systems und dem Modell, das dieses System spezifiziert. Im Zusammenhang mit MDA wird die Beziehung zwischen dem Modell und seiner/n Implementierung/en zunehmend enger und sollte deshalb klar angegeben sein.

In diesem Kapitel möchten wir Ihnen erklären, wie Java-Code aus einem kombinierten UML/OCL-Modell generiert wird. Natürlich liegt unser Hauptaugenmerk hier auf der Erstellung des Codes aus einem OCL-Ausdruck. Da das UML-Klassendiagramm erstellt werden muss, bevor der OCL-Ausdruck geschrieben wird, besteht der erste Schritt der Implementierung eines Modells darin, die Implementierung der Modellelemente zu definieren, die in dem/n Klassendiagramm/en definiert sind.

Im nächsten Schritt können dann die OCL-Ausdrücke übersetzt werden. Deren Übersetzung verwendet die Implementierung der Modellelemente. Wenn beispielsweise ein Attribut durch ein privates Attribut mit einer *get-* und einer *set-*Operation für dieses Attribut implementiert wurde, muss die Implementierung eines OCL-Ausdrucks, der dieses Attribut referenziert, die entsprechende *get-*Operation verwenden.

Darüber hinaus müssen die Code-Fragmente, die aus den OCL-Ausdrücken übersetzt wurden, entsprechend ihrer Rolle im Modell (Invariante, Attributdefinition, Ableitungsregel etc.) verwendet werden. Die Code-Fragmente sollten in der Implementierung so platziert werden, dass sie ihren Zweck erfüllen.

Die Reihenfolge der in einem Implementierungsprozess beschriebenen Schritte ist wie folgt:

1. Definition der Implementierung der UML-Modellelemente.
2. Definition der Implementierung der OCL-Standardbibliothek.
3. Definition der Implementierung der OCL-Ausdrücke.
4. Korrekte Platzierung der Code-Fragmente, die die OCL-Ausdrücke implementieren, in den Code für die Modellelemente.
5. Bei Invarianten und Vor- bzw. Nachbedingungen muss entschieden werden, wann sie überprüft werden und was zu tun ist, wenn diese Überprüfungen fehlschlagen.

Der zweite Schritt muss lediglich einmal vorgenommen und leicht unabhängig von einem spezifischen Projektkontext durchgeführt werden. Die Ergebnisse lassen sich in allen Projekten wiederverwenden.

Da es sich bei OCL um eine deklarative Sprache handelt, spezifiziert sie, *was* berechnet und nicht *wie* der Wert eines Ausdrucks berechnet werden soll. Deshalb schließt die Übersetzung von OCL in Code, die wir in diesem Kapitel zeigen wollen, eine ganze Reihe von Implementierungsoptionen ein. Diese sind auf keinen Fall die einzigen oder sogar die besten. Unter anderen Umständen müssen Sie eventuell andere Entscheidungen treffen.

Der Rest des Kapitels ist entsprechend der vorangegangenen Schritte strukturiert.

4.2 Implementieren von UML-Modellelementen

Implementieren von UML-Modellelementen bedeutet Implementieren von benutzerdefinierten Klassen, Datentypen und Ähnlichem. Zur Implementierung dieser Typen kann kurz Folgendes gesagt werden: Verwenden Sie immer die von Ihnen bevorzugte Implementierungsweise. Das Einzige, das Sie beachten sollten, ist die Aufrechterhaltung der Verbindung mit den OCL-Ausdrücken in Schritt 3. Falls beispielsweise eine Assoziation mit Hilfe von zwei Attributen implementiert und jedes in einer der Klassen an den beiden Enden der Assoziation platziert wurde, muss die Implementierung eines OCL-Ausdrucks, der auf die Assoziation verweist, auch auf das richtige Attribut verweisen.

In diesem Kapitel gehen wir davon aus, dass die folgenden Regeln zur Implementierung von benutzerdefinierten Typen verwendet werden. Unser R&L-Beispiel besitzt weder Komponenten noch Datentypen, deshalb gibt es hier keine Regel zur Implementierung von Komponenten oder Datentypen. In der Praxis wird entsprechend oder ähnlich den folgenden Regeln vorgegangen:

Klassen

Jede benutzerdefinierte Klasse ist in einer Java-Klasse implementiert.

Operationen

Jede Operation einer Klasse im Modell ist durch eine Operation in der Java-Klasse implementiert.

Attribute

Jedes Attribut (privat, geschützt oder öffentlich) in der Klasse eines Modells wird durch ein privates Attribut sowie einer *get*- und *set*-Operation in einer Java-Klasse implementiert. In einem Modell ist die Sichtbarkeit der Operationen identisch mit der Sichtbarkeit der entsprechenden Attribute des Modells. Falls ein Attribut mit *nur lesen (readOnly)* markiert ist, fehlt die *set*-Operation. Die *get*-Operation erscheint immer in Form von *AttributeType getAttributename()*. Die *set*-Operation erscheint immer in Form von *void setAttributename (AttributeType newValue)*.

Assoziationen

Jedes Assoziationsende einer Klasse des Modells wird durch ein privates Attribut sowie einer *get*- und *set*-Operation in einer Java-Klasse implementiert. Der Name des Attributs ist zugleich der Name der Rolle an diesem Ende. Auch hier ist die Sichtbarkeit der Operationen identisch zur Sichtbarkeit des entsprechenden Assoziationsendes im Modell.

Falls die Multiplizität am Assoziationsende größer als eins ist, handelt es sich bei dem Typ des Attributs entweder um die Java-Implemetierung des OCL-Typs *Set* oder *OrderedSet*; dies ist abhängig von der Sortierung der assoziierten Objekte. In diesem Fall wird eine *add*- und *remove*-Operation zur Implementierung des kontextuellen Typs hinzugefügt, die ein Element entweder hinzufügen oder entfernen kann.

Zustand

Jeder Zustand, der in einem Zustandsdiagramm für eine Klasse definiert ist, wurde durch ein boolesches Attribut implementiert. Zusätzliche Invarianten werden hinzugefügt, damit garantiert ist, dass eine Instanz der Klasse immer nur einen Zustand zu einer bestimmten Zeit annimmt. Sollte ein Zustand Unterzustände haben, werden die Invarianten darauf angepasst. Das Attribut, das den Elternzustand sowie eins der Attribute, das den Unterzustand repräsentiert, können zur selben Zeit wahr sein.

Ereignisse

Jedes in einem Zustandsdiagramm für eine Klasse definierte Ereignis wird durch eine Operation mit demselben Namen implementiert. Diese Operation implementiert die Reaktion der Instanz auf das Ereignis. Bei der Reaktion müssen der Zustand der Instanz, jede Bedingung zu den Übergängen, die durch das Ereignis ausgelöst wurden, sowie alle Aktionen, die mit den Übergängen oder mit dem Anfangs- oder Endzustand der Übergänge in Verbindung stehen, berücksichtigt werden. Anders formuliert, nehmen wir an, dass ein Zustandsdiagramm wie ein Protokoll interpretiert werden kann. Vor- und Nachbedingungen der Ereignisoperationen lassen sich aus den Zustandsdiagrammen hinsichtlich der die Zustände implementierenden Attribute der Klasse folgern.

Aufzählungen

Jeder Aufzählungstyp wird durch eine Java-Klasse implementiert und beinhaltet statische, öffentliche Attribute für jeden Wert.

Schnittstellen

Jede Schnittstelle wird durch eine Java-Schnittstelle implementiert.

Die Implementierung der Klasse *CustomerCard* des R&L-Systems steht als Beispiel in Anhang D zur Verfügung.

4.3 Implementierung der OCL-Standardbibliothek

In diesem Abschnitt implementieren wir die OCL-Standardbibliothek in zwei Abschnitten. Als Erstes definieren wir die Implementierung der Basistypen wie *Integer* und *String*. Als Zweites zeigen wir, wie die Typen der OCL-Sammlung implementiert werden.

4.3.1 OCL-Basistypen

Die Abbildung der vordefinierten Basistypen und Modelltypen ist zwar nicht vollkommen unkompliziert, aber relativ einfach, da die Probleme in diesem Zusammenhang bekannt sind. Die vordefinierten OCL-Basistypen sowie ihre Literale und Operationen sollten auf die Basistypen der Zielsprache abgebildet werden. Die Programmiersprache Java stellt beispielsweise die Typen *float* und *double* zur Verfügung, während OCL lediglich einen Typ namens *Real* besitzt. Sie müssen sich entscheiden, ob der Typ *Real* in Java-Code durch *float* oder durch *double* implementiert werden soll. Da die Basistypen der meisten Programmiersprachen sehr ähnlich sind, sollte diese Abbildung keine größeren Probleme bereiten. Tabelle 4.1 stellt die von uns verwendete Abbildung dar.

OCL-Typ	Java-Typ
Integer	int
Real	float
String	String
Boolean	boolean
OclType	Class
OclAny	Object

Tabelle 4.1: *Abbildung der Basistypen von OCL in Java*

Nachdem wir diese Abbildung definiert haben, müssen wir alle Operationen dieser OCL-Typen in Operationen in Java abbilden. Da Java nicht zu allen auf den OCL-Basistypen definierten Operationen Gegenstücke zur Verfügung stellt, müssen wir eine spezielle Bibliothek erstellen, in der alle OCL-Operationen enthalten sind, die sich nicht direkt in Java wiederfinden. Dies kann durch die Definition einer Bibliotheksklasse erreicht werden, in der jede erforderliche Operation als eine statische Java-Methode definiert ist.

Der folgende Code zeigt ein Beispiel einer Bibliotheksklasse, die Operationen enthält, die nicht als Operationen in den Standardtypen von Java zur Verfügung stehen:

```
class OclIntegerOperations {

  static public int max(int i1, int i2) {
    if( i1 > i2 ) { return i1; } else { return i2; }
  }

  static public int min(int i1, int i2) {
    if( i1 < i2 ) { return i1; } else { return i2; }
  }

}
```

Mit Hilfe dieser Definitionen können wir die folgenden OCL-Ausdrücke übersetzen:

```
i1.max (i2)
i1.min (i2)
```

Kapitel 4
Implementieren von OCL

Der entsprechende Java-Code würde wie folgt lauten:

```
OclIntegerOperations.max(i1, i2)
OclIntegerOperations.min(i1, i2)
```

Tatsächlich beinhaltet die Java-Bibliothek eine Klasse namens *java.lang.Math*, die die *min*- und *max*-Operationen exakt so definiert, wie sie oben beschrieben sind. Deshalb hätten wir in diesem Fall auch die Klasse *Math* verwenden können.

Die Abbildung der Operationen, die auf jeden OCL-Typ definiert sind, wie beispielsweise *oclIsTypeOf* und *oclIsKindOf* ist ein wenig komplizierter. Normalerweise können diese Operationen auf ähnliche Gebilde in der Wurzelklasse der Zielsprache definiert werden. Beispielsweise kann in Java das Schlüsselwort *instanceof* dazu verwendet werden *oclIsKindOf* zu implementieren, und die Methode *getClass* der Wurzelklasse *Object* zur Implementierung von *oclIsTypeOf*.

Wir können zum Beispiel unsere eigene Klasse *OclAny* wie folgt definieren:

```
class OclAny {

  static oclIsTypeOf(Object o, String classname) {
    return o.getClass().getname().equals(classname);
  }

}
```

Mit Hilfe dieser Klasse können wir den folgenden OCL-Ausdruck übersetzen:

```
o.oclIsTypeOf(Type)
```

Der entsprechende Java-Code würde dann folgendermaßen aussehen:

```
OclAny.oclIsTypeOf(o, "Type");
```

Eine andere Option besteht darin, dass Sie Ihre eigene Klasse für jeden Basistyp in OCL definieren. Aus den vorangegangenen statischen Operationen werden dann einfache, nicht statische Operationen einer derartigen Klasse. Diese Lösung ist analog zur Java-Klasse *Integer*, die den vorgegebenen Java Primitivtyp *int* als wirkliches Objekt darstellt. Die statischen Operationen *min* und *max* können dann wie folgt implementiert werden:

```
class OclInteger extends java.lang.Integer {

  public OclInteger(int value) {
```

Implementierung der OCL-Standardbibliothek

```
        super(value);
    }

    public OclInteger max(OclInteger i2) {
        if( this.intValue() > i2.intValue() ) {
            return this;
        } else {
            return i2;
        }
    }

    public OclInteger min(OclInteger i2) {
        if( this.intValue() < i2.intValue() ) {
            return this;
        } else {
            return i2;
        }
    }

}
```

Mit Hilfe dieser Definitionen können wir den folgenden OCL-Ausdruck übersetzen:

```
i1.max (i2)
i1.min (i2)
```

Der entsprechende Java-Code würde dann folgendermaßen aussehen:

```
i1.max(i2)
i1.min(i2)
```

Der Nachteil hierbei besteht darin, dass diese neue Klasse als Typ für jeden Integer im Java-Code anstelle der vordefinierten Java-Klassen verwendet werden muss. Viele Java-Bibliotheken und APIs erwarten Java-Standardtypen als ihre Parameter. Wo immer dies zutrifft, müssen wir die Operation *intValue()* verwenden, die in *java.lang.Integer* definiert ist, um aus unserem *OclInteger* ein *int* zu erhalten. Zusätzlich müssen wir jedes *int*, das wir erhalten – zum Beispiel als Parameter - in ein neues Objekt *OclInteger* umformen. Deshalb ist diese Lösung in höchstem Maße unpraktisch, so dass wir uns dazu entschlossen haben, diesen Ansatz zu vernachlässigen.

4.3.2 OCL-Tupel

Da Tupel Typen sind, die dann definiert werden, wenn sie benötigt werden, gibt es keine expliziten Definitionen für Tupel-Typen in einem Modell. Zudem benötigt die Sprache Java keine expliziten Tupel-Typen. Sie können einfach irgendeine Implementierung der Schnittstelle *Map* von java.util verwenden.

Als Alternative steht es Ihnen offen, eine separate Java-Klasse für jeden Tupel-Typ zu definieren. Dies ergibt eine größere Sicherheit bei der Typüberprüfung im Java-Code. Darüber hinaus hat diese Option eine wesentlich schnellere Laufzeit, da der Zugriff auf eine Komponente eines Tupels direkt erfolgen kann. Wird die Implementierung *Map* verwendet, muss eine zeichenbasierte Suche ausgeführt werden. Ein Nachteil liegt in dem zusätzlichen Codieren, das vorgenommen werden muss.

4.3.3 OCL-Collection-Typen

OCL-Collection-Typen sollten in einer der Bibliotheken der Zielsprache auf Collections (Sammlungen) abgebildet werden. Sollte die Zielsprache keine Sammlungen zur Verfügung stellen, müssen wir uns diese selbst erstellen. Java stellt eine Vielzahl unterschiedlicher Collection-Typen zur Verfügung – zum Beispiel *Set*, *Tree* und *List*. Wählen Sie einen Typ für jeden OCL-Collection-Typ aus. Es hat sich bewährt, diese Wahl bei jeder Abbildung, die sie vornehmen müssen, beizubehalten. Das heißt, dass Sie immer dieselbe Java-Klasse zur Implementierung eines OCL-*Set*, eine andere immer zur Implementierung einer OCL-*Bag* etc. verwenden sollten. Da es zu *Bag* und *OrderedSet* keine direkten Gegenstücke gibt, müssen wir nach Typen suchen, die am ehesten zutreffen. Tabelle 4.2 zeigt eine mögliche Abbildung.

OCL-Collection-Typ	Java-Typ	konkreter Typ
Set	Set	HashSet
Sequence	List	ArrayList
Bab	List	ArrayList
OrderedSet	List	ArrayList

Tabelle 4.2: *Abbildung der Collection-Typen von OCL nach Java*

OCL-Sammlungen besitzen eine Vielzahl vordefinierter Operationen. Diese Operationen gibt es in zwei unterschiedlichen Kategorien – die einen, die über die Elemente der Sammlung iterieren (siehe Abschnitt 9.3), beispielsweise *select*, *exist* und *collect* und die anderen, beispielsweise *union* und *size*, die dies nicht tun. Jede Operation der ersten Kategorie wird *Iterator* oder *Collection-Iterator* genannt. Operationen der zweiten Kategorie sind einfache Collection-Operationen. Beide Kategorien müssen auf unterschiedliche Weise implementiert werden.

up ...

... up ... update

Nutzen Sie den UPDATE-SERVICE des mitp-Teams bei vmi-Buch. Registrieren Sie sich JETZT!

Unsere Bücher sind mit großer Sorgfalt erstellt. Wir sind stets darauf bedacht, Sie mit den aktuellsten Inhalten zu versorgen, weil wir wissen, dass Sie gerade darauf großen Wert legen. Unsere Bücher geben den topaktuellen Wissens- und Praxisstand wieder.

Um Sie auch über das vorliegende Buch hinaus regelmäßig über die relevanten Entwicklungen am IT-Markt zu informieren, haben wir einen besonderen Leser-Service eingeführt.

Lassen Sie sich professionell, zuverlässig und fundiert auf den neuesten Stand bringen.
Registrieren Sie sich jetzt auf www.mitp.de oder **www.vmi-buch.de** und Sie erhalten zukünftig einen E-Mail-Newsletter mit Hinweisen auf Aktivitäten des Verlages wie zum Beispiel unsere aktuellen, kostenlosen Downloads.

Ihr Team von mitp

Einfache Collection-Operationen

Einfache Collection-Operationen können auf Operationen der Collection-Typen der Zielsprache abgebildet werden. Wenn sie nicht zur Verfügung stehen, haben Sie zwei Möglichkeiten. Die erste Option besteht darin, dass Sie Ihre eigenen Klassen definieren, um die OCL-Collection-Typen durch die Vererbung aus Standard-Collection-Typen zu repräsentieren. Die verbleibenden OCL-Operationen, die sich nicht direkt abbilden lassen, können dann in diesen Klassen implementiert werden.

Der Nachteil dieses Ansatzes wurde bereits in Abschnitt 4.3.1 erläutert. Diese benutzerdefinierten Klassen müssen für jedes andere Collection-Objekt im Java-Code als Typ verwendet werden, weil die OCL-Ausdrücke im Java-Code Attribute vom Typ einer Collection-Klasse verwenden. Aus diesem Grund haben wir auf diese Option verzichtet.

Der Ansatz, den wir in Anhang D gewählt haben, besteht darin, die Collection-Klassen von Java aus den Standardbibliotheken von Java zu verwenden sowie die zusätzlichen Operationen, die zur Implementierung von OCL als statische Methoden in Java benötigt werden, in einer separaten Bibliotheksklasse zur Verfügung zu stellen. In diesem Fall können Sie gewöhnliche Java-Collections überall verwenden und müssen lediglich dann auf die speziellen statischen Methoden verweisen, wenn Sie einen OCL-Ausdruck auswerten müssen. Der folgende Code beinhaltet ein einfaches Beispiel zu einer Klasse mit statischen Methoden:

```java
public class OclCollectionOperations {

  public static boolean notEmpty(Collection c) {
    (c == null) || (!c.isEmpty() == 0);
  }

}
```

Hier ist anzumerken, dass *Collection* im oben erwähnten Code auf die Java-Collection-Schnittstelle (java.util.Collection) verweist. Unter Verwendung dieser Klasse kann der folgende OCL-Ausdruck übersetzt werden:

```
someCollection->notEmpty()
```

Der entsprechende Java-Code würde wie folgt lauten:

```
OclCollectionOperations.notEmpty(someCollection);
```

Hier ist anzumerken, dass der (Java-)Typ von *someCollection* die Java Collection-Schnittstelle implementieren muss.

Collection-Iteratoren

Ein Collection-Iterator ist normalerweise schwieriger zu implementieren. Passende Gegenstücke zu den Operationen, die über die Elemente der Sammlungen iterieren, können nicht so einfach gefunden werden. Wenn möglich sollte die OCL-Standardbibliothek durch eine Bibliothek in der Zielprogrammiersprache implementiert werden. Bedauerlicherweise ist dies für viele Sprachen nicht möglich, weil den Implementierungen vieler Standardoperationen, die über die Elemente von Sammlungen iterieren, ein Stück Code als Parameter übergeben werden müsste. Dies wird jedoch lediglich von einigen wenigen Programmiersprachen unterstützt. Es wäre zum Beispiel sehr einfach, wenn Sie den folgenden OCL-Ausdruck in einen einzigen Java-Ausdruck übersetzen könnten:

```
context Customer
inv: cards->select( valid = true )->size() > 1
```

Der Java-Ausdruck müsste den Code, der den Bereich *valid = true* repräsentiert, der ausgewählten Operation als Parameter übergeben:

```
// Folgendes ist in Java falsch
getCards().select( {valid == true} ).size() > 1
```

In Java wäre der vorangegangene Code illegal, da es nicht möglich ist, einen Block Java-Code als Parameter für eine Methode zu verwenden. Die (Java-)Definition der Methode *select* müsste folgendermaßen aussehen:

```
// nachfolgend handelt es sich um eine inkorrekte Java-Implementierung
// der Operation 'select' für die Klasse Set
Set select( JavaExpression exp ) {
  // Body der Operation
  // exp sollte wiederholt hier wiederholt
  // für jedes Element der Sammlung ausgeführt werden
}
```

Wenn Sie mit Smalltalk oder einer anderen Sprache arbeiten, die Ausdrücke als First-Class-Objekte unterstützt, sollten Sie sich diesen Aspekt der Sprache zu Nutze machen und Ihre eigenen Klassen definieren, die die OCL-Standardbibliothek implementieren. Wenn Sie mit einer Programmiersprache arbeiten, die Ausdrücke nicht als First-Class-Objekte unterstützt, benötigt jede Verwendung eines Collection-Iterators ein speziell erstelltes Code-Fragment. In diesem Kapitel verwenden wir die Sprache Java, deshalb ist unsere Design-Auswahl eingeschränkt.

Da jeder Collection-Iterator über eine Sammlung läuft, verwendet das speziell erstellte Code-Fragment den Looping-Mechanismus der Zielsprache, um die Iteration zu implementieren. In Java wird eine Iteration normalerweise unter Verwendung der Klasse *Iterator* implementiert. Der folgende OCL-Ausdruck, in dem *source* ein *Set* ist, wurde beispielsweise durch ein sehr komplexes Stück Java-Code unter Verwendung einer Java *Iterator*-Instanz für *source* implementiert:

```
source->select(a=true)
```

Der Java-Code zur Implementierung lautet wie folgt:

```
Iterator it = source.iterator();
Set result = new HashSet();
while( it.hasNext() ){
    ElementType elem = (ElementType) it.next();
    if ( elem.a == true ){
        result.add(elem);
    }
}
return result;
```

Der OCL-Ausdruck kann in diesem Code-Fragment lediglich an zwei verschiedenen Stellen wieder erkannt werden. Diese sind fett gedruckt. Bei der ersten Stelle wird auf die Sammlung *source* verwiesen und bei der zweiten handelt es sich um den Test *a == true* aus dem Rumpf der Auswahloperation. Darüber hinaus muss das Code-Fragment den Typ der Elemente in der Sammlung *source* explizit erwähnen. Im vorangegangenen Code-Fragment heißt der Typ beispielsweise *ElementType*.

Sobald der Test des Iterators *select* oder irgendeines anderen Iterators komplexer ist, wird es schwieriger, ihn im implementierten Code wieder zu erkennen. Um alle Programmpartner aus dem Kontext von *LoyaltyProgram* zu ermitteln, die bei den Services keine Punkte gesammelt haben, können wir beispielsweise die folgende OCL-Abfrage verwenden:

```
self.partners->select(deliveredServices->forAll(pointsEarned =0))
```

Daraus ergibt sich das folgende Stück Java-Code. Die Zeilen sind durchnummeriert, um die weitere Erklärung zu vereinfachen:

```
1. Iterator it = this.getPartners().iterator();
2. Set selectResult = new HashSet();
3. while( it.hasNext() ){
4.     ProgramPartner p = (ProgramPartner) it.next();
5.     Iterator services = p.getDeliveredServices().iterator();
```

```
6.    boolean forAllresult = true;
7.    while( services.hasNext() ){
8.        Service s = (Service) services.next();
9.        forAllResult = forAllResult && (s.getPointsEarned() == 0);
10.   }
11.   if ( forAllResult ){
12.       selectResult.add(p);
13.   }
14. }
15. return result;
```

Teile des originalen OCL-Ausdrucks können im Code wieder erkannt werden. Zu jeder Navigation wird die entsprechende *get*-Operation aufgerufen. Diese Aufrufe sind in den Zeilen 1, 5 und 9 fett gedruckt. Der Rest des Codes muss erst noch entwirrt werden. Die Zeilen 1 und 2 bereiten die Iteration vor, mit der die *select*-Operation implementiert wird: Ein Java-Iterator und die Ergebnismenge werden initialisiert. Die Zeilen 3 bis 14 stellen die *select*-Iteration dar, die die *forall*-Iteration einschließt. Die *forall*-Iteration wird in den Zeilen 5 und 6 initialisiert und in den Zeilen 8 bis 10 ausgeführt. Der Test *pointsEarned = 0* findet sich in Zeile 9 wieder und ist ebenfalls fett gedruckt.

Der folgende Code stellt eine Code-Schablone für die Implementierung von *collect* in Java dar. Diese Stück Code implementiert den allgemeinen Ausdruck

```
source->collect(attr)
```

Wir unterstellen, dass *source* ein *Set* ist und *attr* vom Typ *AttrType* ist:

```
1. Iterator it = source.iterator();
2. Set result = new HashSet();
3. while( it.hasNext() ){
4.     ElementType elem = (ElementType) it.next();
5.     AttrType attr = (AttrType) elem.getAttr();
6.     if ( !(attr instanceof ClassImplementingOclCollection) ) {
7.         result.add( attr );
8.     } else {
9.         // dieses Template muss wiederholt werden, wenn attr eine Sammlung ist
10.    }
11. }
12. return result;
```

Hier ist anzumerken, dass der Iterator *collect* Sammlungen enthierarchisiert (siehe Abschnitt 9.3.10) und deshalb beispielsweise als Ergebnis nie eine Sammlung von Sammlungen entstehen kann, sondern immer eine Sammlung von Objektverweisen oder Werten. Deshalb müssen wir festlegen, ob *attr* selbst eine Sammlung ist. Dies ist in Zeile 6 durch den Typ *ClassImplementingOclCollection* implementiert worden. Falls *attr* eine Sammlung ist, muss Zeile 9 unter Verwendung derselben *collect*-Schablone erweitert werden. Die Schablone muss rekursiv wiederholt werden, bis Elemente gefunden werden, die selbst keine Sammlungen sind. Anstatt den Code zu generieren, müssen wir eine sorgfältige Analyse vornehmen, um festlegen zu können, ob wir es mit Sammlungen aus Sammlungen zu tun haben und in welcher Tiefe diese Sammlungen liegen.

Ein anderer Ansatz zu diesem Problem besteht darin, eine separate *flatten*-Operation in die weiter oben erwähnte Klasse *OclCollectionOperations* zu implementieren. Dann können wir den Test in Zeile 6 entfernen. Nach der *while*-Schleife flachen wir dann die komplette Ergebnissammlung ab:

```
1. Iterator it = source.iterator();
2. Set result = new HashSet();
3. while( it.hasNext() ){
4.    ElementType elem = (ElementType) it.next();
5.    AttrType attr = (AttrType) elem.getAttr();
6.    result.add( attr );
7. }
8. result = OclCollectionOperations.flatten(result);
9. return result;
```

Jeder OCL-Iterator (*select, exists, forAll, collect* etc.) erhält so seine eigene Schablone, die mit den Details des zu implementierenden OCL-Ausdrucks gefüttert werden muss. Diese Schablonen können optimiert werden. Die *forAll*-Schablone, die in einem der oben erwähnten Beispiele vorkam, kann beispielsweise so geschrieben werden, dass die Iteration stoppt, sobald sich herausstellt, dass das Ergebnis falsch ist. Natürlich bedeutet dies, dass der Java-Code länger und schwieriger zu lesen wird. Deshalb wurde in diesem Beispiel auf Optimierung verzichtet.

Die Beispiele in diesem Abschnitt verdeutlichen, dass Ausdrücke in OCL, die Sammlungen verwenden, verständlicher sind, als der entsprechende Java-Code. Im Ergebnis sind die OCL-Ausdrücke einfacher zu schreiben, und was noch wichtiger ist, sie sind einfacher zu lesen und zu verstehen als der Java-Code. Dies ist wünschenswert, da die OCL-Ausdrücke Teil der Software-Spezifikation sind, während der Java-Code Teil der Implementierung ist. Spezifikationen sollten einfacher zu lesen und zu schreiben sein. Wenn eine Spezifikation leicht zu lesen und zu schreiben ist und sie nebenbei so präzise und eindeutig wie der Implementierungs-Code, dient sie als guter Input für den MDA-Prozess.

4.4 Implementierung von OCL-Ausdrücken

Wenn Sie sich einmal dafür entschieden haben, wie Sie die Modellelemente und die OCL-Standardbibliothek implementieren wollen, sind Sie bereit für Schritt 3, dies wurde bereits in Abschnitt 4.1 vorweggenommen. Nun müssen Sie über die Implementierung der OCL-Ausdrücke selbst entscheiden. Obwohl dies auf den ersten Blick einfach aussieht, werden im folgenden Abschnitt einige Probleme beschrieben, die besonderer Sorgfalt bedürfen.

4.4.1 Auswertungsreihenfolge

Die Auswertungsreihenfolge ist nicht (und muss auch nicht) in OCL definiert sein. Es ist vollkommen legal, ein Constraint zu schreiben und einen Teil dieses Constraints *undefined* (undefiniert) zu belassen (siehe Abschnitt 10.6). Betrachten Sie zum Beispiel die folgende Invariante im R&L-Modell:

```
context Membership
inv: account.points >= 0 or account->isEmpty()
```

Intuitiv könnte dies in das folgende Java-Code-Fragment übersetzt werden:

```
(this.getAccount().getPoints() >= 0)
||
(this.getAccount() == null)
```

Falls es kein *account* (Konto) gibt, wird der Unterausdruck *account.points >= 0* als *undefined* und der Unterausdruck *account->isEmpty()* als wahr ausgewertet. In OCL ist das Ergebnis der kompletten Invariante wahr und wohl definiert. Wenn Sie direkt aus einer Invarianten wie beschrieben Code generieren und die Auswertungsreihenfolge von links nach rechts verläuft, dann versucht der Code *this.getAccount().getPoints()* auf ein nicht existierendes Objekt (*account*) zu verweisen. Dies führt normalerweise zu einem Laufzeitfehler (z. B. *java.lang.nullPointerException*), deshalb muss einige Sorgfalt darauf verwendet werden, derartige Situationen zu vermeiden.

Im Java-Code müssen Sie einen Test einfügen, um bestimmen zu können, ob bestimmte Objekte existieren. Im vorangegangenen Beispiel sollten Sie deshalb Folgendes schreiben:

```
( (this.getAccount() == null)
||
(this.getAccount().getPoints() >= 0)
```

In diesem Stück Java-Code kann *nullPointerException* nicht auftreten.

4.4.2 Keine Seiteneffekte

Ein OCL-Ausdruck sollte immer wie ein atomarer Ausdruck behandelt werden. Es kann während der Auswertung des Ausdrucks zu keiner Veränderung irgendeines Objektwertes im System kommen. In rein sequenziellen Applikationen sollte dies keine Probleme verursachen, aber ihn parallelen Multi-User-Umgebungen muss dies berücksichtigt werden. Die Werte, auf die ein einzelner OCL-Ausdruck verweist, sollten für den Thread, der die Implementierung des Ausdrucks durchführt, sichtbar und erreichbar sein.

4.4.3 Gewinnen von Attributwerten und Werten der Assoziationsenden

Der Code zum Erhalt eines Attributwertes hängt davon ab, wie die Attribute aus dem UML-Modell in Java abgebildet wurden. In der in Abschnitt 4.2 beschriebenen Abbildung kann der Wert eines Attributs namens *attribute* durch die Operation *getAttribute()* erhalten werden. Deshalb muss jeder Verweis auf Attribute in OCL auf die entsprechende *get*-Operation abgebildet werden. Beispielsweise wird der OCL-Ausdruck

```
self.attribute
```

in folgenden Java-Code umgewandelt:

```
this.getAttribute();
```

Der Java-Code, mit dem der Wert eines Assoziationsendes ermittelt wird, hängt von der Abbildung der UML-Assoziation ab. Die Lösung in Abschnitt 4.2 bildet ein Assoziationsende auf ein privates Java-Attribut mit einer entsprechenden *get*-Operation ab. Dies bedeutet, dass die OCL-Navigation einer Assoziation zu einem Operationsaufruf in Java wird. Beispielsweise wird der OCL-Ausdruck

```
self.associationEnd
```

in folgenden Java-Code umgewandelt:

```
this.getAssociationEnd();
```

Falls eine andere Implementierung für Attribute oder Assoziationen gewählt wird, sollte die Implementierung der OCL-Ausdrücke entsprechend vorgenommen werden.

4.4.4 Let-Ausdrücke

In den OCL-*let*-Ausdrücken werden die lokalen Variablen definiert. Ebenso kann ein *let*-Ausdruck durch die Definition einer lokalen Variablen implementiert werden. Im folgenden Beispiel wählt die Operation *selectPopularPartners* Programmpartner aus, die nach einem festgelegten Datum viele große Transaktionen generiert haben. Die Nachbedingung wird durch Begriffe der durch diese Partner generierten Transaktionen angegeben:

```
context LoyaltyProgram::selectPopularPartners( d: Date )
                        : Set(ProgramPartner)
post: let popularTrans : Set(Transaction) =
        result.deliveredServices.transactions->asSet()
    in
        popularTrans->forAll( date.isAfter(d) ) and
        popularTrans->select( amount > 500.00 )->size() > 20000
```

Dieser Ausdruck kann durch die Verwendung einer lokalen Variablen in der separaten Operation implementiert werden, die die Nachbedingung implementiert (siehe Abschnitt 4.5.2). Hier ist natürlich anzumerken, dass die Gültigkeit der lokalen Variablen mindestens der Gültigkeit des OCL-Ausdrucks entsprechen muss, in dem die *let*-Variable verwendet wird.

4.4.5 Instanzen werden wie Sammlungen behandelt

In OCL kann ein Objekt wie eine Sammlung behandelt werden, wie in *instance->size()*. Dies ist bei Programmiersprachen nicht sonderlich verbreitet. Der einfachste Weg für die Übersetzung dieses Ausdrucks in Java besteht darin, eine temporäre Sammlung einzufügen, die als Elemente lediglich die Instanz enthält. Der folgende OCL-Ausdruck aus dem Kontext *Membership* verwendet beispielsweise ein Objekt *LoyaltyAccount* als Sammlung:

```
account->size()
```

Es kann durch den folgenden Java-Code implementiert werden. Hier sind die Teile des OCL-Ausdrucks, die wieder erkannt werden können, ebenfalls fett gedruckt:

```
Set coll = new HashSet();
if( account != null ) coll.add( account );
return coll.size();
```

Die Überprüfung von *account != null* ist notwendig, um sicherzustellen, dass der Nullwert auf keinen Fall in das erstellte Set eingefügt wird. Sollte dies doch geschehen, würde das Ergebnis des Java-Codes falsch sein. Eine andere Möglichkeit zur Implementierung dieses spezifischen OCL-Ausdrucks besteht darin, festzulegen, ob der Objektverweis null ist, wie dies im nachfolgenden Code der Fall ist:

```
if( account != null ) return 1;
else return 0;
```

Diese Option ergibt einfacheren Java-Code, aber ist weniger allgemein, da die *size*-Operation auf eine spezifische Art implementiert wird.

4.5 Zusammenführen von Code-Fragmenten

Die Code-Fragmente, die OCL-Ausdrücke implementieren, müssen mit dem Code zusammengeführt werden, der den Teil des Systems implementiert, der durch UML-Diagramme spezifiziert wurde. Jeder OCL-Ausdruck sollte gemäß seinem Zweck im Modell zum Einsatz kommen. Dies ist für die meisten Ausdrücke sehr einfach. Der Code einer Attributdefinition gehört natürlich zu dem Code der Klasse, die in der Kontextdefinition erwähnt ist. Der Code für einen Vorgabewert eines Attributs muss dort platziert werden, wo das Attribut erstellt oder initialisiert wird. Falls der Rumpf einer Anfrageoperation in Form eines OCL-Ausdrucks angegeben ist, wird der Implementierungs-Code dieses Ausdrucks zum Rumpf der Operation. Für andere Ausdrücke, wie zum Beispiel Ableitungsregeln, Invarianten sowie Vor- und Nachbedingungen gibt es weitere Optionen, die das Zusammenführen des Code-Fragments für einen OCL-Ausdruck mit dem Code für den kontextuellen Typ ein wenig komplizierter machen.

4.5.1 Ableitungsregeln

Ableitungsregeln können auf zwei unterschiedliche Arten implementiert werden. Die ausgewählte Methode ist von der Komplexität und der Verwendung der Ableitungsregel abhängig.

Der unkomplizierteste Ansatz besteht darin, ein Attribut mit einer Ableitungsregel als Anfrageoperation zu implementieren, wobei die Ableitungsregel als Operationsrumpf dient. Jedes Mal, wenn der Attributwert nachgefragt wird, wird die Ableitung berechnet. Das Beispiel in Anhang D zeigt diesen Ansatz.

Falls die Auswertung der Regeln teuer ist und das Attribut kontinuierlich verwendet wird, wird sich die vorher erwähnte Strategie eventuell als nicht optimal herausstellen. Als Alternative kann der Wert des Attributs als Attribut gespeichert werden. Nichtsdestotrotz muss das Objekt, das das Attribut enthält, benachrichtigt werden, falls sich eine Veränderung in den Objekten ergibt, von der die Ableitung abhängig ist. Das Listener- oder Observer-Muster kann verwendet werden, um einen derartigen Benachrichtigungsmechanismus aufzustellen. Jedes Mal, wenn der Wert des Attributs nachgefragt wird, können Sie festlegen, ob er erneut berechnet werden muss.

Ein abgeleitetes Attribut sollte auf keinen Fall eine öffentliche *set*-Operation besitzen, damit es keinem anderen Objekt möglich ist, den Wert des Attributs zu verändern.

4.5.2 Invarianten

Der beste Weg zur Implementierung einer Invarianten besteht darin, eine separate Operation mit einem booleschen Ergebnis zu schreiben, die die Überprüfung implementiert. Diese Operation kann immer dann aufgerufen werden, wenn es angeraten ist, die Invariante zu überprüfen. Es ist zweckmäßig eine Operation in eine Klasse einzubinden, die dann alle separaten Operationen aufruft, die die Invarianten implementieren. Dies ist deshalb ratsam, da es häufig vorkommt, dass alle Invarianten zur selben Zeit überprüft werden müssen.

Die wichtigste Aufgabe besteht darin, zu bestimmen, wann diese Operationen aufgerufen werden sollen. Dies wird in den Abschnitten 4.6.1 und 4.6.2 behandelt. Hier ist anzumerken, dass Modellelemente, auf die in der Invarianten verwiesen werden, als Parameter an die Operation übergeben werden sollten, die die Invariante implementiert.

4.5.3 Vor- und Nachbedingungen

Vor- und Nachbedingungen sollten am besten in die Operation implementiert werden, für die sie definiert worden sind. In einigen Sprachen steht ein *assert*-Mechanismus zur Verfügung. Die folgende Operationsspezifikation kann zum Beispiel mit Hilfe des Java-*assert*-Mechanismus einfach implementiert werden:

```
context LoyaltyProgram::enroll(c : Customer)
pre : not participants->includes(c)
post: participants = participants@pre->including(c)
```

Vorausgesetzt, dass die Operationen *includes* und *including* für *participants* zur Verfügung gestellt wurden, lautet der daraus resultierende Code in der Klasse *LoyaltyProgram* folgendermaßen:

```
void enroll(Customer c) {
   assert( ! participants.contains(c) );
   old_participants = new ArrayList(participants);
   // ...
   // < Rumpf der Operation >
   // ...
   assert( participants = old_participants.add(c) );
}
```

Wenn die Nachbedingung Zeitwerte der Vorbedingung verwendet (siehe Abschnitt 10.1.1), sollte der Implementierungs-Code diese Werte in einer temporären Variablen halten. Im vorangegangenen Beispiel wurde *old_participants* dazu verwendet, um den Wert des Assoziationsendes *participants* zu enthalten. Hier ist zu beachten, dass der alte Wert eine echte Kopie oder ein Klon, aber keine Kopie des Verweises ist, da der referenzierte Wert sich während der Operation verändern wird.

Normalerweise werden die Nachbedingungen nicht explizit überprüft, da die Implementierung hierdurch nicht viel an Wert gewinnt. Nachbedingungen dienen eher zur Verbesserung und Klärung von Spezifikationen. Dagegen ist das Implementieren von Vorbedingung besonders nützlich. Die Quelle eines Laufzeitfehlers, durch den eine Vorbedingung fehlschlägt, kann wesentlich einfacher gefunden werden, als irgendein anderer Laufzeitfehler.

4.5.4 Guards und Change Events in Statusdiagrammen

Die Implementierung von Guards (Bedingungen) und Change Events eines Zustandsdiagramms hängt davon ab, wie das Zustandsdiagramm und seine Übergänge implementiert wurden. Wenn die Übergänge durch Operationen implementiert wurden, das heißt, wenn zum Beispiel das Ereignis am Übergang in Wirklichkeit ein Operationsaufruf ist, auf den das Objekt antwortet, muss der Guard als Teil der Vorbedingung der Operation angesehen werden. In diesem Fall sollte der Anfangszustand ebenfalls als Teil der Vorbedingung betrachtet werden. Der Endzustand ist als Teil der Nachbedingung zu sehen. Das Implementieren erfolgt nach den Regeln zur Implementierung von Vor- und Nachbedingungen.

Das Zustandsdiagramm in Abbildung 3.8 und ebenfalls in Abbildung 4.1 kann zum Beispiel durch die folgenden Operationen in der Klasse *Filler* implementiert werden:

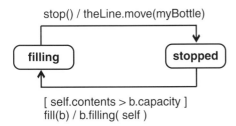

Abb. 4.1: *Zustandsdiagramm Filler, erneut abgebildet aus Abbildung 3.8*

```
void stop() {
  if (!pre_stop()) {
    system.out.println("precondition failed in stop");
  }
  theLine.move(getMyBottle());
  state = stopped;
}
void fill(Bottle b) {
  if (!pre_fill(b)) {
    system.out.println("precondition failed in fill(b)");
  }
```

```
   b.filling( this );
   myBottle = b;
   state = filling;
}
boolean pre_stop() {
   return state == filling;
}
boolean pre_fill(Bottle b) {
   return state == stopped &&
       this.getContents() > b.getCapacity();
}
```

Wenn dasselbe Ereignis als Auslöser für mehr als einen Übergang auftritt, wird die Situation wesentlich komplexer. In diesem Fall müssen wir alle möglichen Situationen zur Zeit der Vorbedingung berücksichtigen. Deshalb müssen wir die Vorbedingung so implementieren, dass sie die *ODER*-Kombination aller Möglichkeiten darstellt. Das Zustandsdiagramm in Abbildung 4.2 ist eine Erweiterung des vorangegangenen Beispiels und enthält beispielsweise zweimal das Ereignis *fill(b)*. In diesem Fall kann die Vorbedingung zur Operation *fill* durch den folgenden Code implementiert werden:

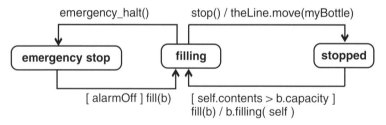

Abb. 4.2: *Erweitertes Zustandsdiagramm Filler*

```
boolean pre_fill(Bottle b) {
   return (state == stopped &&
       this.getContents() > b.getCapacity())
       ||
       (state == emergencystop && this.alarmOff );
}
```

Wenn ein Zustandsdiagramm durch einen Zustandsautomaten unter Verwendung der Echtzeit-Interpretation des Zustandsdiagramms implementiert wird, müssen die OCL-Ausdrücke auf eine andere Art implementiert werden. Guards sollten dann als Bedingungen an die Ausführung der Aktionen implementiert und Veränderungen des Zustands durch den Übergang spezifiziert werden. Der nachfolgende Pseudo-Code gibt dazu ein Beispiel. Hier ist anzumerken, dass eine korrekte Implementierung der OCL-Ausdrücke komplett davon abhängt, wie der Zustandsautomat implementiert wurde.

```
while( true ) {
   e = get_eventId();
   if (e != null) {
      switch (e) {
         1: if ( guard_on_1 ) {
               // Ausführen von Aktionen und Zustandswechsel
            }
         2: if ( guard_on_2 ) {
               // Ausführen von Aktionen und Zustandswechsel
            }
         // etc
      }
   }
}
```

4.5.5 Code für Interaktionsdiagramme

Da Interaktionsdiagramme zu den Ausprägungsdiagrammen zählen, stellen sie keine vollständigen Spezifikationen dar, sondern Beispiele für Interaktionen zwischen Instanzen. Interaktionsdiagramme können verwendet werden, um ein Gerüst für einen Code zu den Operationen zu erstellen, die in den Diagrammen sichtbar sind. Sie können jedoch nicht verwendet werden, um den kompletten Java-Code zu generieren. Sowohl die OCL-Ausdrücke, die für Bedingungen verwendet werden, als auch die Zielobjekte für Nachrichten sowie die Parameter der Nachrichten sind alles Teile dieses Gerüsts. Auf Basis der Abbildungen 3.5 und 3.6 sollten beispielsweise die folgenden Operationen zum Code der Klasse *Service* hinzugefügt werden:

```
Transaction makeTransaction(float amnt, Date d) {
   Transaction newT;
   if (amnt > 0 ) {
      newT = new Earning();
   } else if ( amnt == 0 ) {
      newT = new Burning();
   }
   newT.setDate(d);
   newT.setAmount(amount);
   // Berechnen von pnt
```

```
    newT.setPoints(pnt);
    return newT;
}
```

Es kann sehr gut möglich sein, dass dieser Code mit extra (versteckter) Funktionalität vervollständigt werden sollte. Alles, was wir aus den Diagrammen wissen, ist, dass die vorangegangenen Aufrufe irgendwo im Operationsrumpf vorhanden sein sollten und dass die Reihenfolge der Aufrufe den Angaben entsprechen sollte.

4.6 Überlegungen zu Constraints

Wenn Sie Constraints implementieren, müssen Sie entscheiden, wann sie überprüft werden sollen und was geschehen soll, wenn ein Constraint fehlschlägt.

4.6.1 Wann sollten Constraints überprüft werden?

Invarianten sind so definiert, dass sie zu jedem Zeitpunkt wahr sind, sie können jedoch in einem Laufzeitsystem nicht andauernd überprüft werden. Eine Lösung des Problems besteht darin, die Invarianten eines Objekts sofort zu überprüfen, sobald sich ein Wert im Objekt verändert hat. Wenn sich beispielsweise der Wert eines Attributs ändert, werden alle Invarianten überprüft, die auf dieses Attribut verweisen. Dies kann ebenfalls Invarianten auf anderen Objekten als dem Objekt, das verändert wurde, einschließen. Deshalb kann die Überprüfung teuer werden.

Wie oft und wann eine Invariante überprüft wird, hängt davon ab, wie ernst der Fehler sein könnte. Invarianten auf Objekten in einem Managementsystem des Customer-Relationship sollten einmal die Woche überprüft werden oder immer dann, wenn das Objekt verwendet wird. Die oben erwähnte teure Lösung könnte genau die richtige Lösung sein, um Objekte in einem äußerst wichtigen Prozesskontrollsystem zu überprüfen. Sie müssen eine Lösung finden, in der das vollständige Überprüfen und die Laufzeiteffektivität gegeneinander abgewogen werden, so dass dies für Ihre Situation genau richtig ist.

Vorbedingungen sollten immer dann überprüft werden, wenn eine Operation aufgerufen wird. Abhängig von der Komplexität der Vorbedingung und den Anforderungen an die Performance können die Kosten für diese Technik unerschwinglich hoch ausfallen. Unter Bedingungen, in denen die Software als eine Komponente verwendet wird, die anderen unbekannten Komponenten Services anbietet, ist es klug, die Vorbedingungen immer zu überprüfen – so werden falsche Verwendung sowie potenzielles Desaster als Ergebnis vermieden. Wenn die Software als Teil eines geschlossenen, klar definierten Systems verwendet wird, sollte das Überprüfen der Vorbedingung während des Testens beibehalten, aber während der Produktion ausgeschaltet werden.

Nachbedingungen werden naturgemäß am Ende einer durchgeführten Operation überprüft. Die Praxis hat gezeigt, dass das Überprüfen der Vorbedingung wesentlich wichtiger ist, als das Überprüfen der Nachbedingung. Deshalb ist es das Beste die Vorbedingungen zu überprüfen, falls die Möglichkeiten einer Überprüfung begrenzt sind.

Dies führt zu einer anderen Frage: Möchten Sie, dass Constraints - Invarianten ebenso wie Vor- und Nachbedingungen – während des Systemeinsatzes überprüft werden? Die Praxis hat gezeigt, dass das Überprüfen während der Systementwicklung sehr nützlich ist. Wenn das System aber eingesetzt wird, kann es sein, dass das Überprüfen zu viel Prozessorzeit beansprucht, so dass das System langsamer als notwendig wird. In einem solchen Fall ist es sehr nützlich, wenn ein *assert*-Mechanismus bei Bedarf ein- oder ausgeschaltet werden kann. In Systemen, die zum Beispiel mit der Sprache Eiffel erstellt werden, werden Vorbedingungen häufig während der Entwicklung, des Testens und des Debuggings überprüft. Wenn die Applikation jedoch in Betrieb ist, werden sie nicht (oder nur teilweise) überprüft. Die Sprache Java bietet ebenfalls einen Assertionsmechanismus, der jedoch lediglich grobgranular kontrolliert werden kann.

Ob die Constraints während des Systemeinsatzes überprüft werden müssen, hängt vom Systemtyp ab, mit dem gearbeitet wird. In einem durchschnittlichen Datenbanksystem ist es nichts Ungewöhnliches, wenn es inkonsistente Daten enthält. Solange der Prozentsatz der inkonsistenten Daten nicht über ein gewisses Maß hinausgeht, ergeben sich keine Probleme. In einem derartigen Fall kann der Datenbank-Administrator alle paar Wochen eine Überprüfung aller Invarianten veranlassen und die Datenbank basierend auf diesen Ergebnissen bereinigen. Wenn der Richtigkeit der Daten eine (viel) höhere Aufmerksamkeit zukommt, können die Invarianten bei jeder Veränderung der Werte überprüft werden. Ein verletztes Constraint kann zu einem Rollback der Transaktion führen, in der der Fehler aufgetreten ist.

Dieselbe Aussage trifft für die Überprüfung von Vorbedingungen zu. Lediglich, wenn die Vorbedingung einen unerlässlichen Aspekt des Systems darstellt, muss sie jedes Mal überprüft werden, wenn die Operation aufgerufen wird. Unter anderen Bedingungen ist unter Umständen weniger Überprüfung notwendig.

4.6.2 Was müssen Sie tun, wenn ein Constraint fehlschlägt?

Ein anderes Problem ergibt sich, wenn ein Constraint verletzt wird. Das heißt mit anderen Worten, was muss getan werden, wenn die Einschränkungen, die für ein Objekt gelten, nicht mehr länger zutreffen? Betrachten Sie drei unterschiedliche Ansätze zu nicht eingehaltenen Constraints.

Das Einfachste wäre eine Fehlernachricht zu drucken, sobald ein Constraint nicht eingehalten wird. Obwohl dies ein sehr simpler Ansatz zu sein scheint, ist er sehr effektiv, besonders dann, wenn Constraints lediglich während der Entwicklung des Systems überprüft werden und nicht während ihres Einsatzes. Durch das Überprüfen der Constraints während ihrer Entwicklung kann die Software durchgehend getestet werden.

Es wurde bereits von mehreren Seiten vorgeschlagen, dass das Verletzen eines Constraints eine Ausnahme auslösen sollte, oder dass zumindest ein derartiges Verhalten als Option angesehen werden sollte. In Eiffel werden Assertions sowohl als Werkzeug zum Debugging als auch als Ausnahmen verwendet. Das heißt, dass eine Ausnahme ausgelöst wird, sobald die Assertion (oder entsprechend unserem Begriff, das Constraint) nicht eingehalten wird. In Java ist das Konzept der Assertions enthalten und wird dieser Ansatz ebenfalls verwendet.

Von anderer Seite wird argumentiert, dass die Verletzung eines Constraints der Auslöser für das Ausführen einer Operation ist. In Soma, der von Ian Graham in *Migrating to Object Technology* [Graham95] definierten Analyse- und Designmethode, können Regeln zu Auslösern für Aktionen werden, die das System vornehmen muss. Ein Beispiel für eine mögliche Aktion in einem Transaktionsumfeld wäre ein Rollback der Transaktion.

4.7 Zusammenfassung

Dieses Kapitel hat gezeigt, wie OCL-Ausdrücke implementiert werden können. Die Übersetzung der Ausdrücke in Programm-Code muss entsprechend der folgenden Schritte vorgenommen werden:

1. Definition der Implementierung der UML-Modellelemente. Sie können Ihre bevorzugte Implementierungsart verwenden, vorausgesetzt, dass die getroffene Auswahl im nächsten Schritt eingesetzt werden kann.

2. Definition der Implementierung der OCL-Standardbibliothek. Die OCL-Basistypen müssen in die Basistypen der Zielsprache abgebildet werden. Die OCL-Collection-Typen müssen in die Collection-Typen der Zielsprache abgebildet werden. Wenn es nötig ist, muss eine separate Klasse mit (statischen) Collection-Operationen definiert werden, die nicht auf Collection-Typen der Zielsprache abgebildet werden können. Jede Verwendung eines OCL-Collection-Iterators muss auf ein speziell entworfenes Code-Fragment abgebildet werden.

3. Definition der Implementierung der OCL-Ausdrücke. Achten Sie auf die Reihenfolge der Auswertung und die möglichen Seiteneffekte.

4. Korrekte Platzierung der Code-Fragmente, die die OCL-Ausdrücke implementieren, in den Code für die Modellelemente. Definition separater Operationen für jede Invariante, die immer dann aufgerufen werden, wenn die Invariante überprüft werden muss.

5. Bei Invarianten und Vor- bzw. Nachbedingungen muss entschieden werden, wann sie überprüft werden und was zu tun ist, wenn diese Überprüfungen fehlschlagen. Entscheiden Sie, ob die Constraints während der Laufzeit überprüft werden müssen.

OCL ist eine Sprache, mit der plattformunabhängige Modelle entwickelt werden können. Deshalb muss während der Übersetzung von OCL in Code auf viele Design-Aspekte eingegangen werden. Wenn die Entscheidungen einmal getroffen worden sind, verläuft der Übersetzungsprozess meist recht unkompliziert. Wie bereits anhand vieler Beispiele verdeutlicht, ist der OCL-Code weitaus abstrakter als viele Teile des Java-Codes, so dass der OCL-Code wesentlich einfacher zu lesen und zu schreiben ist. Dies ist genau das, was Sie benötigen, wenn Sie MDA-Techniken auf Ihr Modell anwenden wollen.

Kapitel 5

Verwendung der OCL für die MDA

OCL ist zwar sehr klein, spielt aber in der MDA eine Schlüsselrolle. Ohne eine präzise Modellierungssprache wie OCL können keine konsistenten und kohärenten, plattformunabhängigen Modelle erstellt werden. Dieses Kapitel beschreibt zwei weitere wichtige Wege, auf denen OCL in die MDA passt.

5.1 Das Verhältnis von OCL zur MDA

In Abschnitt 1.2.3 haben Sie die Bausteine des MDA-Frameworks kennen gelernt: Modelle, Sprachen, Transformationsdefinitionen und Transformations-Tools. Wie in Abbildung 5.1 zu sehen, ist OCL für die Erstellung von mindestens drei dieser Bausteine sehr wichtig:

- Für die Modelle, da diese lediglich durch eine präzise Spezifikationssprache Im Modellreifegrad 4 erstellt werden können.

- Für die Transformationsdefinitionen, weil eine formale und präzise Sprache für das Schreiben der Transformationsdefinitionen benötigt wird, damit diese von automatisierten Tools verwendet werden können.

- Sprachen, da Sprachen innerhalb des MDA-Frameworks verstanden werden müssen. Dies ist jedoch nur dann möglich, wenn die Definition der Sprache formal und präzise ist.

Bisher lautete das Thema dieses Buches, wie bessere Modelle unter Verwendung der OCL erstellt werden können. In diesem Kapitel konzentrieren wir uns auf den zweiten und dritten Aspekt dieser Bausteine: Die Definition von Transformationen und Modellierungssprachen. Dazu müssen wir den Metalevel des Modellierens kennen lernen. Dieses Kapitel stellt Metamodelle und Metamodellierung vor, erklärt die UML- und die OCL-Metamodelle, zeigt, was OCL zu der Entwicklung dieser Metamodelle beigetragen hat und stellt ein Beispiel einer in OCL geschriebenen Transformationsdefinition bereit.

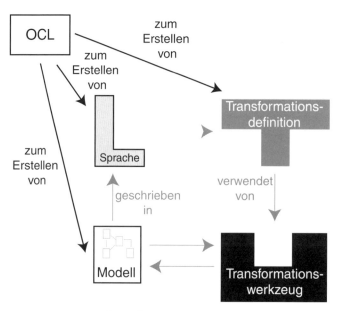

Abb. 5.1: *Verwendung der OCL in einem MDA-Framework*

5.2 Metamodelle

Das *Metamodell* einer Sprache, das auch als *abstrakte Syntax* bekannt ist, ist eine Beschreibung aller Konzepte, die in dieser Sprache verwendet werden können. Das Konzept *Attribut (attribute)* ist beispielsweise ein Teil der UML-Sprache, die Konzepte *Konstruktor*, *Methode* und *Feld* sind Teil der Java-Sprache und die Konzepte *Tabelle*, *Spalte* und *Fremdschlüssel* sind Teil der SQL-Sprache. Diese Konzepte werden manchmal auch *Metaklassen* oder *Metatypen* genannt. Die Menge aller Metaklassen einer Sprache und die Beziehungen dieser Sprachen untereinander bestimmen das Metamodell dieser Sprache.

Jedes Element eines normalen Modells ist eine Instanz eines Konzepts in der verwendeten Modellierprache, das heißt, dass jedes Modellelement eine Instanz einer Metaklasse darstellt. In einem UML-Modell ist beispielsweise die Klasse *Car* eine Instanz der Metaklasse *Class* des UML-Metamodells. Ein Attribut der Klasse *Car* namens *isValuable* vom Typ *Boolean* ist eine Instanz der Metaklasse *Attribute* aus dem UML-Metamodell. Im Modell existiert eine Beziehung zwischen *Car* und *isValuable*. Im Metamodell spiegelt sich dies durch die Beziehung zwischen der Metaklasse *Class* und der Metaklasse *Attribute* wieder. Jedem Modellierer ist diese Instanziierungsbeziehung vertraut: Ein Objekt namens *The Object Constraint Language* ist eine Instanz der Klasse *Book* (Buch). In einem Metamodell wird dieses Beziehung auf eine abstraktere Ebene gebracht: Die Klasse namens *Book* ist eine Instanz der Metaklasse *Class*. Abbildung 5.2 zeigt beide Instanziierungsbeziehungen.

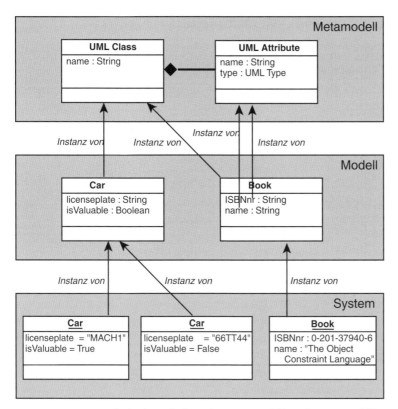

Abb. 5.2: *Das Verhältnis zwischen System, Modell und Metamodell*

So wie eine Klasse ihre Objekte definiert, so definiert eine Metaklasse ihre Instanzen: Die Modellelemente. Die Metaklasse *Attribute* aus dem UML-Metamodell spezifiziert, dass ein Attribut einen Namen und einen Typ haben sollte, zum Beispiel *Boolean*. Die Metaklasse *Class* spezifiziert, dass jede Klasse einen Namen haben sollte und Attribute, Operationen etc. haben kann. Jedes dieser miteinander in Beziehung stehenden Elemente muss selbst innerhalb des Metamodells definiert sein, das heißt, dass die Metaklassen *Attribute* und *Operation* existieren sollten.

Ein Modellierer kann in seinem Modell nur die Elemente verwenden, die durch das Metamodell der Sprache, die der Modellierer benutzt, definiert wurden. In der UML können Sie Klassen, Attribute, Assoziationen, Zustände, Aktionen etc. verwenden, weil das Metamodell der UML Elemente enthält, die definieren, was diese Dinge bedeuten. Wenn sich die Metaklasse *Interface* nicht im UML-Metamodell befinden würde, wäre ein Modellierer nicht dazu in der Lage eine Schnittstelle in einem UML-Modell zu definieren.

5.3 Die OCL- und UML-Metamodelle

Die OCL- und UML-Metamodelle sind in den OMG-Standards definiert und sind jedes für sich ein komplettes Buch. In den folgenden Abschnitten werden lediglich vereinfachte Versionen beschrieben. Zudem wird ihre Beziehung untereinander erklärt, was dazu beitragen soll, den Kontext eines OCL-Ausdrucks in Begriffen von Metaklassen zu klären.

5.3.1 Das UML-Metamodell

Eine vereinfachte Version eines Teils des UML-Metamodells wird in Abbildung 5.3 gezeigt. Es enthält die Konzepte, die in einem Klassendiagramm verwendet werden können. Jedes Teil in einem Modell ist ein Modellelement (*ModelElement*), so dass dies die Superklasse aller anderen Metaklassen ist. Darüber hinaus gibt es Typen, die im UML-Metamodell *Classifiers* genannt werden. *Classifier* ist eine abstrakte Superklasse der Typen, die sich in einem Modell befinden: Klasse (*Class*), Datentyp (*DataType*) und Schnittstelle (*Interface*) (*Component* sollte ebenfalls in der Liste zu finden sein). Jeder Classifier hat Merkmale (*Features*), entweder Attribute (*Attributes*) und Operationen (*Operations*) oder Assoziationsenden (*AssociationEnds*). Jedes Merkmal hat einen Typ. Bei Attributen ist dies einfach der Typ des Attributs. Bei Operationen repräsentiert der Typ einfach den Rückgabetyp. Bei Assoziationsenden bezieht sich der Typ auf die Klasse, mit der der Eigentümer des Assoziationsendes assoziiert ist. Damit eine Assoziation definiert werden kann, müssen zwei oder mehr *Assoziationsenden* in einer *Assoziation* gekoppelt werden.

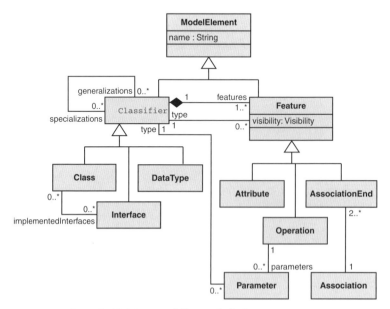

Abb. 5.3: *Das UML-Metamodell (vereinfacht)*

Im R&L-Modell hat beispielsweise die Klasse *LoyaltyProgram* eine Assoziation zur Klasse *ProgramPartner*. Beide Enden der Assoziation haben die Mulitplizität 1..*. Das Ende bei *LoyaltyProgram* heißt *programs* und das Ende bei *ProgramPartner* heißt *partners*. Hinsichtlich des Metamodells bedeutet dies, dass es zwei Instanzen der Metaklasse *Class* gibt, *LoyaltyProgram* und *ProgramPartner*. Die Instanz *LoyaltyProgram* besitzt eine Instanz von *AssociationEnd* namens *partners*. Der Typ dieses *AssociationEnd* ist die Instanz der Metaklasse *Class* namens *ProgramPartner*.

5.3.2 Das OCL-Metamodell

Eine vereinfachte Version eines Teils des OCL-Metamodells wird in Abbildung 5.4 gezeigt. Es definiert die verschiedenen Ausdruckstypen, die verwendet werden können. Die Superklasse aller Ausdrücke ist die Metaklasse *OclExpression*. Die Subklasse *ModelPropertyCallExp* repräsentiert einen Ausdruck, der auf einen Wert innerhalb des Modells verweist, auf ein Attribut, eine Operation oder ein Assoziationsende. Die Metaklasse *ModelPropertyCallExp* hat drei Subtypen um anzuzeigen, welche Art von Merkmal der Quelle aufgerufen wurde: *AttributeCallExp*, *OperationCallExp* und *AssociationEndCallExp*. Da Merkmale immer aus Objekten aufgerufen werden, hat ein *ModelPropertyCallExp* eine Quelle, die eine andere *OclExpression* ist.

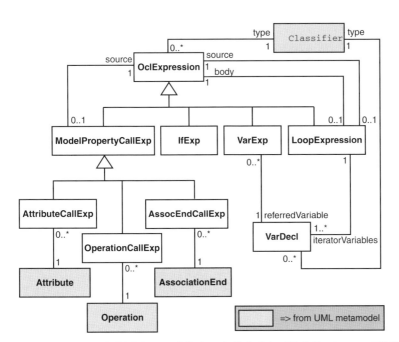

Abb. 5.4: *Das OCL-Metamodell (vereinfacht) im Verhältnis zum UML-Metamodell*

Im folgenden Ausdruck ist beispielsweise *monkey* die *OclExpression*, die die Quelle des Teils *pealsBanana()* darstellt. Das Teil *pealsBanana()* ist eine Instanz von *ModelPropertyCallExp*. Tatsächlich ist es eine Instanz seiner Subklasse *OperationCallExp*:

```
monkey.pealsBanana()
```

Ausdrücke, die über Sammlungen iterieren, sind Instanzen der Metaklasse *LoopExpression*. Jeder Loop-Ausdruck hat eine Quelle, die entweder eine Sammlung oder eine Instanz ist, die wie eine Sammlung behandelt wird. Diese Quelle kann als OCL-Ausdruck geschrieben werden. Der Rumpf eines Loop-Ausdrucks ist der Teil, der anzeigt, welche Elemente der Sammlung in Betracht gezogen werden sollten. Im folgenden Ausdruck ist *monkey.siblings* beispielsweise ein OCL-Ausdruck, der die Quelle des *select* Loop-Ausdrucks repräsentiert. Der Teil innerhalb der Klammern, *eyes.colour = Colour::blue*, ist der Rumpf des Loop-Ausdrucks:

```
monkey.siblings->select( eyes.colour = Colour::blue )
```

Obwohl das die Abbildung 5.4 nicht zeigt, fügt das OCL-Metamodell eine Anzahl von Datentypen, wie zum Beispiel *Set*, *OrderedSet*, *Bag* und *Sequence*, zum UML-Metamodell hinzu. Jeder Typ ist eine Subklasse von *Classifier*, eigentlich sind sie Subklassen der Metaklasse *DataType*.

5.3.3 Die Beziehung zwischen den UML- und OCL-Metamodellen

Es existiert eine doppelte Beziehung zwischen den UML- und OCL-Metamodellen. Als Erstes kann ein OCL-Ausdruck auf ein Element aus dem Modell verweisen. Bei diesem Element handelt es sich um eine Instanz einer UML-Metaklasse. Diese Beziehung ist in Abbildung 5.4 dargestellt. Die Metaklassen aus dem UML-Metamodell sind grau abgebildet. Die Assoziationen zwischen den OCL-Metaklassen und den UML-Metaklassen definieren die Beziehung zwischen dem UML- und dem OCL-Metamodell.

Jeder OCL-Ausdruck ergibt beispielsweise einen Wert. Der Typ dieses Wertes ist eine Instanz der UML-Metaklasse *Classifier*. Diese Beziehung wird in den Metamodellen durch die Assoziation zwischen den Metaklassen *OclExpression* und *Classifier* repräsentiert. Ein anderes Beispiel wäre ein OCL-Ausdruck, der auf ein Attribut verweist. Der Ausdruck ist eine Instanz von *AttributeCallExp* und das Attribut ist eine Instanz von *Attribute*. Ihre Beziehung wird durch die Assoziation zwischen beiden Metaklassen repräsentiert.

Die zweite Beziehung zwischen den UML- und OCL-Metamodellen zeigt Abbildung 5.5. Verschiedene Elemente aus dem UML-Metamodell können durch Informationen in Form eines OCL-Ausdrucks ausgeschmückt werden. Invarianten sind zum Beispiel *OclExpression*-Instanzen, die mit einer *Classifier*-Instanz verlinkt sind. Diese Beziehung repräsentiert das Verhältnis zwischen einem OCL-Ausdruck und seinem Kontext.

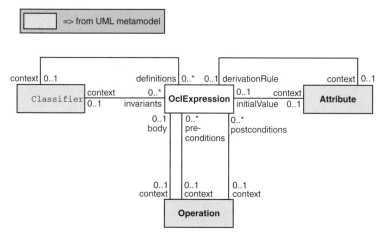

Abb. 5.5: *Der OCL-Kontext im Zusammenhang mit den Metamodellen*

Ein Attribut A kann beispielsweise eine Ableitungsregel haben. In Begriffen des Metamodells gesprochen ist das Attribut eine Instanz der Metaklasse *Attribute* und die Ableitungsregel ist eine Instanz der Metaklasse *OclExpression*. Die Tatsache, dass die Regel die Ableitung für das Attribut A beschreibt, ist im Metamodell durch die Assoziation mit dem Rollennamen *derivationRule* zwischen den Metaklassen *Attribute* und *OclExpression* dargestellt.

5.4 Mit OCL Sprachen definieren

Eine Schlussfolgerung, die aus den vorangegangenen Abschnitten gezogen werden kann, besteht darin, dass Metamodelle auch nur Modelle sind. Ihr einziger Unterschied besteht darin, dass sie sich auf einem anderen Abstraktionslevel befinden. Da die OCL bei der Erstellung guter Modelle nützlich ist, muss sie zur Erstellung guter Metamodelle ebenfalls nützlich sein. Wenn Sie ein Metamodell erstellen, definieren Sie eigentlich eine Sprache. Deshalb ist die OCL bei der Definition von Sprachen hilfreich.

Tatsächlich wurde der UML-Standard selbst unter Verwendung der OCL definiert. Für die Definition des Metamodells der UML wurden nahezu zweihundert Invarianten und einhundert Definitionen für Operationen als Ergänzung zu den Diagrammen geschrieben. Im UML-Standard werden diese Definitionen *Wohlgeformtheitsregeln* genannt. Der folgende Ausdruck, der sich auf Abbildung 5.3 bezieht, gibt an, dass eine Schnittstelle nicht unbedingt Attribute haben muss:

```
context Interface
inv: features->select(f |f.oclIsKindOf( Attribute ) )->isEmpty()
```

Kapitel 5
Verwendung der OCL für die MDA

Sogar die OCL selbst wurde mit Hilfe von OCL-Ausdrücken definiert. Im OCL-Metamodell aus Abbildung 5.4 befindet sich ein weiteres Beispiel. Dieses Beispiel zeigt, dass die Quelle eines Loop-Ausdrucks eine Sammlung sein muss und dass der Typ der Iterator-Variablen dem Typ der Elemente aus der Quellsammlung entsprechen muss:

```
context LoopExpression
inv: source.oclIsKindOf( Collection )
inv: iteratorVariable.type
            = source.oclAsType(Collection).elementType
```

Innerhalb des MDA-Frameworks müssen neue Sprachen definiert werden, aber gleichzeitig gibt es auch einen Bedarf nach sorgfältigen Spezifikationen der bereits vorhandenen Sprachen. Die meisten Programmiersprachen sind zum Beispiel nicht formal definiert. Normalerweise besteht der einzige formale Teil in ihrer Spezifikation aus der in BNF geschriebenen Grammatik. Den Rest können die Benutzer in den Compilern und den Lehrbüchern finden. Um eine Programmiersprache wie die PSM-Sprache in der MDA zu verwenden, sollte diese mit mindestens demselben Grad an Formalität definiert werden wie UML. Dies bedeutet, dass für jede PSM-Sprache eine Definition in Form eines UML/OCL-Metamodells definiert werden müsste.

Neue Sprachen können ebenfalls als so genannte *Profile* zur UML definiert werden. Dies bedeutet, dass kein komplett neues Metamodell für die Sprache benötigt wird. Stattdessen wird das Metamodell der UML verwendet. Extra Regeln und eine Abbildung der Sprachkonzepte in die verwendete Syntax sind vorgegeben. Die extra Regeln sollten natürlich am besten in OCL angegeben sein.

Bereits existierende Sprachen passen ebenfalls in das MDA-Framework, wenn UML-Profile verwendet werden. Es gibt beispielsweise ein Java-Profil im Java Community Process Document JSR26 namens *UML/EJB Mapping specification* [EJB01]. Wenn Sie dieses Profil verwenden und ein Diagramm zeichnen, das wie ein UML-Klassendiagramm aussieht, habe Sie tatsächlich eine Reihe von Java-Klassen erzeugt.

5.5 Mit OCL Transformationen definieren

Eine Transformationsdefinition beschreibt, wie ein in einer bestimmten Sprache geschriebenes Modell in ein in einer anderen Sprache geschriebenes Modell umgewandelt werden kann. Eine derartige Beschreibung ist generisch, wenn sie von den aktuellen Modellen unabhängig ist. Sie muss von den Konzepten Gebrauch machen, die in beiden Sprachen definiert sind, das heißt, dass sie erstellt wird, indem Metaklassen in den Metamodellen beider Sprachen verwendet werden. Eine Transformationsdefinition setzt Metaklassen der Quellsprache mit den Metaklassen in der Zielsprache in Beziehung zueinander.

Mit Hilfe der OCL werden diese Transformationen definiert. Ein OCL-Ausdruck ist eine Darstellung eines Elements im Modell, in diesem Fall im Metamodell. Ein OCL-Ausdruck kann deshalb präzise auswählen, welches Element oder welche Elemente im Quell-Metamodell für eine bestimmte Transformation verwendet werden. Dasselbe gilt für die Elemente im Ziel-Metamodell. Wenn eine UML-Klasse beispielsweise in eine Java-Klasse umgewandelt wird, müssen nicht alle Attribute des Modells in Java-Attribute umgewandelt werden, sondern nur diejenigen, die zu der UML-Klasse gehören, die umgewandelt werden soll. Dies kann in der OCL präzise formuliert werden. Aus dem Kontext der UML-Klasse können die zur Transformation anstehenden Attribute exakt durch den folgenden Ausdruck identifiziert werden:

```
self.features->select( f | f.isOclType( Attribute ) )
```

Weil Transformationen durch automatisierte Werkzeuge ausgeführt werden sollen, müssen Transformationsdefinitionen in einer präzisen und eindeutigen Weise geschrieben sein. Zurzeit existiert keine Standardsprache zum Schreiben von Transformationsdefinitionen. Unserer Meinung nach sollte eine derartige Sprache auf den Vorzügen der OCL aufbauen. Im nächsten Abschnitt wird eine Sprache verwendet, die eine Erweiterung der OCL darstellt, um eine Beispiel-Transformationsdefinition zu schreiben.

5.5.1 Eine beispielhafte Transformationsdefinition

Dieser Abschnitt beschreibt die Definition einer Transformation eines öffentlichen Attributs in ein privates Attribut sowie einer *get*- und *set*-Operation. Hierbei handelt es sich natürlich um ein sehr einfaches Beispiel, das aber zeigt, wie Transformationen unter Verwendung von OCL-Ausdrücken definiert werden können. Sowohl die Quell- als auch die Zielsprache ist die UML. Die Transformation wird entsprechend der folgenden Regeln durchgeführt:

- Zu jeder Klasse namens *className* im PIM gibt es eine Klasse namens *className* im PSM.

- Zu jedem öffentlichen Attribut namens *attributeName : Type* der Klasse *className* im PIM sind die folgenden Attribute und Operationen Teil der Klasse *className* im Zielmodell.
  - Ein privates Attribut mit demselben Namen: *attributeName : Type*
  - Eine öffentliche Operation, die den Namen des Attributs mit einem vorangestellten *get* trägt sowie den Attributtyp als Rückgabetyp hat: *getAttributeName() : Type*
  - Eine öffentliche Operation, die den Namen des Attributs mit einem vorangestellten *set* trägt sowie das Attribut als Parameter, aber keinen Rückgabewert hat: *setAttributeName(att : Type)*

Kapitel 5
Verwendung der OCL für die MDA

Die vorangegangen Regeln müssen so geschrieben werden, dass sie von einem automatisierten Werkzeug verstanden werden können, deshalb müssen sie formalisiert werden. Dazu verwenden wir eine Sprache, die eine Erweiterung der OCL darstellt. In ihr wird jede Transformationsregel genannt sowie deren Quell- und Zielsprache spezifiziert. In einer Regel kann eine Bedingung spezifiziert werden, unter der die Elemente des Metamodells der Quellsprache entweder umgewandelt oder nicht umgewandelt werden. Auf dieselbe Weise kann eine Bedingung spezifiziert werden, die für die generierten Elemente gilt. Zum Schluss wird die aktuelle Transformation durch die Angabe der Regel definiert, die zur Transformation eines Metamodell-Elements der Quellsprache in ein Metamodell-Element der Zielsprache verwendet wird. Da die verwendete Regel Bedingungen enthalten kann, verwenden wir das Schlüsselwort *try*, um anzuzeigen, dass die Regel nur dann angewendet wird, wenn die Quell- und Zielbedingungen gelten. Das Symbol <~> symbolisiert das Transformationsverhältnis:

```
Transformation ClassToClass (UML, UML) {
  source c1: UML::Class;
  target c2: UML::Class;
  source condition - none
  target condition - none
  mapping
        try PublicToPrivateAttribute on
                    c1.features <~> c2.features;
        -- alles andere bleibt gleich
}
Transformation PublicToPrivateAttribute (UML, UML) {
  source sourceAttribute : UML::Attribute;
  target targetAttribute : UML::Attribute;
        getter          : UML::Operation;
        setter          : UML::Operation;
  source condition
        sourceAttribute.visibility = VisibilityKind::public;
  target condition
        targetAttribute.visibility = VisibilityKind::private
        and - Definieren der set-Operation
        setter.name = 'set'.concat(targetAttribute.name)
        and
        setter.parameters->exists( p |
                    p.name = 'new'.concat(targetAttribute.name)
                    and
                    p.type = targetAttribute.type )
        and
        setter.type = OclVoid
```

```
        and -- Definieren der get-Operation
        getter.name = 'get'.concat(targetAttribute.name)
        and
        getter.parameters->isEmpty()
        and
        getter.returntype = targetAttribute.type;
    mapping
        try StringToString on
                sourceAttribute.name <~> targetAttribute.name;
        try ClassifierToClassifier on
                sourceAttribute.type <~> targetAttribute.type;
}
-- die Regeln StringToString und ClassifierToClassifier müssen irgendwo
-- definiert werden
```

Natürlich können nicht alle Details der Transformationen oder Transformationsdefinitionen in einem derartig kurzen Abschnitt erklärt werden. Die vollständige Sprache zur Definition von Transformationen, eine Beispieltransformation eines plattformunabhängigen Modells (PIM) zu dem plattformspezifischen Modell (PSM) der EJB, dem PSM einer Datenbank, sowie gleichzeitig zum PSM der JSP und viele weitere Informationen zur MDA finden Sie in *MDA Explained, The Model Driven Architecture: Practice and Promise* von Anneke Kleppe, Jos Warmer und Wim Bast [Kleppe03].

5.6 Zusammenfassung

OCL ist für die Anwendung der MDA essentiell, da sie den Aufbau von mindestens drei Bausteinen der MDA unterstützt: Modelle, Transformationsdefinitionen und Sprachen. Sprachen werden durch Metamodelle definiert. Das *Metamodell* einer Sprache, das auch als *abstrakte Syntax* bekannt ist, ist eine Beschreibung aller Konzepte, die in dieser Sprache verwendet werden können.

Sie haben sowohl vereinfachte Version der Metamodelle der UML und der OCL als auch die Beziehungen zwischen ihnen kennen gelernt.

OCL eignet sich sehr gut zum Erstellen von Metamodellen – das heißt, zur Definition von Sprachen, die entweder bereits existieren und formaler definiert werden müssen oder für neu definierte Sprachen, die durch ein UML/OCL-Metamodell oder –Profil spezifiziert wurden.

OCL ist ebenfalls ein exzellentes Werkzeug zur Definition der Transformationen zwischen PIMs und PSMs, obwohl dazu weitere Funktionalität notwendig ist. Es wurde ein Beispiel für eine sehr einfache Transformationsdefinition gegeben. Weiterführende Informationen zu dieser Verwendung von OCL entnehmen Sie bitte dem Buch *MDA Explained, The Model Driven Architecture: Practice and Promise* von Anneke Kleppe, Jos Warmer und Wim Bast [Kleppe03].

Teil II

Nachschlagewerk

Kapitel 6

Der Kontext von OCL-Ausdrücken

In diesem Kapitel wird das Verhältnis zwischen UML- und OCL-Teilen in einem kombinierten Modell beschrieben. Viele der hier vorgestellten Informationen wurden bereits in Kapitel 3, *Erstellen von Modellen mit OCL*, vorgestellt. Da das aktuelle Kapitel Teil des *Nachschlagewerks* ist, sind wir der Meinung, dass die Beschreibungen der Konstrukte in diesem Kapitel vollständig sein sollten, auch wenn dies sich mit den Themen im Teil *Benutzerhandbuch* dieses Buches teilweise überschneidet.

Wie bereits im *Benutzerhandbuch*, beziehen sich alle Beispiele in diesem *Nachschlagewerk* auf das System des Unternehmens R&L, wie es in Abbildung 2.1 dargestellt ist, es sei denn, es wird ein anderes Beispiel erwähnt.

6.1 Ein kombiniertes Modell

OCL ist auf die Typen (Klassen, Datentypen etc.) angewiesen, die in einem UML-Modell definiert sind, somit beinhaltet die Verwendung von OCL die Benutzung (zumindest einiger Aspekte) der UML. Jedes Modell, in dem OCL einen Teil ausmacht, besteht aus einigen UML-Diagrammen und einer Reihe von OCL-Ausdrücken. Häufig wird lediglich das Klassendiagramm verwendet, aber auch andere Diagramme können in die Spezifikation einbezogen werden.

Ein Modell muss eine integrierte und konsistente Einheit ergeben und sein. In einem Modell muss klar und deutlich zum Ausdruck gebracht werden, in welchem Verhältnis die in dem einen Diagramm enthaltenen Gebilde zu den Gebilden in den anderen Diagrammen stehen. Dasselbe gilt für das Verhältnis zwischen den Ausdrücken, die nicht mit den Diagrammen verlinkt sind, wie das häufig bei OCL-Ausdrücken der Fall ist, zu den Gebilden in den Diagrammen. Dieses Verhältnis kann auf zwei unterschiedliche Weisen betrachtet werden. Als Erstes können Ausdrücke, die mit spezifischen Gebilden verlinkt sind, lediglich spezifische Funktionalität besitzen. Ein Ausdruck, der ein Attribut definiert, kann beispielsweise lediglich mit einer Klasse, einer Schnittstelle oder einem Datentyp verbunden sein. Als Zweites kann das Gebilde des UML-Modells, das mit einem Ausdruck verlinkt ist, definieren, welche anderen Modellgebilde sichtbar sind und auf welche anderen Modellgebilde verwiesen werden kann. In einem Ausdruck, der mit einer Klasse verbunden ist, können beispielsweise alle Attribute, Assoziationen und Anfrageoperationen dieser Klasse verwendet werden.

Kapitel 6
Der Kontext von OCL-Ausdrücken

Der Link zwischen einem Gebilde in einem UML-Diagramm und einem OCL-Ausdruck wird *Kontextdefinition* dieses OCL-Ausdrucks genannt.

6.1.1 Der Kontext eines OCL-Ausdrucks

Die Kontextdefinition spezifiziert das Modellgebilde, für das der OCL-Ausdruck definiert wird. Normalerweise handelt es sich hierbei um eine Klasse, eine Schnittstelle, einen Datentyp oder eine Komponente. Manchmal ist es eine Operation und ganz selten handelt es sich um eine Instanz. Es ist aber immer ein spezifisches Element, das in einem UML-Diagramm definiert ist. Dieses Element wird *Kontext* des Ausdrucks genannt.

OCL-Ausdrücke können im Modell direkt in die Diagramme eingebaut werden, aber sollten zudem in einer separaten Textdatei zur Verfügung stehen. Beide Fälle schließen eine Kontextdefinition ein. Im Diagramm wird die Kontextdefinition durch eine gestrichelte Linie dargestellt, die das Modellelement mit dem OCL-Ausdruck verlinkt. In Abbildung 6.1 sind fünf Ausdrücke mit ihrem Kontext dargestellt.

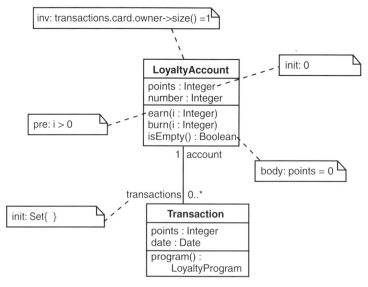

Abb. 6.1: OCL-Ausdrücke mit ihrem Kontext

Wenn der OCL-Ausdruck in einer separaten Textdatei angegeben ist, wird die Kontextdefinition im Textformat dargestellt. Sie ist durch das Schlüsselwort *context* gekennzeichnet, gefolgt vom Namen des Typs, wie in der folgenden beispielhaften Invariante gezeigt:

```
context Customer
inv: name = 'Edward'
```

Über den Kontext hinaus ist es wichtig, den *kontextuellen Typ* eines Ausdrucks zu kennen. Der *kontextuelle Typ* ist der Typ des Objekts, für den der Ausdruck ausgewertet wird. Mit Typ ist entweder eine Klasse, eine Schnittstelle, ein Datentyp oder eine Komponente (im Zusammenhang mit dem UML-Standard ein *Classifier*) gemeint. Hier ist anzumerken, dass ein Paket nicht instanzierbar ist, deshalb kann es kein Typ sein. Falls der Kontext selbst ein Typ ist, entspricht er dem kontextuellen Typ. Falls der Kontext eine Operation, ein Attribut oder ein Assoziationsende ist, entspricht der kontextuelle Typ dem Typ, für den das Merkmal definiert wurde. Falls der OCL-Ausdruck mit einer Instanz in einem Diagramm verbunden ist, entspricht der kontextuelle Typ dem Typ dieser Instanz.

OCL-Ausdrücke werden für ein einziges Objekt festgesetzt. Dieses Objekt ist immer eine Instanz des kontextuellen Typs. Um den Kontext und die Instanz, für die der Ausdruck festgelegt wurde, auseinander halten zu können, wird die Instanz *kontextuelle Instanz* genannt.

OCL-Ausdrücke können abhängig vom Kontext des Ausdrucks viele verschiedene Funktionen haben. Wenn beispielsweise der Kontext ein Attribut ist, kann der Ausdruck einen Vorgabewert oder eine Ableitungsregel darstellen. Im Gegensatz dazu stellt der Ausdruck auf gar keinen Fall einen Vorgabewert (eine Vorgabeinstanz) dar, wenn der Kontext eine Klasse ist. In den verbleibenden Abschnitten dieses Kapitels werden die unterschiedlichen Arten beschrieben, in denen ein OCL-Ausdruck verwendet wird, wenn er mit verschiedenen Kontexten verbunden ist.

6.1.2 Das Schlüsselwort self

Manchmal ist es notwendig, sich explizit auf die kontextuelle Instanz zu beziehen. Zu diesem Zweck wird das Schlüsselwort *self* verwendet. Immer wenn der Verweis auf eine kontextuelle Instanz offensichtlich ist, ist die Verwendung des Schlüsselwortes *self* optional. Deshalb kann die vorherige Invariante folgendermaßen geschrieben werden:

```
context Customer
inv: self.name = 'Edward'
```

Das R&L-Modell aus Kapitel 2 schließt eine Invariante ein, in der der Verweis auf *self* nicht optional ist:

```
context Membership
inv: participants.cards.Membership.includes( self )
```

6.1.3 Mehr als ein Ausdruck für einen Kontext

Häufig gehören zu ein und demselben Kontext mehr als lediglich eine Invariante, Vorbedingung oder Nachbedingung oder ein anderer Ausdruckstyp. Diese können so kombiniert werden, dass sie in nur einer Kontextdefinition dargestellt werden können. Da alle Invarianten für eine Instanz einer Klasse wahr sein müssen, sind die Invarianten konzeptionell mit der *booleschen UND*-Operation verbunden. Dieselbe gilt für die Menge der Vor- und Nachbedingungen. Aus diesem Grund haben die beiden nachfolgenden Beispiele exakt dieselbe Bedeutung:

```
context Customer
inv: self.name = 'Edward'
inv: self.title = 'Mr'
context Customer
inv: self.name = 'Edward' and self.title = 'Mr'
```

Die beiden folgenden Sets der Vor- und Nachbedingungen haben ebenfalls dieselbe Bedeutung:

```
context LoyaltyProgram::addService(p: ProgramPartner,
                                   l: ServiceLevel,
                                   s: Service)
pre: partners->includes( p )
pre: levels->includes( l )
post: partners.deliveredServices->includes( s )
post: levels.availableServices->includes( s )
context LoyaltyProgram::addService(p: ProgramPartner,
                                   l: ServiceLevel,
                                   s: Service)
pre: partners->includes( p ) and levels->includes( l )
post: partners.deliveredServices->includes( s ) and
      levels.availableServices->includes( s )
```

6.2 Klassen und andere Typen

In diesem Abschnitt wird erklärt, welche Funktion Ausdrücke haben können, falls es sich bei ihrem Kontext um einen Typ, wie zum Beispiel eine Klasse, eine Schnittstelle, einen Datentyp oder eine Komponente, handelt. Die in diesem Fall zur Verfügung stehenden Modellelemente sind alle entweder Attribute, Anfrageoperationen, Zustände oder Assoziationen dieses Typs.

6.2.1 Invarianten

Die erste Art, auf die ein Ausdruck mit einem Typ als Kontext verwendet werden kann, ist als Invariante. Eine Invariante wird mit einem *booleschen* Ausdruck beschrieben, der wahr ist, wenn die Invariante zutrifft. Die Invariante muss sowohl am Ende der Ausführung des Konstruktors als auch am Ende der Ausführung jeder öffentlichen Operation wahr sein, aber nicht notwendigerweise während der Ausführung der Operationen. Wird eine Invariante in ein Modell eingebaut, bedeutet dies, dass jedes System, das entsprechend dem Modell erstellt wurde, fehlerhaft ist, sobald die Invariante nicht eingehalten wird. Was zu tun ist, wenn eine Invariante nicht eingehalten wird, finden Sie in Abschnitt 4.6.2.

Um anzuzeigen, dass es sich bei dem Ausdruck um eine Invariante handelt, folgen Kontextdeklaration das Schlüsselwort *inv*, ein optionaler Name und ein Doppelpunkt, wie im nachfolgenden Beispiel zu sehen:

```
context Customer
inv myInvariant23: self.name = 'Edward'
```

Einen OCL-Ausdruck als Invariante zu verwenden, bedeutet, dass der Ausdruck für alle Instanzen des kontextuellen Typs wahr sein muss. Deshalb müssen in unserem (erfundenen) Beispiel alle Instanzen der Klasse *Customer* Edward genannt werden.

Einer Invarianten kann ein Name gegeben werden, was sich dann als sinnvoll herausstellen kann, wenn sich aus anderen begleitenden Texten darauf bezogen werden muss. Die vorangegangene Invariante wurde *myInvariant23* genannt.

6.2.2 Definitionen von Attributen oder Operationen

Attribute oder Operationen können durch einen OCL-Ausdruck definiert werden. Ein Attribut oder eine Operation auf diese Weise zu definieren, bedeutet, dass jede Instanz des kontextuellen Typs ein Attribut oder eine Operation enthält, die mit der gegebenen Definition übereinstimmt.

Der Kontext einer Attribut- oder Operationsdefinition ist immer der Typ, der das neue Element enthalten muss. Um anzuzeigen, dass es sich bei dem Ausdruck um eine Definition handelt, folgt der Kontextdeklaration das Schlüsselwort *def* und ein Doppelpunkt, wie in den nachfolgenden Beispielen zu sehen ist. Das zweite Beispiel ist, nebenbei bemerkt, eine Spezifikation der Operation, die in Abschnitt 3.8.1 im Beispiel zum Use Case beschrieben wurde:

```
context Customer
def: initial : String = name.substring(1,1)
context CustomerCard
def: getTotalPoints( d: Date ) : Integer =
     transactions->select( date.isAfter(d) ).points->sum()
```

Falls es sich um die Definition eines Attributs handelt, müssen der Name und der Typ des Attributs angegeben sein. Der Ausdruck nach dem Gleichheitszeichen ist ebenfalls zwingend erforderlich. Dieser Ausdruck zeigt an, wie der Wert des Attributs berechnet werden muss. Es handelt sich hierbei um eine Ableitungsregel (siehe Abschnitt 6.3.1).

Alle Operationen, die durch einen OCL-Ausdruck definiert werden, werden als Anfrageoperationen angesehen. Name, Parameter (inklusive ihrer Typen) und der Rückgabetyp (falls vorhanden) der Operation müssen angegeben werden. Der Ausdruck nach dem Gleichheitszeichen ist ebenfalls zwingend erforderlich und gibt das Ergebnis der Operation an (siehe Abschnitt 6.4.2).

6.3 Attribute und Assoziationsenden

In diesem Abschnitt wird erklärt, welche Funktionen Ausdrücke haben können, wenn der Kontext ein Attribut ist oder die Rolle eines Assoziationsendes hat. Die in diesem Fall zur Verfügung stehenden Modellelemente sind alle entweder Attribute, Anfrageoperationen, Zustände oder Assoziationen des kontextuellen Typs.

6.3.1 Ableitungsregeln

Ein Ausdruck, dessen Kontext ein Attribut oder eine Assoziationsrolle ist, kann als *Ableitungsregel* verwendet werden. Eine Ableitungsregel spezifiziert, dass der Wert des Kontextelements immer dem Wert entsprechen muss, der durch die Auswertung einer Ableitungsregel gegeben ist. Falls der Kontext ein Attribut ist, ist der kontextuelle Typ der Typ des Modellelements, das das Attribut beinhaltet. Falls der Kontext ein Assoziationsende ist, ist der kontextuelle Typ der Typ des Modellelements vom gegenüberliegenden Ende der Assoziation. Im R&L-Modell ist beispielsweise der Kontext des Assoziationsendes *participants* die Klasse *LoyaltyProgram*.

Um anzuzeigen, dass der Ausdruck eine Ableitungsregel sein soll, enthält die Kontextdeklaration den Namen des Attributs oder des Assoziationsendes, dem das Schlüsselwort *derive* sowie ein Doppelpunkt folgt, wie im folgenden Beispiel zu sehen ist:

```
context LoyaltyAccount::totalPointsEarned : Integer
derive: transactions->select( oclIsTypeOf( Earning ) )
        .points->sum()
context CustomerCard::myLevel : ServiceLevel
derive: Membership.currentLevel
```

6.3.2 Vorgabewerte

Der Vorgabewert eines Attributs oder einer Assoziationsrolle kann ebenfalls durch einen OCL-Ausdruck angegeben werden. Der Vorgabewert ist der Wert, den ein Attribut oder eine Assoziation in dem Moment besitzen, in dem die kontextuelle Instanz erzeugt wird. Der Kontextdeklaration folgt das Schlüsselwort *init*, der Name des Attributs und der Ausdruck, der den Vorgabewert angibt, wie in den beiden nachfolgenden Beispielen zu sehen ist:

```
context CustomerCard::transactions : Set( Transaction )
init: Set{}
context CustomerCard::valid : Boolean
init: true
```

Achten Sie auf den Unterschied zwischen einem Vorgabewert und einer Ableitungsregel. Eine Ableitungsregel bestimmt eine Invariante: Das abgeleitete Element sollte immer den Wert haben, der in der Regel ausgedrückt ist. Ein Vorgabewert muss lediglich in dem Moment, in dem die kontextuelle Instanz erzeugt wird, zutreffen. Nach diesem Moment kann das Attribut jederzeit einen anderen Wert annehmen.

6.4 Operationen

In diesem Abschnitt werden die verschiedenen Funktionen erklärt, die Ausdrücke für Operationen in den Modellen haben können. Bei den Modellelementen, die in einem Ausdruck, dessen Kontext eine Operation ist, verwendet werden können, handelt es sich um Attribute, Anfrageoperationen, Zustände oder Assoziationen des kontextuellen Typs, plus der Parameter der Operation.

6.4.1 Vor- und Nachbedingungen

Die ersten beiden Arten, in denen Ausdrücke für Operationen verwendet werden können, nennen sich Vor- und Nachbedingungen: Zwei Arten von Constraints. Eine Vorbedingung ist ein boolescher Ausdruck, der wahr sein muss, wenn die Operation mit ihrer Ausführung beginnt. Eine Nachbedingung ist ein boolescher Ausdruck, der wahr sein muss, wenn die Operation ihre Ausführung beendet. Eine Vorbedingung spezifiziert, dass ein Ausdruck wahr sein muss, da ansonsten die Operation nicht ausgeführt wird. Die Bedeutung einer Nachbedingung spezifiziert, dass der Ausdruck wahr sein muss, da ansonsten die Operation nicht korrekt ausgeführt worden ist.

Der Kontext wird mit dem Schlüsselwort *context* bezeichnet, gefolgt vom Namen des Typs, zu dem die Operation gehört, einem doppelten Doppelpunkt, der vollständigen Operationssignatur - das heißt, dem Namen der Operation, allen Parametern mit ihren Typen sowie dem Rückgabetyp der Operation. Normalerweise ist die vollständige Operationssignatur im UML-Klassendiagramm definiert.

An die Kontextdefinition schließen sich die Zeilen an – beschriftet mit den Schlüsselwörtern *pre*: und *post*: - die die eigentlichen Vor- und Nachbedingungen enthalten. Die allgemeine Syntax sieht wie folgt aus:

```
context Type1::operation(arg : Type2) : ReturnType
pre : -- einige Ausdrücke, die den Parameter arg und Merkmale des
      -- kontextuellen Typs verwenden
```

```
post: -- einige Ausdrücke, die den Parameter arg sowie Merkmale des
      -- kontextuellen Typs, das Schlüsselwort @pre und Ausdrücke zum
      -- Austausch von Nachrichten verwenden
```

Die kontextuelle Instanz ist immer eine Instanz des Typs, für den die Operation definiert wurde.

Hier ist darauf hinzuweisen, dass Vor- und Nachbedingungen ausschließlich zu einem bestimmten Zeitpunkt wahr sein müssen: Nämlich vor bzw. nach der Ausführung einer Operation. Im Gegensatz dazu müssen Invarianten immer wahr sein.

6.4.2 Der Rumpf von Anfrageoperationen

Anfrageoperationen können vollständig definiert werden, indem das Ergebnis der Operation in einem einzigen Ausdruck spezifiziert wird. Per Definition haben Anfrageoperationen keine Seiteneffekte. Die Ausführung einer Anfrageoperation endet in einem Wert oder einer Wertemenge und nichts anderem. Der Kontext wird in derselben Weise angezeigt wie bei den Vor- und Nachbedingungen. Anstelle der Schlüsselwörter *pre* oder *post* wird das Schlüsselwort *body* verwendet, gefolgt vom Rumpf-Ausdruck:

```
context CustomerCard::getTransactions(from : Date, until: Date )
              : Set(Transaction)
body: transactions->select( date.isAfter( from ) and
              date.isBefore( until ) )
```

6.5 Ausdrücke in Verhaltensdiagrammen

Dieser Abschnitt erklärt, auf welche Weise Ausdrücke in UML-Verhaltensdiagrammen verwendet werden können. Die Modellelemente, die in einem Ausdruck eines Verhaltensdiagramms verwendet werden, sind alle entweder Attribute, Anfrageoperationen, Zustände oder Assoziationen des kontextuellen Typs. Was den kontextuellen Typ ausmacht, hängt von der Position des Ausdrucks im Diagramm ab. Dies wird in den folgenden Abschnitten näher erklärt.

6.5.1 Instanzen

In einem Interaktionsdiagramm sind die Lebenslinien von Instanzen abgebildet. In einem Aktivitätsdiagramm werden viele Aktivitäten durch spezifische Instanzen ausgeführt. Um anzuzeigen, welche Instanzen mit welchen wechselseitigen Beziehungen abgebildet sind, können OCL-Ausdrücke verwendet werden. Der Kontext dieser Ausdrücke ist das Diagramm, in dem diese Ausdrücke erscheinen. Die kontextuelle Instanz kann jede Instanz im System sein. Hier ist anzumerken, dass es sich in der Praxis bewährt hat, die kontextuelle Instanz explizit anzugeben. Der kontextuelle Typ ist der Typ der kontextuellen Instanz.

6.5.2 Bedingungen

Eine Nachricht in einem Sequenz- oder Kollaborationsdiagramm kann eine angefügte Bedingung haben, die spezifiziert, unter welchen Bedingungen diese Nachricht gesendet wird. Diese Bedingung kann als OCL-Ausdruck geschrieben werden. In diesem Fall ist der OCL-Ausdruck mit einer Instanz verlinkt und nicht mit einem Typ. Die kontextuelle Instanz ist die Instanz, die die Nachricht sendet - die Quelle. Der Kontext ist die Nachricht. Der kontextuelle Typ ist der Typ der kontextuellen Instanz.

Bedingungen können ebenfalls Teil von Aktivitätsdiagrammen sein. In diesem Fall ist die kontextuelle Instanz die Instanz, die die Gesamtaktivität so durchführt, wie sie durch das komplette Diagramm spezifiziert wurde. Der Kontext ist der Entscheidungsknoten. Der kontextuelle Typ ist der Typ der kontextuellen Instanz.

6.5.3 Guards

Mit OCL-Ausdrücken können *Guards* in Zustandsdiagrammen dargestellt werden. Der Kontext ist der Übergang, für den der Guard definiert wurde. Ein Guard ist im Zustandsdiagramm selbst enthalten. Er ist in eckigen Klammern ([und]) vor dem Ereignis notiert, das an den Übergang ankoppelt ist. Der kontextuelle Typ für ein Guard ist der Typ, zu dem das Zustandsdiagramm gehört. Die kontextuelle Instanz ist die Instanz des kontextuellen Typs, für den ein Übergang ausgelöst wird.

6.5.4 Tatsächliche Parameterwerte

Nachrichten in Kollaborations- und Sequenzdiagrammen können Parameter haben. Da eine Nachricht für einen Operationsaufruf steht, stellen diese Parameter echte Werte dar. Sie können die tatsächlichen Werte eines derartigen Parameters unter Verwendung eines OCL-Ausdrucks spezifizieren. Der Kontext dieses Ausdrucks ist die Nachricht. Die kontextuelle Instanz ist die Instanz, die die Nachricht sendet. Der kontextuelle Typ ist der Typ der kontextuellen Instanz.

Hier ist anzumerken, dass eine Nachricht an ein Objekt in einem Interaktionsdiagramm mit einer Operation des Typs des Zielobjekts oder mit einem Signal, das irgendwo anders definiert wurde, übereinstimmen muss. Die Ergebnisnachricht in einem Interaktionsdiagramm muss ebenfalls mit dem als Ergebnistyp der aufgerufenen Operation angegebenen Typs übereinstimmen.

Aktionen in Zustandsdiagrammen oder Aktivitätsdiagrammen können ebenfalls Parameter enthalten. Wie die Parameter von Nachrichten in einem Interaktionsdiagramm sind sie ebenfalls echte Werte, die durch OCL-Ausdrücke spezifiziert werden können. Der Kontext dieses Ausdrucks ist die Aktion. Hier ist anzumerken, dass die Parameterwerte mit der aufgerufenen Operation oder dem gesendeten Signal übereinstimmen müssen. Wie bei den Guards ist hier der kontextuelle Typ der Typ, zu dem das Zustandsdiagramm gehört und die kontextuelle Instanz ist die Instanz des kontextuellen Typs, der die Aktion ausführt.

6.5.5 Ziele von Aktionen oder Aktivitäten

Eine Aktion in einem Zustandsdiagramm stellt entweder den Aufruf einer Operation oder das Senden eines Ereignisses dar. Eine Aktion zielt auf ein spezifisches Objekt oder eine Menge von Objekten ab. Ein OCL-Ausdruck kann zur Identifizierung des Ziels einer Aktion verwendet werden. Aktionen können entweder an Übergänge oder einen Zustand im Zustandsdiagramm gekoppelt sein. Der Kontext des Ausdrucks ist der Übergang oder der Zustand, mit dem die Aktion verlinkt ist. Die kontextuelle Instanz ist die Instanz, die den Übergang ausführt.

Eine Aktivität in einem Aktivitätsdiagramm kann ebenfalls einen Operationsaufruf symbolisieren. Das Ziel dieses Aufrufs kann durch einen OCL-Ausdruck spezifiziert werden. Dies geschieht ähnlich, wie die Spezifikation der Ziele in einem Zustandsdiagramm. Der Kontext ist in diesem Fall die Aktivität. Die kontextuelle Instanz die Instanz, die die Gesamtaktivität so durchführt, wie sie durch das komplette Diagramm spezifiziert wurde. In beiden Diagrammen ist der kontextuelle Typ der Typ der kontextuellen Instanz.

6.5.6 Change Events

Ein *Change Event* wird generiert, wenn ein oder mehrere Attribute oder Assoziationen den Wert entsprechend einem Ausdruck verändern. Das Ereignis entsteht immer dann, wenn der Wert des Ausdrucks von falsch auf wahr wechselt. Ein Change Event ist in einem Zustandsdiagramm durch das Schlüsselwort *when*, gefolgt von dem Ausdruck, gekennzeichnet.

Die Bedingungen des Change Events können in der OCL geschrieben werden. Der Kontext des Ausdrucks ist der Übergang. Wie bei den Guards ist der kontextuelle Typ der Typ, zu dem das Zustandsdiagramm gehört.

6.6 Use Cases

In den UML-Use Cases können Vor- und Nachbedingungen verwendet werden. Diese können ebenfalls in OCL geschrieben werden. Da Use Cases einen informalen Weg zur Angabe von Anforderungen darstellen und OCL eine formale Sprache ist, müssen einige Anpassungen vorgenommen werden, wenn die Vor- und Nachbedingungen der Use Cases durch OCL-Ausdrücke definiert werden.

6.6.1 Vor- und Nachbedingungen

Obwohl Use Cases wie Operationen, die für das komplette System definiert wurden, betrachtet werden können, kann das komplette System nicht als Typ identifiziert werden, weil es weder eine Klasse, eine Schnittstelle, ein Datentyp noch eine Komponente ist. Deshalb besitzen die Vor- und Nachbedingungen eines Use Cases weder einen kontextuellen Typ noch eine kontextuelle Instanz. Deshalb kann das Schlüsselwort *self* nicht verwendet werden.

Als Konsequenz wird nicht klar, auf welche Modellelemente in dem Ausdruck verwiesen werden sollte. Normalerweise werden alle Elemente verwendet, die im kontextuellen Typ enthalten sind. Hier gibt es aber keinen kontextuellen Typ. Die möglichen Modellelemente müssen explizit angegeben werden. Dies kann durch die Formalisierung der im Use Case erwähnten Typen *in einem begleitenden Klassendiagramm* geschehen, zum Beispiel *Customer* und *Order*, sowie dadurch, dass der Use Case-Schablone eines Abschnitt mit dem Namen *concerns* mit einer Liste der Variablendeklarationen hinzugefügt wird, zum Beispiel *newCustomer : Customer, newOrder : Order*.

Eine weitere Konsequenz besteht darin, dass es nicht möglich ist, eine Kontextdefinition zu schreiben, wenn es keinen kontextuellen Typ gibt, auf den sich bezogen werden kann. Die OCL-Ausdrücke können in den Use Case an der durch die Use Case-Schablone angezeigten Position aufgenommen werden.

6.7 Constraints und Vererbung

Es gibt keine expliziten Regeln im UML-Standard, aus denen hervorgeht, ob ein Ausdruck einer Superklasse an ihre Subklassen vererbt wird. Um Ausdrücke sinnvoll für Situationen zu verwenden, in denen Vererbung eine Rolle spielt, muss diesen Ausdrücken eine adäquate Semantik verliehen werden. Die am weitesten akzeptierte Semantik zur Vererbung stellt sicher, dass jede Instanz einer Subklasse sich genauso verhalten muss wie eine Instanz ihrer Superklasse – so weit dies irgendjemand oder irgendein Programm, der/das diese Superklasse verwendet, beurteilen kann. Dieses Prinzip mit dem Namen *Liskovs Substitutionsprinzip* [Liskov94] wird wie folgt definiert:

> Wo immer eine Instanz einer Klasse zu erwarten ist, kann diese Instanz immer durch eine Instanz ihrer Subklassen substituiert werden.

OCL-Ausdrücke halten sich an dieses Prinzip. In diesem Abschnitt werden die daraus resultierenden Konsequenzen für Invarianten sowie Vor- und Nachbedingungen beschrieben.

6.7.1 Konsequenzen für Invarianten

Die Invarianten in einer Superklasse müssen auch immer für die Subklasse zutreffen, ansonsten kann das Substitutionsprinzip nicht sicher angewendet werden. Die Subklasse kann die Invarianten stärken, da dann die Invariante der Superklasse weiter gelten wird. Die allgemeine Regel für Invarianten lautet wie folgt:

> Eine Invariante für eine Superklasse wird an ihre Subklassen vererbt. Eine Subklasse kann die Invariante stärken, aber nicht schwächen.

Im Modell in Abbildung 6.2 können wir für die Superklasse *Stove* (Herd) eine Invariante definieren, die spezifiziert, dass die Temperatur nicht über 200 C steigen darf:

Kapitel 6
Der Kontext von OCL-Ausdrücken

```
context Stove
inv: temperature <= 200
```

Es könnte gefährlich werden, wenn eine Subklasse *ElectricStove* (Elektroherd) dieses Maximum überschreiten könnte. Nehmen wir einmal an, dass beispielsweise *ElectricStove* eine Temperatur bis 300 C annehmen könnte:

```
context ElectricStove
inv: temperature <= 300
```

ElectricStove kann an einigen Orten nicht sicher verwendet werden, an denen *Stove* verwendet werden kann. Wenn Sie einen Ort haben, der bis zu 250 C feuerfest ist, wissen Sie, dass Sie *Stove* dort sicher verwenden können. Wenn Sie *Stove* an diesem Ort platzieren und es sich herausstellt, dass *Stove* ein *ElectricStove* ist, kann dieser Ort in Flammen aufgehen – dies ist definitiv kein besonders guter Plan.

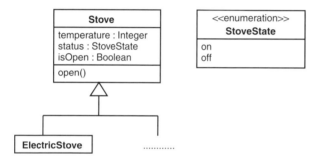

Abb. 6.2: Vererbung bei Invarianten

Unter bestimmten Umständen erscheint *Liskovs Substitutionsprinzip* zu restriktiv. Subklassen können Operationen der Superklasse verändern und ihre eigenen Attribute und Operationen hinzufügen. In manchen Fällen sollten die Invarianten der Superklasse verändert werden, um sie an diese Veränderungen anzupassen. Ob eine Invariante einer Superklasse verändert werden muss oder nicht, wenn eine neue Subklasse hinzugefügt wird, hängt von den Gründen für die Invariante und den Inhalten der Invarianten ab.

Sehen Sie sich das *Stove*-Beispiel an. Wenn die Invariante zur Temperatur auf *Stove* bezogen wird, weil das Umfeld Feuer fangen würde, sobald die Temperatur zu hoch wäre, dann kann eine neue Subklasse die Invariante nicht schwächen. Wenn aber umgekehrt die Invariante aufgrund der in der Konstruktion verwendeten Materialien auf *Stove* bezogen wird, kann sich die Invariante verändern, wenn die neue Subklasse feuerfestes Material benutzt. Deshalb wäre die Verwendung der Subklasse sicherer, selbst wenn die Invariante der Temperatur geschwächt worden wäre. In diesem Fall empfehlen wir, die Invariante der Temperatur neu zu schreiben, so dass sie Informationen zu den Materialien enthält, die zur Konstruktion des Herds verwendet worden sind. Dieser Ansatz gibt die Absicht der Invarianten deutlicher an, so dass eine Redefinition für jede Subklasse entfällt.

6.7.2 Konsequenzen für Vor- und Nachbedingungen

Gelten die Vor- und Nachbedingungen der Originaloperation der Superklasse, wenn eine Operation in einer Subklasse redefiniert wird? Um darauf eine Antwort zu finden, sollten Sie die Vor- und Nachbedingungen als Vertrag für die Operation ansehen (siehe Abschnitt 3.3.5). Das Prinzip des Design by Contract folgt ebenfalls *Liskovs Substitutionsprinzip*. Die Regeln für Vor- und Nachbedingungen lauten wie folgt:

> *Eine Vorbedingung kann in der Redefinition einer Operation in einer Subklasse geschwächt, aber nicht gestärkt werden.*

> *Eine Nachbedingung kann in der Redefinition einer Operation in einer Subklasse gestärkt, aber nicht geschwächt werden.*

Das folgende Beispiel verdeutlicht diese Regeln. Wir definieren die Operation *open()* für die Klasse *Stove* aus Abbildung 6.2 wie folgt:

```
context Stove::open()
pre : status = StoveState::off
post: status = StoveState::off and isOpen
```

Dies bedeutet, dass wir davon ausgehen, dass wir einen *Herd* öffnen können, wenn sich dieser im Zustand *off* (aus) befindet. Nachdem wir den *Herd* geöffnet haben, erwarten wir, dass sein Zustand *off* und *isOpen* wahr ist. Stellen Sie sich vor, dass wir *open()* für die Subklasse *ElectricStove* (elektrischer Herd) neu definieren und andere Vor- und Nachbedingungen vergeben:

```
context ElectricStove::open()
pre : status = StoveState::off and temperature <= 100
post: isOpen
```

Die Vorbedingung des redefinierten *open()* beinhaltet eine Extrabedingung *(temperature <= 100)*. Als Konsequenz wird sich der *elektrische Herd* nicht länger wie ein *Herd* verhalten, da sich der *elektrische Herd* nicht mehr unter den Bedingungen öffnen lässt, unter denen der *Herd* geöffnet werden kann *(status = StoveState::off)*. Wenn wir sicherstellen möchten, dass ein *elektrischer Herd* einen *Herd* ersetzen kann, kann die Vorbedingung für das neu definierte *open()* nicht gestärkt werden. Wir können die Vorbedingung schwächen, denn dann wird sie weiter wie bei dem *Herd* funktionieren.

Bei dem *elektrischen Herd* ist die Nachbedingung von *open()* geschwächt, weil die Bedingung *status = StoveState::off* entfernt wurde. Als Konsequenz wird der *elektrische Herd* die Erwartungen an einen *Herd* nicht erfüllen. Nach dem Öffnen sollte der *Herd* den Status *off* haben. Wir könnten die Nachbedingung verstärken, weil dann die Originalerwartung erfüllt werden würde.

Kapitel 7

Basiselemente der OCL

In diesem Kapitel werden Ihnen die Basiselemente vorgestellt, mit denen Sie Constraints schreiben können. Diese Basiselemente könne ohne jegliche Referenz zu den Elementen im UML-Modell verwendet werden.

7.1 Ausdrücke, Typen und Werte

In der OCL besitzt jeder Wert einen bestimmten Typ, der die Operationen definiert, die auf das Objekt angewendet werden können, unabhängig davon, ob es sich bei dem Wert um ein Objekt, eine Instanz einer Komponenten oder einen Datenwert handelt. In der OCL werden die Typen in folgende Gruppen unterteilt:

- Vordefinierte Typen, wie sie in der Standardbibliothek definiert werden, einschließlich:
  - Basistypen
  - Collection-Typen
- Benutzerdefinierte Typen

Integer, *Real*, *String* und *Boolean* sind die vordefinierten Basistypen und werden in diesem Kapitel sehr detailliert erklärt. Ihre Definitionen sind mit denen in vielen anderen Sprachen vergleichbar.

Collection, *Set*, *Bag*, *OrderedSet* und *Sequence* sind die vordefinierten Collection-Typen. Sie werden zur Spezifizierung der exakten Ergebnisse einer Navigation über Assoziationen in einem Klassendiagramm verwendet. Sie sollten sich mit diesen Typen vertraut machen, um komplexere Ausdrücke schreiben zu können. In Kapitel 9 werden die Collection-Typen und ihre Verwendung beschrieben.

Benutzerdefinierte Typen wie *Customer* oder *LoyaltyProgram* werden durch die Benutzer in den UML-Diagrammen definiert. Jedes instanzierbare Modellelement in einem UML-Diagramm - das heißt, jede Klasse, Schnittstelle, Komponente oder jeder Datentyp – ist automatisch ein Typ der OCL. Kapitel 8 erklärt, wie mit benutzerdefinierten Typen in OCL-Ausdrücken gearbeitet wird.

Jeder OCL-Ausdruck steht für einen Wert. Deshalb besitzt er ebenfalls einen Typ – entweder einen benutzerdefinierten Typ oder einen vordefinierten OCL-Typ. Jeder OCL-Ausdruck hat ein Ergebnis: Den Wert, der sich aus der Auswertung des Ausdrucks ergibt. Der Typ des Ergebniswertes entspricht dem Typ des Ausdrucks.

7.1.1 Wertetypen und Objekttypen

Die OCL unterscheidet zwischen Wertetypen und Objekttypen. Beide sind Typen und spezifizieren zum Beispiel Instanzen, aber es gibt einen wichtigen Unterschied: *Wertetypen* definieren Instanzen, die sich niemals verändern. Der Integer 1 würde beispielsweise niemals seinen Wert verändern oder ein Integer mit dem Wert 2 werden. *Objekttypen* oder Classifier repräsentieren Typen, die Instanzen definieren, die ihre(n) Wert(e) verändern können. Eine Instanz der Klasse *Person* kann den Wert ihres Attributs *name* verändern, aber weiterhin dieselbe Instanz bleiben. Hierfür sind andere Begriffe bekannt und eingeführt. In seinem Werk *UML Distilled: Applying the Standard Object Modeling Language* nennt Martin Fowler [Fowler97] die Objekttypen beispielsweise *Referenzobjekte* und die Wertetypen *Werteobjekte*.

Eine andere wichtige Eigenschaft der Wertetypen bezieht sich auf Identität. Bei Wertetypen identifiziert der Wert die Instanz, das heißt den Namen. Taucht ein Wertetyp zweimal mit demselben Wert auf, gilt er per Definition als ein und dieselbe Instanz. Taucht ein Objekttyp zweimal auf, gilt er lediglich dann als dieselbe Instanz, wenn er jedes Mal dieselbe (Objekt-)Identität hat. Mit anderen Worten bedeutet dies, dass Wertetypen eine wertbasierte Identität und Objekttypen eine referenzbasierte Identität haben.

Sowohl bei den vordefinierten Basistypen als auch bei den vordefinierten Collection-Typen der OCL handelt es sich um Wertetypen. Benutzerdefinierte Typen können entweder Wertetypen oder Objekttypen sein. UML-Datentypen inklusive Aufzählungstypen sind Wertetypen. UML-Klassen, Komponenten und Schnittstellen sind Objekttypen.

7.2 Basistypen und Operatoren/Operationen

Die folgenden Abschnitte definieren die vordefinierten Basistypen und deren Operatoren und Operationen. Basistypen sind typischerweise nicht besonders interessant zu lesen, deshalb wurde dieser Abschnitt relativ kurz gehalten. Es werden lediglich die interessanteren Operatoren und Operationen der Basistypen erklärt, die sich von denen in den meisten anderen Programmiersprachen unterscheiden und deshalb einige Überraschungen bereithalten.

7.2.1 Der Typ Boolean

Der Wert des Typs *Boolean* kann ausschließlich einen der beiden Werte annehmen: *true* (wahr) oder *false* (falsch). Die auf *Boolean* definierten Operatoren und Operationen umfassen alle bekannten Operatoren und Operationen, die in Tabelle 7.1 aufgeführt sind.

Operator/Operation	Notation	Ergebnistyp
oder	a or b	Boolean
und	a and b	Boolean
exklusives oder	a xor b	Boolean
Negation	not a	Boolean
gleich	a = b	Boolean
ungleich	a <> b	Boolean
impliziert	a implies b	Boolean

Tabelle 7.1: *Standardoperatoren und -operationen des Typs Boolean*

In den meisten Programmiersprachen ist eine der obigen Standardoperationen für den Typ *Boolean* unüblich – die aber demgegenüber in einem theoretischeren Umfeld oder in Spezifizierungssprachen recht häufig anzutreffen ist - die Operation *implies* (impliziert). Diese Operation gibt an, dass das Ergebnis des Gesamtausdrucks dann wahr ist, wenn es der Fall ist, dass der zweite boolesche Operand wahr ist, wenn der erste boolesche Operand wahr ist. Falls der erste boolesche Operand falsch sein sollte, wird der komplette Ausdruck *implies* immer als wahr festgesetzt.

Nehmen wir als Beispiel die Klasse *Service* aus dem Beispiel R&L. Das Ergebnis des folgenden beispielhaften Ausdrucks ist wahr, wenn für jeden Service davon ausgegangen werden kann, dass er, wenn er Bonuspunkte anbietet, niemals Bonuspunkte verbrauchen kann. Das bedeutet, dass ein Kunde keine Bonuspunkte verdienen kann, wenn er einen Service verwendet, den er mit Bonuspunkten gekauft hat:

```
context Service
inv: self.pointsEarned > 0 implies not (self.pointsBurned = 0)
```

Eine andere interessante Operation für den Typ *Boolean* ist *if-then-else* (wenn-dann-sonst). Dies wird folgendermaßen dargestellt:

```
if <boolean OCL expression>
then <OCL expression>
else <OCL expression>
endif
```

Das Ergebnis einer *if-then-else*-Operation ist entweder das Ergebnis des OCL-Ausdrucks im *then*-Teil oder des OCL-Ausdrucks im *else*-Teil. Dies ist vom Ergebnis des booleschen Ausdrucks im *if*-Teil abhängig. Sie können den *else*-Teil in dem Ausdruck nicht weglassen, weil ein OCL-Ausdruck in einem Wert enden muss. Wenn

Kapitel 7
Basiselemente der OCL

der *else*-Teil weggelassen wird, ist das Ergebnis des Ausdrucks ein undefinierter Zustand, wenn der boolesche OCL-Ausdruck im *if*-Teil falsch ist. Sowohl die OCL-Ausdrücke in den *else*- als auch in den *then*-Teilen müssen vom selben Typ sein.

Operator/Operation	Notation	Ergebnistyp
gleich	a = b	Boolean
nicht gleich	a <> b	Boolean
kleiner	a < b	Boolean
größer	a > b	Boolean
kleiner gleich	a <= b	Boolean
größer gleich	a >= b	Boolean
plus	a + b	Integer oder Real
minus	a - b	Integer oder Real
multipliziert	a * b	Integer oder Real
dividiert	a / b	Real
modulus	a.mod(b)	Integer
Integer Division	a.div(b)	Integer
absoluter Wert	a.abs()	Integer oder Real
Maximum von a und b	a.max(b)	Integer oder Real
Minimum von a und b	a.min(b)	Integer oder Real
gerundet	a.round()	Integer
abrunden	a.floor()	Integer

Tabelle 7.2: *Standardoperatoren und -operationen der Typen Integer und Real*

Es folgen einige weitere Beispiele gültiger boolescher Ausdrücke:

```
not true
age() > 21 and age() < 65
age() <= 12 xor cards->size() > 3
title = 'Mr.' or title = 'Ms.'
name = 'Foobar'
if standard = 'UML'
   then 'using UML standard'
   else 'watch out: non UML features'
endif
```

7.2.2 Die Typen Integer und Real

In der OCL symbolisiert der Typ *Integer* die natürlichen Zahlen.

Basistypen und Operatoren/Operationen

Operator/Operation	Ausdruck	Ergebnistyp
Konkatenation	string.concat(string)	String
Größe	string.size()	Integer
In Kleinbuchstaben	string.toLower()	String
In Großbuchstaben	string.toUpper()	String
Substring	string.substring(int,int)	String
gleich	string1 = string2	Boolean
nicht gleich	string1 <> string2	Boolean

Tabelle 7.3: *Standardoperatoren und -operationen des Typs String*

Da die OCL eine Modellierungssprache ist, gibt es keine Restriktionen der Integerwerte, das heißt, es gibt keinen maximalen Integerwert. Auf dieselbe Art symbolisiert der Typ *Real* in der OCL das mathematische Konzept der reellen Zahlen. Wie in der Mathematik ist Integer ein *Untertyp* von *Real*.

Für die Typen *Integer* und *Real* werden die üblichen Operatoren verwendet: Addition, Subtraktion, Multiplikation und Division. Sowohl für den Typ *Integer* als auch für den Typ *Real* gibt es eine zusätzliche Operation *abs*, die den Betrag des gegebenen Werts berechnet, zum Beispiel ist *-1.abs()* gleich 1 und *(2.4).abs()* ergibt 2.4. Eine zusätzliche Operation des Typs *Real* ist die Operation *floor*, die den reellen Wert auf eine Integerzahl abrundet, zum Beispiel ergibt *(4.6).floor()* eine Integerinstanz mit dem Wert 4. Die Operation *round* eines reellen Werts ergibt den nächstgelegenen Integer, zum Beispiel ergibt *(4.6).round()* den *Integer* 5. Die Tabelle 7.2 gibt einen Überblick über alle Operatoren und Operationen für Integer- und reelle Werte.

Die folgenden Beispiele illustrieren die Typen *Real* und *Integer*. Alle Beispiele sind Ausdrücke des Typs *Boolean*, die im Ergebnis wahr sind:

```
2654 * 4.3 + 101 = 11513.2
(3.2).floor() / 3 = 1
1.175 * (-8.9).abs() - 10 = 0.4575
12 > 22.7 = false
12.max(33) = 33
33.max(12) = 33
13.mod(2) = 1
13.div(2) = 6
33.7.min(12) = 12.0
-24.abs() = 24
(-2.4).floor() = -3
```

7.2.3 Der Typ String

Strings sind Zeichenketten. Literale Strings werden in einfache Anführungszeichen gesetzt, wie zum Beispiel *'Apfel'* oder *'komische Kuh'*. Die für *String* zur Verfügung stehenden Operationen sind *toUpper, toLower, size, substring* und *concat* (siehe Tabelle 7.3).

Die folgenden Beispiele illustrieren den Typ *String*. Alle Beispiele sind Ausdrücke des Typs *Boolean* und sind im Ergebnis wahr:

```
'Anneke'.size() = 6
('Anneke' = 'Jos') = false
'Anneke '.concat('and Jos') = 'Anneke and Jos'
'Anneke'.toUpper() = 'ANNEKE'
'Anneke'.toLower() = 'anneke'
'Anneke and Jos'.substring(12, 14) = 'Jos'
```

7.3 Prioritätsregeln

Da es zu einer Instanz eines Typs sehr viele Operatoren und Operationen gibt, werden Regeln benötigt, die die Priorität der Operatoren und Operationen vorgeben. In Tabelle 7.4 sind die OCL-Operatoren und Operationen beginnend mit der höchsten Priorität aufgeführt. Im Zweifelsfall ist die Verwendung von Klammern () immer gestattet, um die Priorität explizit zu spezifizieren.

Name	Syntax
Pfadname	::
Zeitausdruck	@pre
Punkt-, Pfeil- und Nachrichtenoperationen	., ->, ^, ^^
Unäre Operatoren	-, not
Multiplikation und Division	*, /
Addition und Substraktion	+, -
Relationale Operatoren	<, >, <=, >=, <>, =
Logische Operatoren	and, or, xor
Logische Implikation	implies

Tabelle 7.4: *Priorität der OCL-Operatoren und -Operationen (von der höchsten absteigend)*

7.3.1 Verwendung von Infix-Operatoren

In OCL ist die Verwendung von *Infix-Operatoren* erlaubt. Die Operatoren +, -, *, /, <, >, <>, <= und >= werden als *Infix*-Operatoren benutzt. Wenn ein benutzerdefinierter Typ einen dieser Operatoren mit der korrekten Signatur enthält, wird dieser ebenfalls als *Infix*-Operator verwendet. Die korrekte Signatur beinhaltet nur einen Parameter desselben Typs wie die kontextuelle Instanz. Für die *Infix*-Operatoren <, >, <=, >=, <>, *and*, *or* und *xor* muss der Rückgabetyp *Boolean* sein. Bei den *Infix*-Operatoren +, -, * und / muss der Rückgabetyp gleich dem Typ der kontextuellen Instanz sein.

Konzeptionell sind die beiden folgenden Ausdrücke komplett identisch, denn beide rufen die +-Operation auf *a* mit *b* als Operationsparameter auf. Die zweite Notation ist verboten:

```
a + b
a.+(b)
```

7.4 Kommentare

OCL-Ausdrücke können *Kommentare* enthalten. Ein Kommentar in einer OCL-Zeile beginnt mit zwei aufeinander folgenden Bindestrichen. Der komplette Text, der zwischen den Bindestrichen und dem Ende der Zeile steht, gilt als Kommentar. Kommentare, die mehr als eine Zeile beanspruchen, können durch /* und */ begrenzt werden. Die folgenden Zeilen beinhalten zum Beispiel gültige OCL-Ausdrücke:

```
-- der Ausdruck 20 * 5 + 4 sollte hier ausgewertet werden
20 * 5 + 4 -- dies ist ein Kommentar
/* dies ist ein sehr langer Kommentar, der dem Leser nicht dabei helfen
wird, festzustellen, worum es in diesem Ausdruck überhaupt geht */
```

Die folgende Zeile ist kein gültiger OCL-Ausdruck:

```
20 * -- dies ist ein Kommentar 5 + 4
```

Kapitel 8

Benutzerdefinierte Typen

In diesem Kapitel werden alle OCL-Konstrukte beschrieben, die auf Informationen in benutzerdefinierten Typen verweisen.

8.1 Merkmale der benutzerdefinierten Typen

Wenn ein benutzerdefinierter Typ in einem UML-Diagramm spezifiziert wird, ergeben sich eine ganze Anzahl Merkmale zu diesem Typ. Zu den Merkmalen eines benutzerdefinierten Typs gehören:

- Attribute
- Operationen
- Klassenattribute
- Klassenoperationen
- Assoziationsenden, die aus Assoziationen und Aggregationen abgeleitet werden[1]

Jedes Merkmal kann in einem OCL-Ausdruck verwendet werden. Dieser Abschnitt erklärt, wie die ersten vier Merkmale benutzt werden können. Abschnitt 8.2 zeigt, wie Informationen in einer Assoziation zum Einsatz kommen.

8.1.1 Attribute und Operationen

Attribute der benutzerdefinierten Typen können in Ausdrücken verwendet werden, indem ein Punkt gefolgt vom Attributnamen geschrieben wird. Ebenso wie Attribute können auch Operationen des benutzerdefinierten Typs in den OCL-Ausdrücken verwendet werden. Trotzdem sollten Sie sich eine fundamentale Restriktion merken: Da es sich bei der OCL um eine seiteneffektfreie Sprache handelt, sind Operationen, die den Zustand eines Objekts verändern, verboten. Es dürfen lediglich die so genannten *Anfrageoperationen* verwendet werden, die einen Wert zurückgeben, aber nichts verändern. Entsprechend der UML-Spezifikation hat jede Operation ein boolesches Label namens *isQuery*. Wenn dieses Label wahr ist, hat die Operation keine Seiteneffekte und kann deshalb in OCL-Ausdrücken benutzt werden.

---

[1] Hier ist anzumerken, dass das Vererbungsverhältnis nicht navigiert werden kann, da eine Vererbung kein Verhältnis zwischen Instanzen ist.

Eine Punkt-Notation, mit der auf Attribute verwiesen wird, wird ebenfalls zum Verweis auf Operationen verwendet. Dem Namen der Operation folgen immer zwei Klammern, die die optionalen Argumente der Operation einschließen. Selbst wenn eine Operation keine Argumente hat, müssen diese Klammern gesetzt werden. Dies ist notwendig, um zwischen Attributen und Operationen unterscheiden zu können, da die UML Attribute und Operationen mit identischen Namen erlaubt.

Die Sichtbarkeit der Attribute und Operationen wird standardmäßig in der OCL ignoriert. Optional kann die OCL die Regeln der UML-Spezifikation verwenden. In diesem Fall kann ein privates Attribut eines assoziierten Objektes nicht in einem OCL-Ausdruck verwendet werden, weil es für die kontextuelle Instanz nicht sichtbar wäre.

8.1.2 Klassenoperationen und Klassenattribute

Klassenoperationen und Klassenattribute können ebenfalls in OCL-Ausdrücken verwendet werden. Die Syntax zur Referenzierung eines Klassenattributs oder einer Klassenoperation besteht aus dem Klassennamen, gefolgt von zwei Doppelpunkten, gefolgt vom Attributs- oder Operationsnamen (und Parametern). Im R&L-Beispiel in Abbildung 2.1 ist das Attribut *now* von *Date* ein Klassenattribut. Es kann wie im nachfolgenden Beispiel verwendet werden:

```
context CustomerCard
inv: goodThru.isAfter( Date::now )
```

8.2 Assoziationen und Aggregationen

Ein anderes Merkmal eines benutzerdefinierten Typs, das in der OCL verwendet werden kann, stammt aus den Assoziationen im Klassenmodell. Jede Assoziation besitzt eine Reihe Assoziationsenden. Jedes Ende hat eine Multiplizität, einen Typ, mit dem es verbunden ist, und eine optionale Sortierungsangabe, zudem kann es einen Namen haben. Dieser Name wird *rolename* (Rollenname) genannt. Konzeptionell ist oder definiert ein Assoziationsende ein Merkmal der Klasse, die mit dem/n anderen Ende/n der Assoziation verbunden ist.

Assoziationsenden können in einem System zum Navigieren von einem Objekt zu einem anderen Objekt verwendet werden. Deshalb werden die konzeptionellen Merkmale, die sie definieren, manchmal auch als *Navigationen* bezeichnet. Falls es keinen Namen für das Assoziationsende gibt, kann der Name des verbundenen Typs verwendet werden. Wenn der Typenname jedoch nicht eindeutig ist, muss der Rollenname spezifiziert werden. Dasselbe gilt für Assoziationen, die als Aggregationen gekennzeichnet sind. In Abbildung 8.1, in der Teile des R&L-Modells abgebildet sind, hat *Customer* zwei Navigationen: *Programs* und *cards*. Die Klasse *CustomerCard* hat eine Navigation namens *owner*. Die Klasse *LoyaltyProgram* hat ebenfalls eine Navigation mit Namen *customer*.

Navigationen werden in der OCL wie Attribute behandelt. Die Punkt-Notation, mit der auf Attribute verwiesen wird, wird ebenfalls zum Verweis auf Navigationen verwendet. In einem Typ müssen alle Namen eindeutig sein, egal ob Attributs- oder Navigationsnamen. Durch dieses Arrangement werden Mehrdeutigkeiten von Attributs- und Navigationsnamen vermieden.

Bei dem Typ einer Navigation handelt es sich entweder um einen benutzerdefinierten Typ oder eine Sammlung benutzerdefinierter Typen. Wenn die Multiplizität des Assoziationsendes höchstens eins beträgt, ist der Ergebnistyp der benutzerdefinierte Typ, der mit dem Assoziationsende verbunden ist. Wenn die Multiplizität größer als eins ist, handelt es sich bei dem Ergebnis um eine Sammlung. Die Elemente in der Sammlung müssen alle vom oder konform zum benutzerdefinierten Typ sein, der mit dem Assoziationsende verbunden ist. In unserem Beispiel ist der Ergebnistyp der Navigation *owner* aus der Klasse *CustomerCard* ein benutzerdefinierter Typ: *Customer* (Kunde). Der Ergebnistyp sowohl aus der Navigation *programs* als auch aus der Navigation *cards* aus der Klasse *Customer* ist eine Sammlung, in diesem Fall sind es (ungeordnete) Mengen: *Sets*. Wenn das Assoziationsende mit *{ordered}* ausgezeichnet ist, ist der Ergebnistyp eine geordnete Menge: ein *OrderedSet*. Die Unterschiede zwischen *Sets*, *OrderedSets*, *Bags* und *Sequences* werden in Abschnitt 9.1 beschrieben.

Für das Diagramm in Abbildung 8.1 können wir eine Invariante definieren, die die Navigation *owner* aus dem Kontext von *CustomerCard* verwendet. Da dieser OCL-Ausdruck einen Wert vom Typ *Customer* ergibt, stehen uns im übrigen Teil des Ausdrucks alle Attribute und Operationen von *Customer* zur Verfügung, die für die kontextuelle Instanz sichtbar sind. Dies verdeutlicht das folgende Beispiel:

```
context CustomerCard
inv: self.owner.dateOfBirth.isBefore( Date::now )
```

Dasselbe gilt für Navigationen, die für den Typ *Customer* definiert und für die kontextuelle Instanz sichtbar sind. Sie können im übrigen Teil des Ausdrucks ebenfalls verwendet werden:

```
context CustomerCard
inv: self.owner.programs->size() > 0
```

Wenn mehr als eine Assoziation mit der Multiplizität *many* navigiert werden, ist das Ergebnis per Definition ein Wert vom Typ *Bag*. Wenn eine dieser Navigationen mit *{ordered}* ausgezeichnet ist, ergibt sich ein Wert vom Typ *Sequence*.

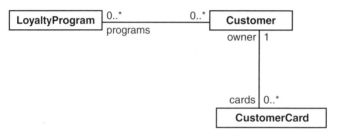

Abb. 8.1: *Navigationen*

Wenn wir Navigationen kombinieren, haben wir die Möglichkeit, durch das komplette Klassendiagramm zu navigieren. Aus dem Kontext einer Klasse im Klassendiagramm können Constraints für alle verbundenen Klassen geschrieben werden. Dies ist natürlich keine besonders gute Vorgehensweise. Der Frage, wann und wie Navigationen verwendet werden, widmet sich Abschnitt 3.10.2.

8.2.1 Assoziationsklassen

Ein UML-Klassendiagramm ermöglicht es uns, *Assoziationsklassen* zu definieren, bei denen es sich um Klassen handelt, die mit einer Assoziation verbunden sind. Von einer Assoziationsklasse können Sie immer zu den Instanzen der Klassen an allen Enden der Assoziation navigieren, indem sie für die Benennung dieselben Regeln wie für normale Navigationen verwenden. Dies gilt sowohl für binäre als auch für multiple Assoziationen. Beachten Sie, dass aufgrund der Natur einer Assoziationsklasse eine derartige Navigation immer in einem einzelnen Wert endet und niemals in einer Sammlung.

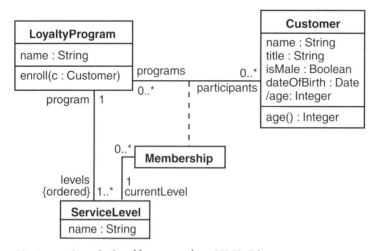

Abb. 8.2: *Assoziationsklasse aus dem UML-Diagramm*

Das R&L-Modell hat eine Assoziationsklasse (siehe Abbildung 8.2): *Membership* (Mitgliedschaft). Diese Klasse hat drei Navigationen: *Programs* (Programme) vom Typ *LoyaltyProgram*, *participants* (Teilnehmer) vom Typ *Customer* und – wegen der Extra-Assoziation - *currentLevel* (aktueller Level) vom Typ *ServiceLevel*. Die folgende Invariante gibt an, dass der aktuelle Servicelevel einer Mitgliedschaft immer ein Servicelevel des Treueprogramms sein muss, zu dem die Mitgliedschaft gehört:

```
context Membership
inv: programs.levels->includes( currentLevel )
```

Es ist ebenfalls möglich, in die andere Richtung zu navigieren: Von den assoziierten Klassen zu den Assoziationsklassen. Im R&L-Modell können wir von *Customer* und *LoyaltyProgram* zu *Membership* navigieren. Da eine Assoziationsklasse keinen Rollennamen haben kann, ist der Navigationsname der Name der Assoziationsklasse. Hier ist anzumerken, dass es die vorherige OCL-Version erforderte, dass der Klassenname mit einem Kleinbuchstaben am Anfang geschrieben wurde. In Version 2.0 sollte der Name jedoch mit dem Namen der Assoziationsklasse identisch sein.

Die Multiplizität der Assoziationsenden wird dazu verwendet, den Typ des Ausdrucks zu bestimmen. Wenn aus einem bestimmten Kontext heraus die Multiplizität am gegenüberliegenden Ende größer als eins ist, resultiert die Navigation zu der Assoziationsklasse in einer Sammlung von Instanzen der Assoziationsklasse. Falls die Multiplizität nicht größer als eins ist, ergibt die Navigation zur Assoziationsklasse eine Instanz der Assoziationsklasse. Die Navigation von *Customer* zu *Membership* ergibt beispielsweise einen Wert des Typs *Set(LoyaltyProgram)*.

Die nachfolgende Invariante macht eine ähnliche Aussage wie die vorausgegangene, aber eine aus dem Kontext von *LoyaltyProgram*: Die Menge der Servicelevel muss die Menge aller aktuellen Level aller Mitgliedschaften einschließen. Hier ist anzumerken, dass im Kontext von *LoyaltyProgram* der Ausdruck *Membership.currentLevel* vom Typ *Bag(ServiceLevel)* ist. Deshalb verwenden wir die Operation *includesAll* anstelle der Operation *includes*:

```
context LoyaltyProgram
inv: levels->includesAll( Membership.currentLevel )
```

8.2.2 Qualifizierte Assoziationen

In einem UML-Klassendiagramm können Sie *qualifizierte Assoziationen* verwenden. Qualifizierte Assoziationen können entsprechend der normalen Assoziationen in OCL-Ausdrücken benutzt werden. Der einzige Unterschied besteht darin, dass wir einen Weg finden müssen, um den Wert der Qualifizierung in dem Ausdruck anzugeben. Folgende Syntax wird für qualifizierte Assoziationen verwendet:

```
object.navigation[qualifierValue, ...]
```

Gibt es viele Qualifizierungen, werden ihre Werte durch Kommata getrennt. Sie können ohne die Spezifizierung einer Qualifizierung zu allen assoziierten Objekten navigieren. Dies entspricht der Navigation normaler Assoziationen.

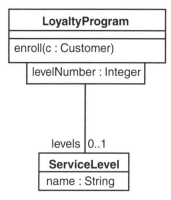

Abb. 8.3:   *Qualifizierte Assoziation im UML-Diagramm*

Abbildung 8.3 zeigt ein alternatives Klassendiagramm für das R&L-Modell. Die mit *{ordered}* ausgezeichnete Assoziation von *LoyaltyProgram* zu *ServiceLevel* wurde durch eine Assoziation mit dem qualifizierenden Attribut *levelNumber* ersetzt. Dies bedeutet, dass es für jede Kombination von *LoyaltyProgram* und *levelNumber* kein oder ein *ServiceLevel* gibt. *LevelNumber* spezifiziert die Ordnung der *ServiceLevel*. Um zu spezifizieren, dass der Name von *ServiceLevel* mit *levelNumber* 1 *'basic'* lauten muss, können wir die folgende Invariante schreiben:

```
context LoyaltyProgram
inv: self.levels[1].name = 'basic'
```

Wenn wir angeben wollen, dass es mindestens einen *ServiceLevel* mit dem Namen *'basic'* gibt, ohne dabei auf die *levelNumber* achten zu müssen, können wir das mit der folgenden Invariante angeben:

```
context LoyaltyProgram
inv: self.levels->exists(name = 'basic')
```

Der erste Teil, *self.serviceLevel*, ist die Sammlung aller *ServiceLevel*, die mit *LoyaltyProgram* assoziiert sind. Die Operation *exists* gibt an, dass das Attribut *name* bei mindestens einem dieser Servicelevel *'basic'* entspricht.

8.3 Aufzählungstypen

Ein Aufzählungstyp ist ein spezieller, benutzerdefinierter Typ, der oft für Attribute verwendet wird. Er ist im UML-Klassendiagramm durch die Verwendung des Aufzählungs-Stereotypen definiert, wie in Abbildung 8.4 gezeigt. Die Werte, die in einer Aufzählung definiert werden, können als Werte in einem OCL-Ausdruck verwendet werden. Die Notation zur Anzeige eines der Aufzählungswerte in einem OCL-Ausdruck besteht aus dem Namen des Aufzählungstyps, gefolgt von zwei Doppelpunkten, gefolgt vom Werte-Identifier der Aufzählung. Hier ist anzumerken, dass die vorherige Version der OCL eine andere Notation verwendet hat.

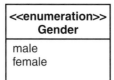

Abb. 8.4: *Die Klasse Customer mit Aufzählung*

In Abbildung 8.4 ist die Klasse *Customer* erneut dargestellt. Hier haben wir das Attribute *isMale* (ist männlich) gegen das Attribut *gender* (Geschlecht) ausgetauscht. Die nachfolgende Invariante gibt an, dass männliche Kunden (*male customers*) mit 'Mr' angeredet werden müssen.

```
context Customer
inv: gender = Gender::male implies title = 'Mr'
```

Die einzigen Operatoren, die für Aufzählungswerte zur Verfügung stehen, sind Gleichheits- und Ungleichheitsoperatoren. Sie werden durch die Zeichen = und <> angegeben.

Kapitel 9

Collection-Typen

In diesem Kapitel werden die Collection-Typen vorgestellt, die Teil der OCL-Standardbibliothek sind. Zudem wird erklärt, wie diese Typen in Ausdrücken verwendet werden können.

9.1 Die Collection-Typen

In objektorientierten Systemen ist die Manipulation von (Objekt-)Sammlungen sehr verbreitet. Da Eins-zu-eins-Assoziationen selten sind, definieren die meisten Assoziationen ein Verhältnis zwischen einem Objekt und einer Sammlung anderer Objekte. Damit Sie derartige Sammlungen manipulieren können, gibt es in der OCL eine ganze Reihe vordefinierter Typen für den Umgang mit Sammlungen, Mengen und anderem.

In der OCL gibt es fünf Collection-Typen. Vier dieser Typen – *Set*, *OrderedSet*, *Bag* und *Sequence* - sind konkrete Typen und können in Ausdrücken verwendet werden. Der fünfte Typ, *Collection*, ist der abstrakte Supertyp der anderen vier Typen und dient zur Definition der Operationen, die für alle Collection-Typen gleichermaßen angewendet werden können. In diesem Buch beziehen wir uns auf die Collection-Typen *Set*, *OrderedSet*, *Bag* und *Sequence*, wenn wir von Collection-Typen sprechen.

Die vier konkreten Collection-Typen sind wie folgt definiert:

- Ein *Set* ist eine Sammlung, die Instanzen eines gültigen OCL-Typs enthält. Ein *Set* enthält keine doppelten Elemente. Jede Instanz kann lediglich einmal vorhanden sein. Die Elemente in einem *Set* sind nicht geordnet.
- Ein *OrderedSet* ist ein Set, in dem die Elemente geordnet vorliegen.
- Ein *Bag* ist eine Sammlung, die doppelte Elemente enthalten kann. Das heißt, dass dieselbe Instanz in einem *Bag* mehr als einmal vorkommen kann. Ein *Bag* ist deshalb ein typisches Ergebnis bei der Kombination von Navigationen. Dieses Konzept wurde in Abschnitt 2.4.2 bereits vorgestellt und ausführlicher in Abschnitt 8.2 erklärt. Die Elemente in einem *Bag* sind nicht geordnet.
- Eine *Sequence* ist ein *Bag*, dessen Elemente geordnet sind.

Hier ist anzumerken, dass ein Wert vom Typ *Sequence* oder *OrderedSet* geordnet, aber nicht sortiert ist. Jedes Element hat eine Sequenznummer. Diese ähnelt den

Elementen von Arrays in Programmiersprachen. Dies bedeutet jedoch nicht, dass das Element einer bestimmten Sequenznummer in irgendeiner Hinsicht kleiner oder größer als das Element vor ihm ist (siehe Abschnitt 9.3.3).

Im R&L-Modell ergeben die folgenden Navigationen im Kontext von *LoyaltyProgram* eine Sammlung:

```
self.participants        -- Set(Customer)
self.levels              -- OrderedSet(ServiceLevel)
```

9.1.1 Sammelkonstanten

Konstante Sets, OrderedSets, Sequences und *Bags* können durch die Aufzählung ihrer Elemente spezifiziert werden. Die Elemente der Sammlung sollten in geschweiften Klammern stehen und die Elemente selbst werden durch Kommata von einander getrennt. Der Typ der Sammlung wird vor die geschweifte Klammer geschrieben, wie im folgenden Beispiel zu erkennen:

```
Set { 1 , 2 , 5 , 88 }
Set { 'Apfel' , 'Orange', 'Erdbeere' }
OrderedSet { 'Apfel' , 'Orange', 'Erdbeere', 'Birne' }
Sequence { 1, 3, 45, 2, 3 }
Sequence { 'Affe', 'Nuss' }
Bag {1 , 3 , 4, 3, 5 }
```

Weil eine *Sequence* aus aufeinander folgenden Integer-Zahlen besonders nützlich ist, werden diese auf eine besondere Art spezifiziert. Die Elemente innerhalb der geschweiften Klammern können durch eine Intervall-Spezifizierung ersetzt werden, die aus zwei Ausdrücken des Typs *Integer* besteht, die durch zwei Punkte (..) getrennt sind. So wird eine *Sequence* für alle Integer zwischen den Werten des ersten und zweiten Integer-Ausdrucks inklusive der Werte der beiden Ausdrücke selbst spezifiziert:

```
Sequence{ 1..(6 + 4) }
Sequence{ 1..10 }
-- sind beide identisch mit
Sequence{ 1, 2, 3, 4, 5, 6, 7, 8, 9, 10 }
```

9.1.2 Collection-Typ-Ausdrücke

Manchmal muss der Typ eines Modellelements explizit angegeben werden. Zum Beispiel wenn ein Vorgabewert festgelegt wird. Wenn der Typ eines Elements eine Sammlung ist, kann dies durch die Begriffe *Set, OrderedSet, Bag* oder *Sequence* angegeben und der Typ der Elemente der Sammlung kann zwischen runden Klammern dargestellt werden. Dies zeigen die folgenden Beispiele:

```
Set(Customer)
Sequence(Set(ProgramPartners))
OrderedSet(ServiceLevel)
Bag(Burning)
```

9.1.3 Collection-Operationen

Viele Standardoperationen sind auf Collection-Typen definiert, die die Sammlungen auf unterschiedliche Weise manipulieren. Diese Operationen werden in den folgenden Abschnitten beschrieben.

Alle Operationen zu Sammlungen werden in OCL-Ausdrücken mit einem Pfeil gekennzeichnet. Die Operation, die diesem Pfeil folgt, gilt für die Sammlung vor dem Pfeil. Diese Vorgehensweise ermöglicht es dem Benutzer, Operationen im Modell zu definieren, die dieselben Namen tragen wie die Standardoperationen. Es handelt sich um eine benutzerdefinierte Operation, wenn ihr ein Punkt folgt, und um eine Standardoperation, wenn ihr ein Pfeil folgt.

Alle Collection-Typen sind als Wertetypen definiert, das heißt, dass der Wert einer Instanz nicht verändert werden kann. Deshalb verändern Collection-Operationen Sammlungen nicht, aber können als Ergebnis eine neue Sammlung haben.

Die folgende Invariante aus dem R&L-Modell verwendet die Standardoperation *size*, und gibt an, dass die Anzahl der Teilnehmer im Treueprogramm kleiner als 10.000 sein muss:

```
context LoyaltyProgram
inv: self.participants->size() < 10000
```

9.1.4 Instanzen wie Sammlungen verwenden

Da sich die OCL-Syntax zur Verwendung von Collection-Operationen von der für benutzerdefinierte Operationen auf Typen unterscheidet, können Sie eine einzelne Instanz wie eine Sammlung verwenden. Diese Sammlung wird wie ein Set mit der Instanz als einzigem Element angesehen. Im R&L-Modell aus Abbildung 2.1 resultiert das folgende Constraint beispielsweise in dem Wert der benutzerdefinierten Operation *isEmpty()* einer Instanz von *LoyaltyAccount*:

```
context Membership
inv: account.isEmpty()
```

Im Gegensatz dazu ergibt das folgende Constraint den Wert der *Set*-Operation *isEmpty ()*, in der der *account* wie eine Sammlung benutzt wird:

```
context Membership
inv: account->isEmpty()
```

Dieser Ausdruck ist wahr, falls der Link von der Instanz von *Membership* zu einer Instanz von *LoyaltyAccount* leer ist, das heißt, dass es zu *Membership* kein zugehöriges *LoyaltyAccount* gibt.

9.1.5 Sammlungen von Sammlungen

Ein spezielles Charakteristikum der OCL-Sammlungen besteht häufig darin, dass die Hierarchiestufen von Sammlungen automatisch reduziert (*flattened*) werden, das heißt, dass eine Sammlung anstelle von Sammlungen lediglich einfache Objekte enthält. Durch die nachfolgenden zwei Sammlungen werden dazu Beispiele gegeben. Das erste Beispiel ist eine Sammlung von Sammlungen und das zweite ist eine hierarchiefreie Version des ersten Beispiels.

```
Set { Set { 1, 2 }, Set { 3, 4 }, Set { 5, 6 } }
Set { 1, 2, 3, 4, 5, 6 }
```

Wenn eine Sammlung in eine andere Sammlung eingefügt wird, wird die Hierarchie der daraus resultierenden Sammlung automatisch reduziert. Die Elemente der eingefügten Sammlung werden hierbei als direkte Elemente der Ergebnissammlung angesehen. Der Grund für diesen Ansatz besteht darin, dass Sammlungen von Sammlungen (und vor allem tiefer verschachtelte Sammlungen) konzeptionell nur sehr schwierig zu erfassen sind und in der Praxis nur sehr selten eingesetzt werden.

Für diejenigen, die tiefere Sammlungen verwenden möchten, gibt es eine Möglichkeit die zugrunde liegende Struktur zu erhalten, wenn eine Sammlung in eine Sammlung eingefügt wird. Die Operation *collectNested* übernimmt die vorgegebene Struktur (weitere Informationen entnehmen Sie bitte den Abschnitten 9.3.10 bis 9.3.12). Die folgenden Abschnitte beschreiben die Collection-Operationen.

9.2 Operationen auf Collection-Typen

Alle Collection-Typen haben die in Tabelle 9.1 angegebenen Operationen gemeinsam. Diese Operationen werden durch den abstrakten Supertyp *Collection* definiert.

Operation	Beschreibung
count(object)	Wie oft kommt das Objekt in der Sammlung vor?
excludes(object)	Wahr, wenn das Objekt kein Element der Sammlung ist.
excludesAll(collection)	Wahr, wenn keins der Elemente der im Parameter übergebenen Sammlung in der aktuellen Sammlung vorhanden ist.
includes(object)	Wahr, wenn das Objekt ein Element der Sammlung ist.

Tabelle 9.1: *Standardoperationen bei allen Collection-Typen*

Operation	Beschreibung
includesAll(collection)	Wahr, wenn alle Elemente der im Parameter übergebenen Sammlung in der aktuellen Sammlung vorhanden sind.
isEmpty	Wahr, wenn die Sammlung keine Elemente enthält.
notEmpty()	Wahr, wenn die Sammlung ein oder mehrere Elemente enthält.
size()	Die Anzahl der Elemente in der Sammlung.
sum()	Die Summe aller Elemente in der Sammlung. Die Elemente müssen zu einem Typ gehören, der die Addition unterstützt (wie *Real* oder *Integer*).

Tabelle 9.1: *Standardoperationen bei allen Collection-Typen (Forts.)*

Nachfolgend werden Beispiele angegeben, in denen die Operationen *includes* und *includesAll* verwendet werden. In der Invarianten spezifizieren Sie, dass der aktuelle Servicelevel einer Mitgliedschaft immer ein Servicelevel des Programms sein muss, zu dem die Mitgliedschaft gehört:

```
context Membership
inv: programs.levels ->includes(currentLevel)
```

Die folgende Invariante spezifiziert, dass die für einen Servicelevel zur Verfügung stehenden Services von einem Partner des Treueprogramms angeboten werden müssen, zu dem der Servicelevel gehört:

```
context ServiceLevel
inv: program.partners
        ->includesAll(self.availableServices.partner)
```

9.2.1 Operationen mit unterschiedlicher Bedeutung

Einige Operationen werden zwar für alle Collection-Typen definiert, haben aber eine etwas andere und spezielle Bedeutung, wenn sie für den einen oder anderen Typ verwendet werden. Tabelle 9.2 gibt einen Überblick über die Operationen mit unterschiedlicher Bedeutung, die für die vier Collection-Typen definiert sind. Ein großes X gibt an, dass die Operation für den angegebenen Typ existiert, ein Bindestrich (-) gibt an, dass diese Operation für diesen Typ nicht definiert ist.

Operation	Set	OrderedSet	Bag	Sequence
=	X	X	X	X
<>	X	X	X	X
-	X	X	-	-

Tabelle 9.2: *Sammeloperationen mit unterschiedlicher Bedeutung*

Kapitel 9
Collection-Typen

Operation	Set	OrderedSet	Bag	Sequence
append(object)	-	X	-	X
asBag()	X	X	X	X
asOrderedSet()	X	X	X	X
asSequence()	X	X	X	X
asSet()	X	X	X	X
at(index)	-	X	-	X
excluding(object)	X	X	X	X
first()	-	X	-	X
flatten()	X	X	X	X
including(object)	X	X	X	X
indexOf(object)	-	X	-	X
insertAt(index, object)	-	X	-	X
intersection(coll)	X	-	X	-
last()	-	X	-	X
prepend(object)	-	X	-	X
subOrderedSet(lower, upper)	-	X	-	-
subSequence(lower, upper)	-	-	-	X
symmetricDifference(coll)	X	-	-	-
union(coll)	X	X	X	X

Tabelle 9.2: *Sammeloperationen mit unterschiedlicher Bedeutung (Forts.)*

Die Operationen equals und notEquals

Der Operator *equals* (dargestellt durch =) ergibt den Wert wahr, wenn alle Elemente in zwei Sammlungen gleich sind. Für *Sets* bedeutet das, dass alle Elemente, die im ersten *Set* vorhanden sind, auch im zweiten *Set* vorhanden sein müssen und vice versa. Bei *OrderedSets* spezifiziert eine Extrarestriktion, dass die Ordnung, in der die Elemente auftauchen, gleich sein muss. Damit zwei *Bags* gleich sind, müssen nicht nur alle Elemente in beiden *Bags* vorhanden sein, sondern auch die Häufigkeit, in der ein Element vorhanden ist. Für zwei *Sequences* gelten dieselben Regeln wie für *Bags* plus der Extrarestriktion, dass die Reihenfolge der Elemente gleich sein muss.

Der Operator *notEquals* (dargestellt durch <>) ergibt wahr, wenn die Element in zwei Sammlungen unterschiedlich sind. Hier gelten die umgekehrten Regeln wie für den Operator *equals*. Beide Operatoren verwenden die *Infix*-Notation.

Die Operationen including und excluding

Die Operation *including* hat als Ergebnis eine neue Sammlung mit einem Element, das zu der Originalsammlung hinzugefügt wird. Diese Beschreibung trifft auf ein *Bag* vollständig zu. Falls es sich bei der Sammlung um ein *Set* oder ein *OrderedSet* handelt, wird das Element nur dann hinzugefügt, wenn es sich nicht bereits im *Set* befindet. Ansonsten ist das Ergebnis mit der Originalsammlung identisch. Wenn es sich bei der Sammlung um eine *Sequence* oder ein *OrderedSet* handelt, wird das Element nach allen anderen Elementen zur Originalsammlung hinzugefügt.

Die Operation *excluding* ergibt eine neuen Sammlung, bei der ein Element aus der Originalsammlung entfernt wurde. Sie entfernt aus einem *Set* oder einem *Ordered-Set* lediglich ein Element. Aus einem *Bag* oder einer *Sequence* entfernt es alle angegebenen Objekte.

Die Operation flatten

Die Operation *flatten* ändert eine Sammlung von Sammlungen in eine Sammlung einzelner Objekte. Wenn sie auf ein *Bag* angewendet wird, ist das Ergebnis ebenfalls ein *Bag*. Dies bedeutet, dass ein bestimmtes Objekt mehr als einmal in dem Ergebnis-*Bag* enthalten sein wird, wenn dieses Objekt in mehr als in einer Untersammlung enthalten ist. Wenn dies auf ein *Set* angewendet wird, ist das Ergebnis ebenfalls ein *Set*. Deshalb wird das Objekt lediglich einmal im Ergebnis aufgenommen, auch wenn es in mehr als in einer Untersammlung enthalten ist. Wenn beispielsweise die Originalsammlung in der ersten Zeile des nachfolgenden Beispiels enthalten ist, wäre das Ergebnis der Operation *flatten* die Sammlung in der zweiten Zeile.

```
Set { Set { 1, 2 }, Set { 2, 3 }, Set { 4, 5, 6 } }
Set { 1, 2, 3, 4, 5, 6 }
```

Wenn das Ergebnis der Operation *flatten* auf einem *Bag* anstatt auf einem *Set* ausgeführt wird, ergibt sich folgendes Beispiel:

```
Bag { Set { 1, 2 }, Set { 1, 2 }, Set { 4, 5, 6 } }
Bag { 1, 1, 2, 2, 4, 5, 6 }
```

Wenn die Operation *flatten* auf eine *Sequence* oder ein *OrderedSet* angewendet wird, ist das Ergebnis entsprechend eine *Sequence* oder ein *OrderedSet*. Wenn die Untersammlungen entweder *Bags* oder *Sets* sind, kann die Ordnung der Elemente nicht präzise bestimmt werden. In einem solchen Fall ist das Einzige, was sicher ist, dass die Elemente in einer Untermenge, die im Original vor einer anderen Untermenge vorhanden waren, auch im Ergebnis vor der zweiten Untermenge erscheinen. Wenn beispielsweise die Original-*Sequence* in der ersten Zeile des nachfolgenden Beispiels enthalten ist, könnte eins der möglichen Ergebnisse der Operation *flatten* die Sammlung in der zweiten Zeile sein:

```
Sequence { Set { 1, 2 }, Set { 2, 3 }, Set { 4, 5, 6 } }
Sequence { 2, 1, 2, 3, 5, 6, 4 }
```

Die Elemente der Untermengen werden willkürlich in der Ergebnis-*Sequence* angeordnet. Es gibt keine Garantie, dass eine zweite Anwendung der Operation *flatten* auf dieselbe *Sequence* der *Sets* dasselbe Ergebnis hervorbringen würde. Hier ist anzumerken, dass die Operation *flatten* als rekursive Operation definiert ist, weswegen ihr Ergebnis immer ein Wertesammlung eines der Basistypen oder eines der benutzerdefinierten Typen sein wird.

Die Operationen asSet, asSequence, asBag und asOrderedSet

Die Instanzen der vier konkreten Collection-Typen können alle in Instanzen anderer konkreter Collection-Typen umgewandelt werden. Dies kann unter Verwendung der Operationen *asSet*, *asSequence*, *asBag* oder *asOrderedSet* geschehen. Wenn *asSet* auf ein *Bag* und *asOrderedSet* auf eine *Sequence* angewendet wird, bedeutet dies, dass von jedem doppelt vorhandenen Element lediglich ein Element im Ergebnis übrig bleibt. Wird *asBag* auf eine *Sequence* oder *asSet* auf ein *OrderedSet* angewendet, bedeutet dies, dass die Ordnung verloren geht. Werden *asOrderedSet* oder *asSequence* auf ein *Set* oder ein *Bag* angewendet, bedeutet dies, dass die Elemente im Ergebnis willkürlich in irgendeiner Ordnung platziert werden. Wird die Operation ein zweites Mal auf dasselbe Original angewendet, bedeutet dies nicht, dass beide Ergebnisse gleich ausfallen müssen.

Die Operation union

Die Operation *union* verbindet zwei Sammlungen zu einer neuen Sammlung. Durch die Vereinigung (*union*) eines *Sets* mit einem anderen *Set* entsteht ein *Set*. Alle doppelt vorhandenen Elemente werden dem Ergebnis nur einmal zugefügt. Werden ein *Set* und ein *Bag* kombiniert (oder vice versa), ergibt sich ein *Bag*. Eine *Sequence* oder ein *OrderedSet* sollte weder mit einem *Set* noch einem *Bag* kombiniert werden, sondern lediglich mit einer anderen geordneten Sammlung. Im Ergebnis rangieren alle Elemente der Sammlung, auf der die Operation aufgerufen wird, vor den Elementen der als Parameter übergebenen Sammlung.

Die Operation intersection

Die Operation *intersection* ergibt eine weitere Sammlung, die die Elemente aus beiden Sammlungen enthält. Diese Operation gilt für Kombinationen zweier *Sets*, einem *Set* und einem *Bag* oder zwei *Bags*, jedoch nicht für Kombinationen mit einer *Sequence* oder einem *OrderedSet*.

Die Operation minus

Die Operation *minus* (dargestellt durch -) ergibt ein neues *Set*, das alle Elemente des *Sets*, auf dem die Operation aufgerufen wird, aber keine Elemente des als Parameter übergebenen Sets enthält. Diese Operation wurde für *Sets* und *OrderedSets* definiert. Wenn sie auf ein *OrderedSet* angewendet wird, bleibt die Ordnung erhalten. Die Operation *minus* verwendet eine *Infix*-Notation. Es folgen einige Beispiele:

```
Set{1,4,7,10} - Set{4,7} = Set{1,10}
OrderedSet{12,9,6,3} - Set{1,3,2} = OrderedSet{12,9,6}
```

Die Operation symmetricDifference

Die Operation *symmetricDifference* ergibt ein neues *Set*, das alle Elemente des *Sets* enthält, auf dem die Operation aufgerufen wird, oder alle Elemente des als Parameter übergebenen *Sets*, die jeweils nicht gleichzeitig in beiden Mengen vorkommen. Diese Operation ist ausschließlich für *Sets* definiert. Es folgt ein Beispiel:

```
Set{1,4,7,10}.symmetricDifference(Set{4,5,7}) = Set{1,5,10}
```

Operationen ausschließlich für OrderedSets und Sequences

Alle Operationen, die ausschließlich für die Typen *OrderedSet* und *Sequence* definiert sind, beinhalten eine Ordnung der Elemente. Es gibt neun derartige Operationen:

- Die Operationen *first* und *last* ergeben entsprechend das erste und das letzte Element in der Sammlung.

- Die Operation *at* ergibt das Element an der vorgegebenen Position.

- Die Operation *indexOf* ergibt einen Integer-Wert, der die Position des Elements in der Sammlung angibt. Wenn das Element mehr als einmal in der Sammlung auftaucht, ist das Ergebnis die Position des ersten Elements. Hier ist anzumerken, dass die Indexnummern mit eins und nicht mit null beginnen, wie es oft in Programmiersprachen der Fall ist.

- Die Operation *insertAt* ergibt eine *Sequence* oder ein *OrderedSet*, in die/das ein Extraelement an einer vorgegebenen Position eingefügt wurde.

- Die Operation *subSequence* kann ausschließlich auf *Sequences* angewendet werden und ergibt eine *Sequence*, die die Elemente des angegebenen Bereichs inklusive der Bereichsgrenzen in der ursprünglichen Ordnung enthält.

- Die Operation *subOrderedSet* kann nur auf *OrderedSets* angewendet werden. Ihr Ergebnis entspricht der Operation *subSequence*, obwohl sie ein *OrderedSet* und keine *Sequence* ergibt.

- Die Operationen *append* und *prepend* fügen einer *Sequence* ein Element entsprechend entweder als letztes oder erstes Element hinzu.

Es folgen einige Beispiele:

```
Sequence{'a','b','c','c','d','e'}->first() = 'a'
OrderedSet{'a','b','c','d'}->last() = 'd'
Sequence{'a','b','c','c','d','e'}->at( 3 ) = 'c'
Sequence{'a','b','c','c','d','e'}->indexOf( 'c' ) = 3
```

```
OrderedSet{'a','b','c','d'}->insertAt( 3, 'X' ) =
                    OrderedSet{'a','b','X','c','d'}
Sequence{'a','b','c','c','d','e'}->subSequence( 3, 5 ) =
                    Sequence{'c','c','d'}
OrderedSet{'a','b','c','d'}->subOrderedSet( 2, 3 ) =
                    OrderedSet{'b','c'}
Sequence{'a','b','c','c','d','e'}->append( 'X' ) =
                    Sequence{'a','b','c','c','d','e','X'}
Sequence{'a','b','c','c','d','e'}->prepend( 'X' ) =
                    Sequence{'X','a','b','c','c','d','e'}
```

9.3 Loop-Operationen oder Iteratoren

Eine Anzahl von OCL-Standardoperationen ermöglicht es Ihnen über die Elemente in einer Sammlung zu iterieren. Diese Operationen nehmen jedes Element in einer Sammlung und berechnen für dieses Element einen Ausdruck. Loop-Operationen werden auch *Iteratoren* oder *Iterator-Operationen* genannt. Die Loop-Operation hat einen OCL-Ausdruck als Parameter. Dieser nennt sich *Body*, *Rumpf* oder *Body-Parameter* der Operation. In den folgenden Abschnitten werden die einzelnen Iteratoren detailliert beschrieben. Tabelle 9.3 gibt einen Überblick über die Iteratoren, die für die vier Collection-Typen definiert sind.

Operation	Beschreibung
any(expr)	Gibt ein willkürliches Element der Quellsammlung zurück, für das der Ausdruck *expr* wahr ist.
collect(expr)	Gibt die Sammlung der Objekte zurück, die sich aus der Auswertung von *expr* zu jedem Element in der Quellsammlung ergibt.
collectNested(expr)	Gibt eine Sammlung der Sammlungen zurück, die sich aus der Auswertung von *expr* zu jedem Element in der Quellsammlung ergeben.
exists(expr)	Gibt wahr zurück, wenn es mindestens ein Element in der Quellsammlung gibt, für das *expr* wahr ist.
forAll(expr)	Gibt wahr zurück, wenn *expr* für alle Elemente in der Quellsammlung wahr ist.
isUnique(expr)	Gibt wahr zurück, wenn der Wert von *expr* für jedes Element der Quellsammlung unterschiedlich ist.
iterate(...)	Iteriert über alle Elemente in der Quellsammlung.
one(expr)	Gibt wahr zurück, wenn es genau ein Element in der Quellsammlung gibt, für das *expr* wahr ist.

Tabelle 9.3: *Iteratoren für alle Collection-Typen*

Operation	Beschreibung
reject(expr)	Gibt eine Untersammlung der Quellsammlung zurück, die alle Elemente enthält, für die *expr* falsch ist.
select(expr)	Gibt eine Untersammlung der Quellsammlung zurück, die alle Elemente enthält, für die *expr* wahr ist.
sortedBy(expr)	Gibt eine Sammlung zurück, in der alle Elemente der Quellsammlung durch *expr* geordnet sind.

Tabelle 9.3: *Iteratoren für alle Collection-Typen (Forts.)*

9.3.1 Iterator-Variablen

Jede Iterator-Operation kann einen extra (optionalen) Parameter haben, eine *Iterator-Variable*. Eine Iterator-Variable ist eine Variable, die innerhalb eines Body-Parameters zur Angabe des Elements der Sammlung verwendet wird, für das der Body-Parameter berechnet worden ist. Der Typ dieser Iterator-Variablen ist immer gleich dem Typ der Elemente in der Sammlung. Da der Typ bekannt ist, kann er in der Deklaration der Iterator-Variablen weggelassen werden. Deshalb sind beide nachfolgenden Beispiele richtig. Die folgenden Invarianten geben an, dass die Nummer des Treuekontos in einem Treueprogramm einzigartig sein muss:

```
context LoyaltyProgram
inv: self.Membership.account->isUnique( acc | acc.number )
context LoyaltyProgram
inv: self.Membership.account->isUnique( acc: LoyaltyAccount
                                        | acc.number )
```

Es wird angeraten, Iterator-Variablen zu verwenden, wenn der Typ der Elemente in der Sammlung Merkmale mit denselben Namen wie die kontextuelle Instanz hat. Wenn beispielsweise die Klasse *LoyaltyProgram* selbst ein Attribut *number* hat, erscheint das erwähnte Constraint durch das Weglassen der Iterator-Variablen nicht eindeutig. Bezieht sich der Parameter *number* nun auf die Nummer des Treueprogramms oder auf die Nummer des Treuekontos? Obwohl die OCL-Spezifikation die Bedeutung des Constraints klar definiert, bietet die Verwendung von Iterator-Variablen dem Leser Hilfestellung.

Die OCL-Spezifikation gibt an, dass in einem Loop-Ausdruck Namensräume verschachtelt sind. Der innerste Namensraum ist der des Typs der Sammlungselemente, in diesem Fall *LoyaltyAccount*. Wenn ein Name im Body-Parameter im innersten Namensraum nicht gefunden werden kann, wird in anderen Namensräumen nach ihm gesucht. Als Erstes wird in den Namensräumen der umgebenden Loop-Ausdrücke gesucht. Als Nächstes wird der Namensraum der kontextuellen Instanz durchsucht. Deshalb ist die folgende Invariante immer noch eine korrekte Repräsentation dessen, was wir beabsichtigen:

```
context LoyaltyProgram
inv: self.Membership.account->isUnique( number )
```

Wenn der Body-Parameter auf das Merkmal der kontextuellen Instanz verweisen soll, sollte er das Präfix *self* haben. Im vorangegangenen Beispiel ergibt dies eine relativ sinnlose, aber korrekte Invariante. Für jedes Konto des Programms wird die Nummer des Programms selbst getestet. Diese Nummer wird natürlich für jedes Element der Sammlung gleich sein, deshalb wird der Ausdruck als Ergebnis immer *false* ergeben:

```
context LoyaltyProgram
inv: self.Membership.account->isUnique( self.number )
```

Die Iterator-Variable kann nicht immer einfach weggelassen werden. Sie kann lediglich dann wegfallen, wenn ein expliziter Verweis auf den Iterator in dem Ausdruck nicht notwendig ist. Der folgende Ausdruck kann beispielsweise wegen des Verweises auf den Iterator nicht ohne eine Iterator-Variable geschrieben werden:

```
context ProgramPartner
inv: self.programs.partners->
              select(p : ProgramPartner | p <> self)
```

Dieser Ausdruck ergibt die Sammlung für alle Programmpartner, die sich in denselben Treueprogrammen befinden, wie die Programmpartner des Kontexts.

9.3.2 Die Operation isUnique

In einer Sammlung von Elementen möchten wir sehr oft, dass ein bestimmter Aspekt der Elemente einzigartig für jedes Element der Sammlung sein soll. In einer Sammlung der Angestellten eines Unternehmens muss beispielsweise die Nummer des Angestellten einzigartig sein. Um diese Tatsache zu untermauern, können wir die Operation *isUnique* verwenden. Der Parameter dieser Operation ist normalerweise ein Merkmal des Typs der Elemente in der Sammlung. Das Ergebnis ist entweder wahr oder falsch. Die Operation wird auf allen Elementen ausgeführt und die Werte werden verglichen, indem der Parameter-Ausdruck für alle Elemente errechnet wird. Falls kein Wert einem anderen Wert entspricht, ist das Ergebnis wahr, ansonsten ist es falsch. Ein Beispiel dazu wurde in Abschnitt 9.3.1 vorgestellt.

9.3.3 Die Operation sortedBy

In Abschnitt 9.1 haben wir bereits angemerkt, dass sowohl die Instanzen einer *Sequence* als auch die Instanzen eines *OrderedSet* geordnet, aber nicht sortiert sind. Wir können durch die Operation *sortedBy* die Sortierung der Elemente jeder Sammlung fordern. Der Parameter dieser Operation ist eine Eigenschaft des Typs der Elemente in der Sammlung. Für diese Eigenschaft muss die Operation *lesserThan* (dargestellt durch <) definiert werden. Das Ergebnis ist eine *Sequence* oder ein *OrderedSet*, abhängig vom Typ der Originalsammlung. Die Anwendung dieser Operation auf eine *Sequence* ergibt eine *Sequence*, die Anwendung der Operation auf ein *OrderedSet* ergibt ein *OrderedSet*.

Die Operation wird über alle Elemente in der Originalsammlung laufen und alle Elemente entsprechend des Wertes ordnen, der sie durch die Berechnung der Parametereigenschaft ergeben hat. Das erste Element im Ergebnis ist das Element, für das die Eigenschaft den niedrigsten Wert hat.

Hier verwenden wir wieder als Beispiel die Nummer des *LoyaltyAccount* im R&L-System. Im Folgenden wird ein Attribut *sortedAccounts* definiert, das alle Treuekonten des Treueprogramms sortiert nach Nummern enthält:

```
context LoyaltyProgram
def: sortedAccounts : Sequence(LoyaltyAccount) =
                self.Membership.account->sortedBy( number )
```

9.3.4 Die Operation select

Manchmal ergibt ein Ausdruck, der Operationen und Navigationen verwendet, eine Sammlung, aber wir sind lediglich an einer speziellen Untermenge der Sammlung interessiert. Die Operation *select* ermöglicht es uns, eine Auswahl aus der Originalsammlung zu spezifizieren. Das Ergebnis der Operation *select* ist immer eine echte Untermenge der Originalsammlung.

Der Parameter der Operation *select* ist ein boolescher Ausdruck, der spezifiziert, welche Elemente wir aus der Sammlung auswählen möchten. Das Ergebnis der Operation *select* ist die Sammlung, die alle Elemente enthält, für die der boolesche Ausdruck wahr ist. Der folgende Ausdruck wählt alle Transaktionen auf einer *CustomerCard* (Kundenkarte) aus, die mehr als 100 *points* (Punkte) haben:

```
context CustomerCard
inv: self.transactions->select( points > 100 )->notEmpty()
```

Wir können die Bedeutung der Operation *select* hinsichtlich ihrer Funktion erklären, aber *select* bleibt immer eine Operation ohne Seiteneffekte: Sie ergibt immer ein neues *Set*. Das Ergebnis der Operation *select* kann mit dem folgenden Pseudocode beschrieben werden:

```
element = collection.firstElement();
while( collection.notEmpty() ) do
   if( <expression-with-element> )
   then
      result.add(element);
```

```
      endif
      element = collection.nextElement();
   endwhile
   return result;
```

9.3.5 Die Operation reject

Die Operation *reject* ist analog zur Operation *select* mit dem Unterschied, dass die Operation *reject* alle Elemente aus der Sammlung auswählt, für die die Auswertung des Ausdrucks den Wert falsch ergibt. Dass die Operation *reject* existiert, ist eher eine Sache des Komforts. Die beiden folgenden Invarianten sind semantisch gleich:

```
context Customer
inv: Membership.account->select( points > 0 )
context Customer
inv: Membership.account->reject( not (points > 0) )
```

9.3.6 Die Operation any

Um aus einer Sammlung ein beliebiges Element zu erhalten, für das eine bestimmte Bedingung gilt, können wir die Operation *any* verwenden. Der Body-Parameter dieser Operation ist ein boolescher Ausdruck. Das Ergebnis ist ein einzelnes Element der Originalsammlung. Die Operation wird über alle Elemente in der Originalsammlung laufen und ein Element finden, dass die durch den Body-Parameter spezifizierten Bedingungen erfüllt. Wenn die Bedingung von mehr als einem Element erfüllt wird, wird willkürlich eines ausgewählt. Falls die Bedingung für kein Element in der Quellsammlung gilt, ist das Ergebnis nicht definiert (siehe Abschnitt 10.6).

Hier verwenden wir wieder als Beispiel die Nummer der Klasse *LoyaltyAccount* im R&L-System. Der folgende Ausdruck aus dem Kontext der Klasse *LoyaltyProgram* ergibt ein Treuekonto, das willkürlich aus der Kontenmenge im Programm herausgepickt wurde und eine Nummer kleiner als 10.000 besitzt:

```
self.Membership.account->any( number < 10000 )
```

9.3.7 Die Operation forAll

Häufig möchten wir eine Bedingung so spezifizieren, dass sie für alle Elemente in einer Sammlung gilt. Die Operation *forAll* kann in Sammlungen zu diesem Zweck genutzt werden. Das Ergebnis der Operation *forAll* ist ein boolescher Wert. Er ist wahr, wenn der Ausdruck für alle Elemente der Sammlung wahr ist. Falls der Ausdruck für ein oder mehrere Elemente der Sammlung falsch ist, ist das Ergebnis der Operation *forAll* ebenfalls falsch. Sehen Sie sich zum Beispiel den folgenden Ausdruck an:

```
context LoyaltyProgram
inv: participants->forAll( age() <= 70 )
```

Dieser Ausdruck ist wahr, wenn das Alter aller Teilnehmer im Treueprogramm kleiner oder gleich 70 Jahre ist. Wenn das Alter mindestens eines (oder mehrerer) Kunden über 70 Jahre liegt, ist das Ergebnis falsch.

Die Operation *forAll* gibt es in einer erweiterten Variante, in der mehrere Iterator-Variablen deklariert werden können. Alle Iterator-Variablen laufen dann über die komplette Sammlung. Dies ist praktisch eine kurze Notation für einen geschachtelten *forAll*-Ausdruck auf die Sammlung. Das nächste Beispiel, in dem auf komplexe Art und Weise die Operation *isUnique* ausgedrückt werden kann, zeigt die Verwendung mehrerer Interator-Variablen:

```
context LoyaltyProgram
inv: self.participants->forAll(c1, c2 |
                    c1 <> c2 implies c1.name <> c2.name)
```

Dieser Ausdruck ist wahr, wenn die Namen aller Kunden des Treueprogramms verschieden sind. Er entspricht in der Semantik dem folgenden Ausdruck, der geschachtelte *forAll*-Operationen verwendet:

```
context LoyaltyProgram
inv: self.participants->forAll( c1 |
         self.participants->forAll( c2 |
             c1 <> c2 implies c1.name <> c2.name ))
```

Obwohl die Anzahl der Iteratoren unbeschränkt ist, werden selten mehr als zwei Iteratoren verwendet. Die multiplen Iteratoren sind lediglich für die Operation *forAll* erlaubt, aber ansonsten für keine andere Operation, die Iteratoren verwendet.

9.3.8 Die Operation exists

Wir möchten häufig spezifizieren, dass es mindestens ein Objekt in einer Sammlung gibt, für das eine bestimmte Bedingung gilt. Die Operation *exists* kann in Sammlungen zu diesem Zweck genutzt werden. Das Ergebnis der Operation *exists* ist ein boolescher Wert. Er ist wahr, wenn der Ausdruck für mindestens ein Element der Sammlung wahr ist. Falls der Ausdruck für alle Elemente in der Sammlung falsch ist, ergibt die Operation *exists* ebenfalls den Wert falsch. Im Kontext einer Klasse *LoyaltyAccount* können wir zum Beispiel angeben, dass es eine *Transaction* mit *points* größer null gibt, wenn das Attribut *points* größer als null ist.

```
context LoyaltyAccount
inv: points > 0 implies transactions->exists(t | t.points > 0)
```

Offensichtlich existiert zwischen der Operation *exists* und der Operation *forAll* eine Beziehung. Die beiden folgenden Ausdrücke sind gleich:

```
collection->exists( <expression> )
not collection->forAll( not <expression> )
```

9.3.9 Die Operation one

Die Operation *one* ergibt ein boolesches Ergebnis, das anzeigt, ob es exakt ein Element in der Sammlung gibt, für das eine Bedingung gilt. Der Body-Parameter dieser Operation, der die Bedingung angibt, ist ein boolescher Ausdruck. Die Operation wird über alle Element der Originalsammlung laufen und alle Elemente finden, für die die Bedingung gilt. Wenn es exakt ein Element gibt, ist das Ergebnis war, ansonsten ist es falsch.

Hier verwenden wir wieder als Beispiel das Nummer-Attribut der Klasse *LoyaltyAccount* im R&L-System. Die folgende Invariante gibt an, dass es eventuell ein einziges Treuekonto gibt, das eine Nummer kleiner als 10.000 hat:

```
context LoyaltyProgram
inv: self.Membership.account->one( number < 10000 )
```

Achten Sie hier auf den Unterschied zwischen der Operation *any* und der Operation *one*. Die Operation *any* kann als eine Variante der Operation *select* angesehen werden: Sie ergibt ein Element, das aus der Quellsammlung ausgewählt wurde. Die Operation *one* ist eine Variante der Operation *exists*: Sie ergibt entweder wahr oder falsch, abhängig davon, ob ein bestimmtes Element in der Quellsammlung existiert oder nicht.

9.3.10 Die Operation collect

Die Operation *collect* iteriert über die Sammlung, berechnet einen Wert für jedes Element der Sammlung und fasst die berechneten Werte in einer neuen Sammlung zusammen. Der Typ der Elemente in der sich ergebenden Sammlung unterscheidet sich normalerweise von dem Typ der Elemente in der Sammlung, auf die die Operation angewendet wird. Der folgende Ausdruck aus dem Kontext der Klasse *LoyaltyAccount* stellt eine Sammlung von Integer-Werten dar, in der die Werte des Attributs *point* aller verbundenen *Transactions*-Instanzen zusammengefasst werden:

```
transactions->collect( points )
```

Sie können diesen Ausdruck verwenden, um eine Invariante zu dieser Sammlung von Integer-Werten anzugeben. Sie könnten zum Beispiel festlegen, dass mindestens einer der Werte dem Wert 500 entsprechen soll:

```
context LoyaltyAccount
inv: transactions->collect( points )->
              exists( p : Integer | p = 500 )
```

Das Ergebnis der Operation *collect* auf einem *Set* oder *Bag* ist ein *Bag*, und auf einem *OrderedSet* oder einer *Sequence* ist das Ergebnis eine *Sequence*. Das Ergebnis der Operation *collect* ist immer eine hierarchiefreie Sammlung (siehe Abschnitt 9.1.5).

9.3.11 Eine Kurznotation für collect

Weil die Operation *collect* extensiv genutzt wird, wurde eine Kurznotation eingeführt. Diese abkürzende Schreibweise kann lediglich dann verwendet werden, wenn es keine Missdeutungen geben kann. Anstelle des vorangegangenen Constraints können wir Folgendes schreiben:

```
context LoyaltyAccount
inv: transactions.points->exists(p : Integer | p = 500 )
```

In diesem Ausdruck ist *transactions* eine Menge mit Elementen des Typs *Transaction*. Deshalb können hier nur die *Set*-Eigenschaften angewendet werden. Die Notation *transactions.points* ist eine Kurzschreibweise für *transactions->collect(points)*. Wenn wir eine Eigenschaft einer Sammlung mit dieser Punkt-Notation darstellen, wird dies als Anwendung der Operation *collect* interpretiert, bei der die Eigenschaft als der Body-Parameter verwendet wird.

9.3.12 Die Operation collectNested

Die Operation *collectNested* iteriert über die Sammlung wie die Operation *collect*. Während das Ergebnis der Operation *collect* immer eine hierarchiefreie Sammlung ist (siehe Abschnitt 9.1.5), behält das Ergebnis der Operation *collectNested* die hierarchische Struktur der Sammlungen innerhalb der Sammlungen bei. Der folgende Ausdruck aus dem Kontext der Klasse *Customer* symbolisiert eine Sammlung von Sammlungen von *Service-Instanzen*. Tatsächlich ist der Typ dieses Ausdrucks *Bag(Set(Service))*:

```
self.programs->collect(partners)->
              collectNested( deliveredServices )
```

9.3.13 Die Operation iterate

Die Operation *iterate* ist die fundamentalste und komplexeste Iterations-Operation. Gleichzeitig ist sie auch die generischste Iterations-Operation. Alle anderen Iterations-Operationen können als Spezialfall der Operation *iterate* beschrieben werden. Die Syntax der Operation *iterate* ist wie folgt:

```
collection->iterate( element : Type1;
                result  : Type2 = <expression>
              | <expression-with-element-and-result>)
```

Die Variable *element* ist die Iterator-Variable. Der Ergebniswert wird in der Variablen *result zusammengefasst, die auch Akkumulator* genannt wird. Der Akkumulator erhält einen Vorgabewert, der durch den Ausdruck nach dem Gleichheitszeichen dargestellt wird. Keiner der Parameter ist optional.

Das Ergebnis der Operation *iterate* ist der Wert, der mit Hilfe einer Iteration über alle Elemente in der Sammlung erhalten wird. Für jedes nachfolgende Element in der Quellsammlung wird der Body-Ausdruck (*<expression-with-element-and-result>*) unter Verwendung des vorherigen Wertes der Variablen *result* berechnet. Ein einfaches Beispiel der Operation *iterate* wird durch den folgenden Ausdruck gegeben, der die Summe der Elemente einer Integer-Menge ergibt:

```
Set{1,2,3}->iterate( i: Integer, sum: Integer = 0 | sum + i )
```

In diesem Fall könnten wir den Constraint vereinfachen, indem wir die für *Integer* definierte Operation *sum* verwenden. Die Operation *sum* ist eine Kurzschreibweise für eine spezielle Verwendung der Operation *iterate*.

Ein komplexeres Beispiel für die Operation *iterate* findet sich im R&L-Modell wieder. Nehmen wir einmal an, dass die Klasse *ProgramPartner* eine Anfrageoperation benötigt, die alle Transaktionen für Services aller Partner, die Punkte verbrauchen, zurückgibt. Dies kann wie folgt definiert werden:

```
context ProgramPartner
def: getBurningTransactions(): Set(Transaction) =
    self.deliveredServices.transactions->iterate(
        t          : Transaction;
        resultSet : Set(Transaction) = Set{} |
        if t.oclIsTypeOf( Burning ) then
            resultSet.including( t )
        else
            resultSet
        endif
    )
```

Zuerst ergibt sich ein Transaktions-*Bag* durch die Sammlung der Transaktionen aller Services dieses Partners. Für jede Transaktion in *Bag*, wird der Reihe nach der *if*-Ausdruck ausgewertet. Am Anfang ist *resultSet* leer, aber wenn eine Transaktion bemerkt wird, die Punkte verbraucht, wird diese zu *resultSet* addiert. Falls das aktuelle Element keine Transaktion darstellt, die Punkte verbraucht, ist das Ergebnis der Auswertung für dieses Element ein unverändertes *resultSet*. Dieser Wert wird für die Auswertung des nächsten Elements der Quellsammlung verwendet.

Kapitel 10

Fortgeschrittene Konstrukte

In diesem Kapitel werden alle Konstrukte beschrieben, mit denen Sie anspruchsvollere Ausdrücke schreiben können. Dies beginnt bei Ausdrücken, die ausschließlich in Nachbedingungen verwendet werden können und endet bei Definitionen von lokalen Variablen in einer Kontextdefinition.

10.1 Konstrukte für Nachbedingungen

Es gibt zwei Möglichkeiten, Constraints für Operationen zu schreiben: Vor- und Nachbedingungen. In Nachbedingungen können Sie eine ganze Reihe spezieller Konstrukte verwenden. Zwei spezielle Schlüsselwörter symbolisieren in gewisser Weise die zeitlichen Vorgänge: *result* und *@pre*. Ein anderer zeitlicher Aspekt betrifft das Versenden von Nachrichten. Die folgenden Unterabschnitte erklären alle Konstrukte, die ausschließlich in Nachbedingungen verwendet werden können.

10.1.1 Das Schlüsselwort @pre

Das Schlüsselwort *@pre* zeigt den Wert eines Attributs oder einer Assoziation zu Beginn der Ausführung einer Operation an. Das Schlüsselwort muss an den Namen des betroffenen Modellelements angehängt werden. Im Fall einer Operation muss es vor den Klammern stehen, wie das folgende Beispiel zeigt:

```
context LoyaltyProgram::enroll(c : Customer)
pre : not (participants->includes(c))
post: participants = participants@pre->including(c)
```

Die Vorbedingung dieses Beispiels gibt an, dass der aufzunehmende Kunde noch kein Mitglied des Programms sein kann. Die Nachbedingung gibt an, dass die Menge der Kunden nach der Aufnahmeoperation die Menge der Kunden vor der Operation plus dem neu aufgenommenen Kunden sein muss. Wir könnten ebenfalls eine zweite Nachbedingung angeben, die besagt, dass die Mitgliedschaft für den neuen Kunden bedeutet, dass er ein neues Treuekonto mit null Punkten hat, auf dem noch keine Transaktionen verbucht sind:

```
post: Membership->select(m : Membership | m.participants = c)->
         forAll( account->notEmpty() and
                 account.points = 0  and
                 account.transactions->isEmpty() )
```

10.1.2 Das Schlüsselwort result

Das Schlüsselwort *result* gibt den Rückgabewert der Operation an. Der Typ von *result* wird durch den Rückgabetyp der Operation definiert. Im folgenden Beispiel ist *LoyaltyProgram* der Typ von *result*. Beachten Sie, dass eine Navigation von einer Assoziationsklasse aus – in diesem Fall *Membership* – immer ein einzelnes Objekt ergibt (siehe Abschnitt 8.2.1):

```
context Transaction::getProgram() : LoyaltyProgram
post: result = self.card.Membership.programs
```

In diesem Beispiel ist das Ergebnis der Operation *getProgram* das Treueprogramm für das die Transaktion durchgeführt worden ist.

10.1.3 Die Operation oclNew

Um bestimmen zu können, ob ein Objekt während der Ausführung einer Operation erstellt wird, kann die Operation *oclIsNew* verwendet werden. Diese Operation gibt wahr zurück, wenn das betreffende Objekt während der Vorbedingung noch nicht, aber während der Nachbedingung bereits existiert. Im nachfolgenden Beispiel gibt die Nachbedingung an, dass zwischen der Vor- und Nachbedingung mindestens ein Kunde zur Menge der Teilnehmer hinzugefügt worden ist. Dieses Kundenobjekt ist in der Zeit zwischen der Vor- und Nachbedingung erstellt worden. Der Name des Kunden entspricht dem Parameter *n* und sein Geburtsdatum entspricht dem Parameter *d*:

```
context LoyaltyProgram::enrollAndCreateCustomer( n : String,
                                d: Date ) : Customer
pre : -- none
post: result.oclIsNew() and
      result.name = n and
      result.dateOfBirth = d and
      participants->includes( result )
```

Hier ist anzumerken, dass eine Nachbedingung Ausdrücke im Rumpf einer Operation nicht spezifiziert. Es gibt unterschiedliche Möglichkeiten, wie eine Nachbedingung wahr werden kann.

10.1.4 Der Operator isSent

Um spezifizieren zu können, dass eine Kommunikation stattgefunden hat, kann der Operator *isSent* (dargestellt durch ^) in Nachbedingungen verwendet werden. Dieser Operator benötigt ein Zielobjekt und eine Nachricht als Operanden. Das Ergebnis ist boolesch. Das folgende Beispiel aus dem Beobachter-Muster gibt an, dass die Nachricht *update(12, 14)* in der Zeit zwischen der Vor- und Nachbedingung der Operation *hasChanged* zum Zielobjekt *observer* geschickt worden ist:

```
context Subject::hasChanged()
post:   observer^update(12, 14)
```

Wie bei den Nachrichten in einem Interaktionsdiagramm ist auch hier *update* entweder ein Aufruf zu einer Operation, die im Typ von *observer* definiert ist, oder *update* bedeutet das Senden eines Signals, das im UML-Modell spezifiziert wurde. Das/die Argument/e des Nachrichtenausdrucks (hier 12 und 14) müssen mit den Parametern der Operations- oder Signaldefinition übereinstimmen.

Wenn die aktuellen Argumente der Operation oder des Signals nicht bekannt oder nicht auf gewisse Weise beschränkt sind, ist eine Spezifizierung nicht erforderlich. Dies wird durch ein Fragezeichen gekennzeichnet. Wie das folgende Beispiel zeigt, folgt dem Fragezeichen ein optionaler Typ, der notwendig sein kann, wenn nach einer korrekten Operation gesucht wird, falls dieselbe Operation mit unterschiedlichen Parametertypen existiert:

```
context Subject::hasChanged()
post:   observer^update(? : Integer, ? : Integer)
```

Dieses Beispiel gibt an, dass die Nachricht *update* an *observer* gesendet wurde, und dass die aktuellen Werte der Parameter entweder nicht bekannt oder nicht relevant sind.

Hier ist anzumerken, dass die Nachbedingung nicht angibt, dass die Nachricht ihr Ziel erreicht hat. Abhängig vom Kommunikationsmechanismus zwischen Quelle und Ziel kann es vorkommen, dass bestimmte Nachrichten verloren gehen oder später als zum Zeitpunkt der Nachbedingung zugestellt werden.

10.1.5 Der Operator message

Während der Ausführung einer Operation können viele Nachrichten verschickt werden, die Aufrufe derselben Operation symbolisieren oder Signale verschicken, die derselben Signaldefinition entsprechen. Um mit Nachrichtensammlungen arbeiten zu können, definiert die OCL einen speziellen *OclMessage*-Typ. Jeder Operationsaufruf und jedes gesendete Signal sind in gewissem Sinne in einer Instanz von *OclMessage* enthalten. Es ist möglich, auf alle *OclMessages*, die einen passenden Aufruf oder ein passendes Signal enthalten, über den *Operator message* (dargestellt durch ^^) zuzugreifen. Ein Aufruf oder ein Signal passen dann, wenn der Operationsname und die Argumenttypen, die nach dem Nachrichtenoperator angegeben sind, mit der formalen Definition der Operation oder des Signals übereinstimmen. Dies zeigt das folgende Beispiel:

```
observer^^update(12, 14)
```

Dieser Ausdruck ergibt die gesendete Nachrichtensequenz, die *update(12, 14)* entspricht, und von der kontextuellen Instanz während der Ausführung der Operation zum Objekt namens *observer* gesendet wurde. Jedes Element der Sequenz ist eine

Instanz von *OclMessage*. Jede Collection-Operation kann folglich auf diese Sequenz angewendet werden.

Da der Nachrichtenoperator eine Sequenz der Instanzen von *OclMessage* ergibt, kann er ebenfalls dazu verwendet werden, Nachrichtensammlungen zu spezifizieren, die zu unterschiedlichen Zielen gesendet werden, wie im nachfolgenden Beispiel zu sehen ist:

```
context Subject::hasChanged()
post:  let messages : Sequence(OclMessage) =
           observers->collect(o |
               o^^update(? : Integer, ? : Integer) )
       in messages->notEmpty()
```

Die lokale Variable *messages* ist eine Sequenz aus *OclMessage*-Instanzen, die aus den Nachrichten erstellt wurde, die zu einem der *observers* geschickt wurden und gleichzeitig dem Aufruf *update(? : Integer, ? : Integer)* entsprechen. Beachten Sie, dass die Operation *collect* die Hierarchie der Sequenz abflacht, so dass die Elemente vom Typ *OclMessage* sind und nicht vom Typ *Sequence(OclMessage)*.

Mit dem Nachrichtenoperator kann der Operator *isSent* auf eine andere Art und Weise erklärt werden. In gewissem Sinne symbolisiert der Operator *isSent* die Anwendung der Operation *notEmpty* auf eine Sequenz von *OclMessages*. Deshalb entspricht die folgende Nachbedingung semantisch der Nachbedingung aus Abschnitt 10.1.4:

```
context Subject::hasChanged()
post:  observer^^update(12, 14)->notEmpty()
```

In einer Nachbedingung mit einem Nachrichtenoperanden kann auf die Parameter der Operation oder der Signale unter Verwendung der formalen Parameternamen der Operations- oder Signaldefinition verwiesen werden. Wenn beispielsweise die Operation *update* mit den formalen Parametern *i* und *j* definiert wurde, können wir das Folgende schreiben:

```
context Subject::hasChanged()
post: let messages : Sequence(OclMessage) =
          observer^^update(? : Integer, ? : Integer)
      in messages->notEmpty() and
         messages->exists( m | m.i > 0 and m.j >= m.i )
```

Im Beispiel sind die Werte der Parameter *i* und *j* nicht bekannt, aber es wurden bestimmte Restriktionen verwendet. Erstens muss *i* größer als null sein und zweitens muss der Wert des Parameters *j* größer oder gleich *i* sein.

10.2 Operationen auf den Typ OclMessage

Der Typ *OclMessage* hat, wie bereits in Abschnitt 10.1.5 gesehen, eine ganze Reihe von Operationen. Die Operationen, die für den Typ *OclMessage* definiert sind, können Sie der Tabelle 10.1 entnehmen.

Ausdruck	Ergebnistyp
isSignalSent()	Boolean
isOperationCall()	Boolean
hasReturned()	Boolean
result()	Ergebnistyp der aufgerufenen Operation

Tabelle 10.1: *Nachrichtenbezogenen Operationen für jede OCL-Instanz*

10.2.1 Die Operationen hasReturned und result

Bestimmte Nachrichten besitzen Ergebniswerte. Eine Nachricht, die ein gesendetes Signal symbolisiert, ist per Definition asynchron, dass heißt, dass es keinen Rückgabewert gibt. Wenn es einen logischen Rückgabewert gibt, muss dieser als eine separate Signalnachricht modelliert werden. Ein Operationsaufruf hat einen potentiellen Rückgabewert, der durch den Rückgabetyp in seiner Signatur angezeigt wird.

In einer Nachbedingung kann von einer *OclMessage*-Instanz auf den Rückgabewert eines Operationsaufrufs zugegriffen werden. Dies ist nur dann möglich, wenn die Ausführung der Operation bereits während der Zeit der Nachbedingung beendet wurde. Dies trifft nicht immer zu, da Operationsaufrufe asynchron sein können.

Deshalb stehen dem Typ *OclMessage* zwei Operationen zur Verfügung: *hasReturned* und *result*. Die Operation *hasReturned* ergibt wahr, wenn der Operationsaufruf in der Instanz *OclMessage* bereits mit seiner Ausführung fertig ist und einen Wert zurückgegeben hat. Die Operation *result* hat den Rückgabewert der aufgerufenen Operation als Ergebnis. Im Modell in Abbildung 10.1 ist *getMoney* beispielsweise eine Operation auf die Klasse *Company*, die einen booleschen Wert wie in *Company::getMoney(amount : Integer) : Boolean* zurückgibt. Dies können wir wie folgt schreiben:

```
context Person::giveSalary(amount : Integer)
post: let message : OclMessage =
            company^^getMoney(amount)->any( true )
    in message.hasReturned() and
        message.result() = true
```

Wenn die Operation *hasReturned* falsch ergibt, wird die Operation *result* einen undefinierten Wert zurückgegeben (siehe Abschnitt 10.6).

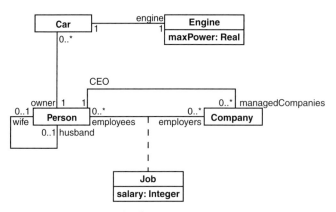

Abb. 10.1: *Personen, die für ein Unternehmen arbeiten, erweitert*

10.2.2 Die Operationen isSignalCall und isOperationCall

Für den Typ *OclMessage* sind noch zwei weitere Operationen definiert. Mit den Operationen *isSignalCall* und *isOperationCall* kann bestimmt werden, ob eine Nachricht mit einer Operation oder einem Signal korrespondiert. Beide haben ein boolesches Ergebnis, jedoch keine Parameter.

10.3 Ausdrücke für Pakete

Wie jedes andere Modellelement können OCL-Ausdrücke in Paketen enthalten sein. Im Allgemeinen ist das Modellelement, das den Kontext eines OCL-Ausdrucks darstellt, der Eigentümer dieses Ausdrucks, so dass der Ausdruck Teil desselben Pakets ist wie sein Kontext. Wenn ein Ausdruck in einem Diagramm enthalten ist, ist es offensichtlich, dass das Paket, das den Ausdruck besitzt, auch das Paket ist, das den Kontext besitzt. Da Ausdrücke meistens von den Diagrammen getrennt geschrieben werden, ist es nicht immer klar ersichtlich, zu welchem Paket sie gehören.

Um explizit das Paket zu spezifizieren, zu dem ein OCL-Ausdruck gehört, stehen Ihnen zwei Optionen zur Verfügung. Die Kontextdefinition kann einen Pfadnamen enthalten, der das dem Kontext zugehörige Paket anzeigt, oder aber die Kontextdefinition ist zwischen den Angaben *package* und *endpackage* enthalten. Diese Angaben haben die folgende Syntax, in der die fett gedruckten Wörter die Schlüsselwörter sind:

```
package Package::SubPackage
context X
inv: ... eine Invariante ...
context X::operationName(..)
pre: ... eine Vorbedingung ...
endpackage
```

Das vorangegangene Beispiel hat dieselbe Bedeutung wie die beiden folgenden Ausdrücke:

```
context Package::SubPackage::X
inv: ... eine Invariante ...
context Package::SubPackage::X::operationName(..)
pre: ... eine Vorbedingung ...
```

Eine OCL-Datei (oder ein OCL–Strom) kann eine beliebige Anzahl an Paketausdrücken enthalten sowie eine beliebige Anzahl von Ausdrücken, die in Kontextdefinitionen enthalten sind. Dies lässt es zu, dass alle Invarianten, Vor- und Nachbedingungen in einer Datei geschrieben und gespeichert werden können. Diese Datei kann zusammen mit einem UML-Modell existieren, das die Diagramme als separate Einheit enthält.

10.4 Lokale Variablen

Manchmal wird ein Unterausdruck auch mehr als einmal in einem Ausdruck verwendet. Ein so genannter *let*-Ausdruck ermöglicht es Ihnen, eine lokale Variable zu definieren, in der der Wert des Unterausdrucks abgelegt wird. Die Variable muss mit einem Namen, einem Typ und einem Ausdruck, der ihren Wert spezifiziert, deklariert werden. Die Variable kann lediglich in dem Ausdruck, der auf das Schlüsselwort *in folgt,* verwendet werden. Ein *let*-Ausdruck kann in jedem OCL-Ausdruck enthalten sein. Das folgende Beispiel verwendet das in Abbildung 10.1 gezeigte Modell:

```
context Person
inv: let income : Integer = self.job.salary->sum()
    in
      if isUnemployed then
         income < 100
      else
         income >= 100
      endif
```

Let-Ausdrücke können ineinander verschachtelt sein, aber es ist zweckmäßiger, eine Reihe von lokalen Variablen in einem einzelnen *let*-Ausdruck zu definieren. In diesem Fall müssen sie durch ein Komma getrennt werden:

```
context Person
inv:   let income : Integer = self.job.salary->sum(),
       carSize : Real = self.car.engine.maxPower
    in
       if isUnemployed then
```

```
            income < 100 and carSize < 1.0
         else
            income >= 100  and carSize >= 1.0
         endif
```

10.5 Tupel und Tupel-Typen

In einem *Tupel* können mehrere Werte zusammengefasst werden. Ein Tupel besteht aus benannten Teilen, von denen jedes einen anderen Typ haben kann. Jedes Tupel ist selbst ein Wert. Da OCL eine stark typisierte Sprache ist, hat jedes Tupel seinen eigenen Typ. Diese Tupel-Typen haben keine Namen. Sie sind entweder implizit über einen bestimmten Tupel-Wert oder explizit definiert, hier jedoch namenlos. Ein Beispiel hierfür ist der Typausdruck einer lokalen Variablen. Einige Beispiele zu Tupel-Werten und ihrer Schreibweise sind:

```
Tuple {name: String = 'John',  age: Integer = 10}
Tuple {a: Collection(Integer) = Set{1, 3, 4},
       b: String = 'foo',
       c: String = 'bar'}
```

Die Teile eines Tupels stehen in geschweiften Klammern und sind durch Kommata getrennt. Die Typennamen sind optional und die Anordnung der Teile spielt keine Rolle. Deshalb stehen die drei folgenden Ausdrücke für dasselbe Tupel:

```
Tuple {name: String = 'John', age: Integer = 10}
Tuple {name = 'John', age = 10}
Tuple {age = 10, name = 'John'}
```

Einige Beispiele zu Tupel-Typen und ihrer Schreibweise sind:

```
TupleType(name: String, age: Integer)
TupleType(a: Collection(Integer),
          b: String,
          c: String)
```

Hier stehen die Teile des Tupels innerhalb der Klammern und werden wieder durch Kommata getrennt. Die Typennamen sind obligatorisch, aber die Anordnung der Teile spielt auch hier keine Rolle. In einem Tupel-Wert können die Werte der Teile durch beliebige OCL-Ausdrücke angezeigt werden. Wir können zum Beispiel im Modell aus Abbildung 10.1 schreiben:

```
context Person
def: statistics : Set(TupleType(company: Company,
                    numEmployees: Integer,
```

```
                    wellpaidEmployees: Set(Person),
                    totalSalary: Integer)) =
  managedCompanies->collect(c |
    Tuple { company: Company = c,
      numEmployees: Integer = c.employees->size(),
      wellpaidEmployees: Set(Person) =
        c.Job->select(salary>10000).employees->asSet(),
      totalSalary: Integer = c.Job.salary->sum()
        }
  )
```

Der vorangegangene Ausdruck endet in einem *Bag* aus Tupeln, in dem sowohl das Unternehmen, die Anzahl der Angestellten, die bestbezahlten Angestellten als auch die gesamten Lohnkosten jedes Unternehmens, das von einer Person geleitet wird, zusammengefasst werden.

Auf die Teile eines Tupels kann über ihre Namen zugegriffen werden. Es wird dazu dieselbe Punkt-Notation verwendet wie für den Zugriff auf Attribute. Deshalb sind die beiden folgenden Aussagen wahr, obwohl sie irgendwie sinnlos sind:

```
Tuple {x: Integer = 5, y: String = 'hi'}.x = 5
Tuple {x: Integer = 5, y: String = 'hi'}.y = 'hi'
```

Ein sinnvolleres Beispiel unter Verwendung der oben genannten Definition von *statistics* lautet:

```
context Company::isTopManager( p: Person ) : Boolean
body: p.statistics->sortedBy(totalSalary)
              ->last().company = self
```

Die Operation *isTopManager* ist eine Anfrageoperation, die wahr zurückgibt, wenn die angegebene Person die kontextuelle Instanz sowie eine Anzahl von Angestellten leitet, die zusammen über den höchsten Gesamtlohn verfügen. In diesem Ausdruck greifen sowohl *totalSalary* als auch *company* auf Teile des Tupels zu.

10.6 Nicht definierte Werte - der Typ OclVoid

Bestimmte Ausdrücke haben, sobald sie ausgewertet wurden, einen nicht definierten Wert. Das Typecasting der Operation *oclAsType* zu einem Typ, der vom Objekt nicht unterstützt wird, oder der Erhalt eines Elements aus einer leeren Sammlung ergeben beispielsweise einen nicht definierten Wert.

Der nicht definierte Wert ist die einzige Instanz des Typs *OclVoid*. Der Typ *OclVoid* ist zu allen Typen im System konform. Es gibt eine explizite Operation, mit der untersucht werden kann, ob der Wert eines Ausdrucks nicht definiert ist. Die Operation *oclIsUndefined* ist eine Operation auf *OclAny* (siehe Abschnitt 10.10), die wahr ergibt, wenn ihr Argument nicht definiert ist, ansonsten ergibt sie falsch.

Im Allgemeinen ist ein Ausdruck, für den eins der Teile nicht definiert ist, selbst ebenfalls nicht definiert. Beachten Sie, dass es einige wichtige Ausnahmen von dieser Regel gibt. Als Erstes gibt es die logischen Operatoren:

- *Wahr* oder *nicht definiert* = Wahr
- *Falsch* und *nicht definiert* = Falsch
- *Falsch* impliziert *nicht definiert* = Wahr

Die Regeln für *oder* und *und* sind gültig, unabhängig von der Ordnung der Argumente und unabhängig davon, ob der Wert des anderen Unterausdrucks bekannt ist oder nicht. Beim *if*-Ausdruck handelt es sich um eine weitere Ausnahme. Der *if*-Ausdruck ist so lange gültig, so lange der gewählte Zweig gültig ist, unabhängig vom Wert der anderen Zweige.

10.7 Neu typisieren oder Casten

Unter bestimmten Umständen ist die Verwendung eines Merkmals wünschenswert, das auf einem Subtyp des Typs definiert wurde, der an dieser Stelle im Ausdruck erwartet wird. Da das Merkmal nicht auf dem erwarteten Typ definiert ist, ergibt sich ein Typkonformitätsfehler.

Falls Sie sicher sein sollten, dass der eigentliche Typ des Objekts der Subtyp ist, kann das Objekt neu typisiert werden, indem die Operation *oclAsType* verwendet wird, die als Parameter einen Typnamen erwartet. Diese Operation ergibt dasselbe Objekt, aber der erwartete Typ innerhalb des Ausdrucks ist der angezeigte Parameter. Wenn Sie ein Objekt *object* vom Typ *Type1* haben und *Type2* ein weiterer Typ ist, kann Folgendes geschrieben werden:

```
object.oclAsType(Type2) --- ergibt ein Objekt vom Typ Type2
```

Ein Objekt kann lediglich auf einem seiner Subtypen neu typisiert werden. Deshalb muss im Beispiel *Type2* ein Subtyp von *Type1* sein.

Falls der eigentliche Typ des Objekts kein Subtyp des Typs ist, für den neu typisiert wird, ist das Ergebnis des Ausdrucks nicht definiert (siehe Abschnitt 10.6).

10.8 Regeln zur Typkonformität

Bei der OCL handelt es sich um eine typisierte Sprache. Wenn Sie einen neuen Ausdruck aus anderen Ausdrücken erstellen, müssen der Unterausdruck und der Operator zueinander »passen«. Wenn sie es nicht tun, ist der Ausdruck ungültig und jeder Parser wird sich beschweren, dass der Ausdruck einen Fehler in der Typkonformität aufweist. Die Definition von *Konformität*, die innerhalb der OCL verwendet wird, lautet wie folgt:

> *Type1 ist konform zu Type2, wenn eine Instanz von Type1 überall dort verwendet werden kann, wo eine Instanz von Type2 erwartet wird.*

Es folgen die Regeln zur Typkonformität, die in OCL-Ausdrücken verwendet werden:

1. *Type1* stimmt mit *Type2* überein, wenn beide identisch sind.
2. *Type1* stimmt mit *Type2* überein, wenn *Type1* ein Subtyp von *Type2* ist.
3. Jeder Typ ist ein Subtyp von *OclAny*.
4. Typkonformität ist transitiv, das heißt, wenn *Type1* zu *Type2* konform ist und *Type2* zu *Type3*, dann ist auch *Type1* zu *Type3* konform. Zusammen mit der ersten Regel bedeutet das, dass ein Typ zu jedem seiner Vorgänger in einem Vererbungsbaum konform ist.
5. *Integer* ist ein Subtyp von *Real* und ist deshalb zu *Real* konform.
6. Jeder Typ *Collection(T)* ist ein Subtyp von *OclAny*. Die Typen *Set(T)*, *Bag(T)*, *OrderedSet(T)* und *Sequence(T)* sind alle Subtypen von *Collection(T)*.
7. *Collection(Type1)* ist konform zu *Collection(Type2)*, wenn *Type1* zu *Type2* konform ist.
8. *Set(T)* ist nicht konform zu *OrderedSet(T)*, *Bag(T)* oder *Sequence(T)*.
9. *OrderedSet(T)* ist nicht konform zu *Set(T)*, *Bag(T)* oder *Sequence(T)*.
10. *Bag(T)* ist nicht konform zu *Set(T)*, *OrderedSet(T)* oder *Sequence(T)*.
11. *Sequence(T)* ist nicht konform zu *Set(T)*, *OrderedSet(T)* oder *Bag(T)*.

In Abbildung 10.2 sind *PeachPie* (Pfirsichkuchen) und *ApplePie* (Apfelkuchen) zum Beispiel zwei separate Subtypen von *FruitPie (Fruchtkuchen)*. In diesem Beispiel sind die folgenden Aussagen wahr:

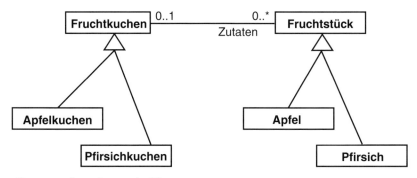

Abb. 10.2: *Invarianten in Untertypen*

- *Set(ApplePie)* ist konform zu *Set(FruitPie)*.
- *Set(ApplePie)* ist konform zu *Collection(ApplePie)*.
- *Set(ApplePie)* ist konform zu *Collection(FruitPie)*.
- *Set(ApplePie)* ist nicht konform zu *Bag(ApplePie)*.
- *Bag(ApplePie)* ist nicht konform zu *Set(ApplePie)*.
- *Set(ApplePie)* ist nicht konform zu *Set(PeachPie)*.

10.9 Zugriff auf überschriebene Merkmale

Immer wenn Merkmale innerhalb eines Typs neu definiert werden, kann auf das Merkmal des Supertyps mit Hilfe der Operation *oclAsType()* zugegriffen werden. Immer wenn Sie eine Klasse *B* als Supertyp zur Klasse *A* und ein Merkmal *f1* sowohl von *A* als auch von *B* haben, können Sie Folgendes schreiben:

```
context B
inv: self.oclAsType(A).f1  -- greift auf das Merkmal f1 zu, das in A definiert ist
inv: self.f1               -- greift auf das Merkmal f1 zu, das in B definiert ist
```

Abbildung 10.3 zeigt ein Beispiel, in dem ein derartiges Konstrukt benötigt wird. Dieses Modellfragment ist im folgenden OCL-Ausdruck zur Klasse *Dependency* nicht eindeutig:

```
context Dependency
inv: self.source <> self
```

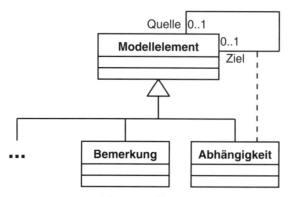

Abb. 10.3: *Beispiel für Zugriff auf überschriebene Merkmale*

```
context Dependency
inv: self.oclAsType(Dependency).source <> self
```

Dieser OCL-Ausdruck kann eine normale Assoziationsnavigation sein, die aus der Klasse *ModelElement* vererbt wurde, oder es kann eine Navigation wie bei einer Assoziationsklasse über die gestrichelte Linie bedeuten. Beide möglichen Navigationen verwenden denselben Rollennamen, so dass dies wiederum dazu führt, dass keine Eindeutigkeit gegeben ist. Mit *oclAsType()* können Sie eine Eindeutigkeit erzielen:

oder

```
context Dependency
inv: self.oclAsType(ModelElement).source <> self
```

10.10 Der Typ OclAny

Eine ganze Reihe von Operationen ist für alle Typen von OCL-Instanzen nützlich. Deshalb hat die OCL-Standardbibliothek einen Typ namens *OclAny*. Wenn OCL-Ausdrücke ausgewertet werden, gilt der Typ *OclAny* als Supertyp aller Typen im Modell. Alle vordefinierten und alle benutzerdefinierten Typen erben die Merkmale von *OclAny*.

Um Namenskonflikte zwischen den Merkmalen des Modells und den Merkmalen, die aus *OclAny* vererbt wurden, zu vermeiden, beginnen alle Merkmale von *OclAny* mit *ocl*. Obwohl theoretisch weiterhin Namenskonflikte auftreten können,

Ausdruck	Ergebnistyp
object = (object2 : OclAny)	Boolean
object <> (object2 : OclAny)	Boolean
object.oclIsUndefined()	Boolean
object.oclIsKindOf(type : OclType)	Boolean
object.oclIsTypeOf(type : OclType)	Boolean
object.oclIsNew()	Boolean
object.oclAsType(type : OclType)	type
object.oclInState(str: StateName)	Boolean
type::allInstances()	Set(type)

Tabelle 10.2: *Operationen für jede OCL-Instanz*

können Sie dies dadurch vermeiden, dass Sie das Präfix *ocl* nicht in Ihren benutzerdefinierten Typen verwenden. Die Operationen, die für alle OCL-Objekte definiert sind, können Sie der Tabelle 10.2 entnehmen.

10.10.1 Operationen auf OclAny

Die Operationen *equals* und *notEquals* werden für fast alle Typen der OCL-Standardbibliothek redefiniert und sind an anderer Stelle in diesem Buch erklärt. Die Operation *oclIsNew* wird in Abschnitt 10.1.3 erklärt, die Operation *oclAsType* in Abschnitt 10.7 und die Operation *oclIsUndefined* finden Sie in Abschnitt 10.6. Zwei andere Operationen erlauben den Zugriff auf die Metaebene Ihres Modells, dies kann sich besonders für fortgeschrittene Modellierer als nützlich erweisen.

Die Operation *oclIsTypeOf* ergibt lediglich dann wahr, wenn der Typ des Objekts mit dem Argument identisch ist. Die Operation *oclIsKindOf* ergibt wahr, wenn der Typ des Arguments gleich dem Objekttyp oder ein Supertyp des Objekttyps ist. Die folgenden Beispiele, die auf Abbildung 10.4 basieren, zeigen den Unterschied zwischen den Operationen *oclIsKindOf* und *oclIsTypeOf*. Für eine *Transaction* sind die folgenden Invarianten gültig:

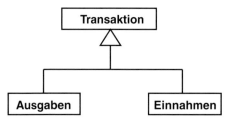

Abb. 10.4: *Unterschied zwischen oclIsKindOf und oclIsTypOf*

```
context Transaction
inv: self.oclIsKindOf(Transaction) = true
inv: self.oclIsTypeOf(Transaction) = true
inv: self.oclIsTypeOf(Burning) = false
inv: self.oclIsKindOf(Burning) = false
```

Für die Unterklasse *Burning* sind die folgenden Invarianten gültig:

```
context Burning
inv: self.oclIsKindOf(Transaction) = true
inv: self.oclIsTypeOf(Transaction) = false
inv: self.oclIsTypeOf(Burning) = true
inv: self.oclIsKindOf(Burning) = true
inv: self.oclIsTypeOf(Earning) = false
inv: self.oclIsKindOf(Earning) = false
```

Mit den Operationen *oclIsKindOf* und *oclIsTypeOf* werden häufig die Invarianten der Subklassen spezifiziert. Abbildung 10.2 zeigt beispielsweise eine allgemeine

Assoziation zwischen *FruitPie* und *PieceOfFruit*. Für die verschiedenen Subtypen von *FruitPie* sind lediglich spezifische Subtypen von *PieceOfFruit* akzeptabel.

Mit der Operation *oclType* oder einer der anderen Operationen können Sie die Invarianten für die Subtypen von *FruitPie*, das heißt für *ApplePie* und *PeachPie*, angeben:

```
context ApplePie
inv: self.ingredient->forAll(oclIsKindOf(Apple))
context PeachPie
inv: self.ingredient->forAll(oclIsKindOf(Peach))
```

Die Operation oclInState

Bei der Operation *oclInState* handelt es sich um eine Operation, die auf den Typ *OclAny* definiert worden ist, aber tatsächlich ist sie lediglich für Typen nützlich, für die ein Zustandsdiagramm existieren kann. Diese Operation besitzt als einen Parameter einen Zustandsnamen und ergibt wahr, wenn sich das Objekt in diesem Zustand befindet. Für verschachtelte Angaben können die Zustandsnamen unter Verwendung des doppelten Doppelpunktes (::) kombiniert werden. Im in Abbildung 10.5 gezeigten Beispiel können die Zustandsnamen *On*, *Off*, *Off::Standby* und *Off::NoPower* verwendet werden. Wenn der Classifier von *object* mit dem obigen Zustandsautomaten assoziiert ist, sind folgende OCL-Ausdrücke gültig:

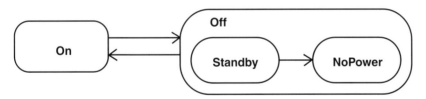

Abb. 10.5: *Beispiel für ein Zustandsdiagramm*

```
object.oclInState(On)
object.oclInState(Off)
object.oclInstate(Off::Standby)
object.oclInState(Off::NoPower)
```

Falls eine ganze Reihe von Zustandsautomaten mit einem Objekt-Classifier verknüpft sind, kann dem Zustandsnamen wie bei verschachtelten Zuständen ein Präfix mit dem Namen des Zustandsautomaten vorangestellt werden.

10.11 Die Operation allInstances

Die Operation *allInstances* ist eine Klassenoperation, die ausschließlich auf Klassen angewendet werden kann. In allen anderen Fällen ergibt sie nicht definiert. Auf eine Klasse angewendet, ergibt sie die Menge aller Instanzen dieser Klasse, einschließlich aller Instanzen der Subklassen dieser Klasse. Der folgende Ausdruck ergibt die Menge aller Instanzen der Klasse *Transaction*, einschließlich aller Instanzen vom Typ *Burning* und *Earning*:

```
Transaction::allInstances()
```

Von der Verwendung von *allInstances* ist abzuraten (siehe Abschnitt 3.10.3).

Anhang A

Glossar

Abgeleitete Klasse
Eine abgeleitete Klasse ist eine Klasse, deren Merkmale vollständig aus bereits existierenden (Basis-)Klassen und anderen abgeleiteten Klassen abgeleitet werden können.

Ableitungsregel
Eine Ableitungsregel ist eine Regel, die den Wert eines abgeleiteten Elements spezifiziert.

Anfrageoperation
Eine Anfrageoperation ist eine Operation ohne Seiteneffekte.

Benutzerdefinierter Typ
Bei einem benutzerdefinierten Typ handelt es sich um ein Modellelement, das in einem UML-Diagramm definiert ist und eine Instanz oder eine ganze Reihe von Instanzen repräsentiert – normalerweise eine Klasse, ein Datentyp, eine Komponente, oder eine Schnittstelle.

Change Event
Ein Change Event ist ein Ereignis, das *generiert wird, wenn ein oder mehrere Attribute oder Assoziationen den Wert entsprechend einem Ausdruck verändern.*

Design by Contract
Design by Contract bietet eine Möglichkeit zur Software-Spezifikation durch die explizite Beschreibung des Vertrags zu jeder Komponente oder Klasse unter Verwendung von Vor- und Nachbedingungen.

Diagramm
Ein Diagramm ist eine sichtbare Wiedergabe eines Modells (oder Teilen eines Modells).

Dynamische Multiplizität
Die Multiplizität einer Assoziation ist dynamisch, wenn sie aufgrund eines anderen Wertes im System bestimmt wird.

Echtzeit-Interpretation von Zustandsdiagrammen
Durch die Echtzeit-Interpretation von Zustandsdiagrammen ergibt sich eine Möglichkeit Zustandsdiagramme zu verstehen, bei der ein einzelner Prozess einen Übergang ausführt, indem er ein Ereignis aus der Eingabeschlange herausnimmt und so damit verfährt, wie es im Zustandsdiagramm spezifiziert ist.

Guard
Ein Guard ist eine Bedingung für einen Übergang in einem Zustandsdiagramm.

Interpretation von Zustandsdiagrammen als Protokolle
Eine Interpretation von Zustandsdiagrammen als Protokolle ist eine Art, Zustandsdiagramme zu verstehen, in der jedes Ereignis, jede Aktion und jede Aktivität in eine Operation der Klasse abgebildet wird, für die das Zustandsdiagramm definiert wurde. Siehe auch *Echtzeit-Interpretation von Zustandsdiagrammen*.

Invariante
Eine Invariante ist ein boolescher Ausdruck, der an einen Typ angehängt wird und eine Bedingung festlegt, die immer von allen Instanzen des Typs, für den die Invariante definiert wurde, eingehalten werden muss.

Iterator-Variable
Eine Iterator-Variable ist eine Variable, die innerhalb des Rumpfes eines Loop-Ausdrucks zur Angabe des Elements der Sammlung verwendet wird, für das der Rumpf berechnet wird.

Kontext
Der Kontext ist ein in einem UML-Diagramm spezifiziertes Element, für das der OCL-Ausdruck definiert ist.

Kontextdefinition
Die Kontextdefinition ist der Text oder das Symbol, der/das das Verhältnis zwischen einem OCL-Ausdruck und einem Element in dem Teil des Modells definiert, das durch ein UML-Diagramm spezifiziert ist.

Kontextuelle Instanz
Die kontextuelle Instanz ist die Instanz eines kontextuellen Typs eines OCL-Ausdrucks.

Kontextueller Typ
Der kontextuelle Typ ist der Typ des Objekts, für den ein OCL-Ausdruck ausgewertet wird.

Merkmale
Unter Merkmalen werden die Attribute, Operationen und Assoziationen verstanden, die für einen Typ definiert sind.

Metamodell
Ein Metamodell ist die Beschreibung oder Definition einer wohl definierten Sprache. Äquivalent zur Metasprache.

Model Driven Architecture
Die MDA ist ein Framework zur Software-Entwicklung, in dem der Prozess durch die automatische Transformation der plattformunabhängigen Modelle in plattformspezifische Modelle vorangetrieben wird.

Modell
Ein Modell ist eine konsistente und kohärente Menge von Modellelementen mit Merkmalen und Restriktionen.

Modellgetriebene Software-Entwicklung
Unter modellgetriebener Software-Entwicklung wird der Prozess der Software-Entwicklung mithilfe verschiedener Modelle auf unterschiedlichen Abstraktionsebenen mit (automatisierten) Transformationen zwischen diesen Modellen verstanden.

Modell-Repository
Mit Modell-Repository ist der Bestand aller Modellelemente in einem automatisierten Tool gemeint.

Nachbedingung
Eine Nachbedingung ist ein mit einer Operation verbundener Ausdruck, der in dem Moment wahr sein muss, wenn die Operation ihre Ausführung gerade beendet hat.

Navigation
Navigation bedeutet das Zugreifen auf Objekte außerhalb der kontextuellen Instanz mithilfe von Assoziationen. Hierunter fällt auch das Assoziationsende, durch das die kontextuelle Instanz auf ein anderes Objekt zugreifen kann.

Objekttyp
Ein Objekttyp ist ein Typ mit referenzbasierter Identität.

Optionale Multiplizität
Die Multiplizität einer Assoziation ist optional, wenn die Untergrenze des Intervalls null ist.

Plattform
Unter Plattform ist eine Menge von verschiedener Software zu verstehen, die mittels einer spezifischen Technologie auf einer spezifischen Hardware implementiert wurde, und/oder spezifische Hardware-Teile, die die Umgebung zur Ausführung eines Systems ausmachen.

Plattformspezifisches Modell
Ein plattformspezifisches Modell ist ein Modell mit Details, die ausschließlich auf einer spezifischen Plattform Sinn ergeben/anwendbar sind.

Plattformunabhängiges Modell
Ein plattformunabhängiges Modell ist ein Modell dessen Details nicht ausschließlich auf einer spezifischen Plattform Sinn ergeben/anwendbar sind.

Referenzbasierte Identität
Ein Typ hat eine referenzbasierte Identität, wenn zwei Referenzen als nicht identisch angesehen werden, falls die Instanzen nicht dieselben sind, auf die sie verweisen, selbst wenn alle Werte, die beide Instanzen halten, dieselben sind.

Semantik
Unter Semantik wird eine Definition der Bedeutung von Modellen verstanden, die entsprechend einer Syntax einer spezifischen Sprache wohl formuliert sind.

Sprache
Eine Sprache ermöglicht es, ein System (oder Teile eines Systems) auf eine klar definierte Weise zu modellieren. Eine Definition einer Sprache besteht immer aus der Definition der Syntax und der Semantik.

Standardtyp
Ein Standardtyp ist ein Typ, der in der OCL-Sprache vordefiniert ist, dies ist demnach ein Typ, der vom Benutzer weder definiert wurde noch von ihm geändert werden kann.

Syntax
Eine Syntax bedeutet eine Menge von Regeln, die definieren, welche Modelle in einer spezifischen Sprache wohl formuliert sind.

System
Ein System ist der Teil der Welt, der das Thema der Betrachtung darstellt.

Transformation
Unter Transformation wird die Generierung eines Modells verstanden, das basierend auf einem anderen Modell und einer ganzen Reihe an Transformationsregeln unter Beibehaltung der Bedeutung des Quellmodells als Zielmodell entsteht, wobei diese Bedeutung in beiden Modellen ausgedrückt werden kann.

Typ
Mit dem Begriff Typ werden in diesem Buch entweder eine Klasse, ein Datentyp, eine Schnittstelle oder eine Komponente bezeichnet.

Typkonformität
Die Typkonformität gibt an, ob eine Instanz eines Typs durch eine Instanz eines anderen Typs ersetzt werden kann. Trifft dies zu, ist der erste Typ konform zum zweiten.

UML-Profil
Ein UML-Profil ist eine auf dem UML-Metamodell basierende Sprachdefinition (ein Metamodell) mit besonderen Regeln und einer Abbildung der Sprachkonzepte auf die UML-Syntax.

Vertrag
Ein Vertrag ist eine Beschreibung der Services, die von einem Objekt unter Verwendung von Vor- und Nachbedingungen zur Verfügung gestellt wird.

Vorbedingung
Eine Vorbedingung ist ein mit einer Operation verbundener Ausdruck, der in dem Moment wahr sein muss, wenn die Operation vor Beginn ihrer Ausführung steht.

Wertbasierte Identität
Ein Typ besitzt eine wertbasierte Identität, falls zwei Referenzen als identisch angesehen werden, wenn alle Werte der Instanzen, auf die sie sich beziehen, dieselben sind.

Wertetyp
Ein Wertetyp ist ein Typ mit referenzbasierter Identität.

Anhang B

OCL-Grammatikregeln

Dieser Anhang beschreibt die Grammatik für Kontextdeklarationen und Ausdrücke in der OCL. Dieser Abschnitt stammt aus *Response to the UML 2.0 OCL RfP* [OCL03] und ist Teil des UML 2.0 OMG-Standards, der die OCL definiert. Eine freie Version des Octopus-Tools, das diese Grammatik implementiert, ist auf der Website »Klasse Objecten« erhältlich: www.klasse.nl/ocl/.

Die Grammatikdefinition verwendet die EBNF-Syntax, in der »|« für eine Auswahl steht, »?« für die Optionalität, »*« für null oder mehrere Male und »+« für ein oder mehrere Male. In der Beschreibung ist die Syntax für lexikalische Symbole nicht explizit erwähnt, sondern wird durch <String> angezeigt. Dies ermöglicht es den Entwicklern, diese Grammatik im Zusammenhang mit verschiedenen Alphabeten natürlicher Sprachen zu verwenden.

B.1 EBNF-Regeln zur Kontextdeklaration

```
packageDeclarationCS ::=
      'package' pathNameCS contextDeclCS* 'endpackage'
    | contextDeclCS*
contextDeclarationCS ::=
      attrOrAssocContextCS
    | classifierContextDeclCS
    | operationContextDeclCS
attrOrAssocContextCS ::=
    'context' pathNameCS '::' simpleName':' typeCS
       initOrDerValueCS
initOrDerValueCS[1] ::=
      'init'   ':'  OclExpression initOrDerValueCS?
    | 'derive' ':'  OclExpression initOrDerValueCS?
classifierContextDeclCS ::= 'context' pathNameCS
    invOrDefCS
invOrDefCS ::=
      'inv' (simpleNameCS)? ':' OclExpressionCS
         invOrDefCS
    | 'def' (simpleNameCS)? ':' defExpressionCS
         invOrDefCS
```

Anhang B
OCL-Grammatikregeln

```
defExpressionCS ::=
    VariableDeclarationCS '=' OclExpression
  | operationCS '=' OclExpression
operationContextDeclCS ::= 'context' operationCS
  prePostOrBodyDeclCS
prePostOrBodyDeclCS ::=
    'pre' (simpleNameCS)? ':' OclExpressionCS
       prePostOrBodyDeclCS?
  | 'post' (simpleNameCS)? ':' OclExpressionCS
       prePostOrBodyDeclCS?
  | 'body' (simpleNameCS)? ':' OclExpressionCS
       prePostOrBodyDeclCS?
operationCS ::=
    pathNameCS '::' simpleNameCS
      '(' parametersCS? ')' ':' typeCS?
  | simpleNameCS '(' parametersCS? ')' ':' typeCS?
parametersCS ::= VariableDeclarationCS
  (',' parametersCS )?
```

B.2 EBNF-Regeln für Ausdrücke

```
OclExpressionCS ::=
         PropertyCallExpCS
       | VariableExpCS
       | LiteralExpCS
       | LetExpCS
       | OclMessageExpCS
       | IfExpCS
VariableExpCS ::= simpleNameCS
simpleNameCS ::= <String>
pathNameCS ::= simpleNameCS ('::' pathNameCS )?
LiteralExpCS ::=
         EnumLiteralExpCS
       | CollectionLiteralExpCS
       | TupleLiteralExpCS
       | PrimitiveLiteralExpCS
EnumLiteralExpCS ::= pathNameCS '::' simpleNameCS
CollectionLiteralExpCS ::= CollectionTypeIdentifierCS
                '{' CollectionLiteralPartsCS? '}'
CollectionTypeIdentifierCS ::=
       'Set'
```

```
        | 'Bag'
        | 'Sequence'
        | 'OrderedSet'
        | 'Collection'
CollectionLiteralPartsCS = CollectionLiteralPartCS
              ( ',' CollectionLiteralPartsCS )?
CollectionLiteralPartCS ::=
        CollectionRangeCS
        | OclExpressionCS
CollectionRangeCS ::= OclExpressionCS '..'
  OclExpressionCS
PrimitiveLiteralExpCS ::=
        IntegerLiteralExpCS
        | RealLiteralExpCS
        | StringLiteralExpCS
        | BooleanLiteralExpCS
TupleLiteralExpCS ::= ' Tuple'
  '{'variableDeclarationListCS '}'
IntegerLiteralExpCS ::= <String>
RealLiteralExpCS ::= <String>
StringLiteralExpCS ::= ''' <String> '''
BooleanLiteralExpCS ::=
          'true'
        | 'false'
PropertyCallExpCS ::=
        ModelPropertyCallExpCS
        | LoopExpCS
LoopExpCS ::=
        IteratorExpCS
        | IterateExpCS
IteratorExpCS ::=
        OclExpressionCS '->' simpleNameCS
          '(' (VariableDeclarationCS,
              (',' VariableDeclarationCS)? '|' )?
            OclExpressionCS
          ')'
        | OclExpressionCS '.' simpleNameCS
          '('argumentsCS?')'
        | OclExpressionCS '.' simpleNameCS
        | OclExpressionCS '.' simpleNameCS
          ('[' argumentsCS ']')?
IterateExpCS ::= OclExpressionCS '->' 'iterate'
```

Anhang B
OCL-Grammatikregeln

```
                        '(' (VariableDeclarationCS ';')?
                            VariableDeclarationCS '|'
                            OclExpressionCS
                        ')'
VariableDeclarationCS ::= simpleNameCS (':' typeCS)?
                    ( '=' OclExpressionCS )?
typeCS ::=
            pathNameCS
        | collectionTypeCS
        | tupleTypeCS
collectionTypeCS ::= collectionTypeIdentifierCS
                    '(' typeCS ')'
tupletypeCS ::= 'TupleType'
                    '(' variableDeclarationListCS? ')'
ModelPropertyCallExpCS ::=
            OperationCallExpCS
        | AttributeCallExpCS
        | NavigationCallExpCS
OperationCallExpCS ::=
            OclExpressionCS simpleNameCS OclExpressionCS
        | OclExpressionCS '->' simpleNameCS
            '(' argumentsCS? ')'
        | OclExpressionCS '.' simpleNameCS
            '(' argumentsCS? ')'
        | simpleNameCS  '(' argumentsCS? ')'
        | OclExpressionCS '.' simpleNameCS
            isMarkedPreCS '(' argumentsCS? ')'
        | simpleNameCS isMarkedPreCS
            '(' argumentsCS? ')'
        | pathNameCS '(' argumentsCS? ')'
        | simpleNameCS OclExpressionCS
AttributeCallExpCS ::=
            OclExpressionCS '.' simpleNameCS
                isMarkedPreCS?
        | simpleNameCS isMarkedPreCS?
        | pathNameCS
NavigationCallExpCS ::= AssociationEndCallExpCS
        | AssociationClassCallExpCS
AssociationEndCallExpCS ::= (OclExpressionCS '.')?
            simpleNameCS ('[' argumentsCS ']')?
            isMarkedPreCS?
AssociationClassCallExpCS ::=
```

```
            OclExpressionCS '.' simpleNameCS
                    ('[' argumentsCS ']')? isMarkedPreCS?
            | simpleNameCS
                    ('[' argumentsCS ']')? isMarkedPreCS?
isMarkedPreCS ::= '@' 'pre'
argumentsCS ::= OclExpressionCS ( ',' argumentsCS )?
LetExpCS ::= 'let' VariableDeclarationCS
                LetExpSubCS
LetExpSubCS ::=
            ',' VariableDeclarationCS LetExpSubCS
            | 'in' OclExpressionCS
OclMessageExpCS ::=
            OclExpressionCS '^^'
               simpleNameCS '(' OclMessageArgumentsCS? ')'
            | OclExpressionCS '^'
               simpleNameCS '(' OclMessageArgumentsCS? ')'
OclMessageArgumentsCS ::= OclMessageArgCS
                            (',' OclMessageArgumentsCS)?
OclMessageArgCS ::=
            '?' (':' typeCS)?
            | OclExpressionCS
IfExpCS ::= 'if'   OclExpression
            'then' OclExpression
            'else' OclExpression
            'endif'
AttributeDefinitionCS ::= 'attr'
                            VariableDeclarationListCS
OperationDefinitionListCS ::= 'oper' OperationListCS
OperationListCS ::= OperationDefinitionCS
                    (',' OperationListCS)
OperationDefinitionCS ::= 'simpleNameCS
                            '(' parametersCS? ')'
                            ':' typeCS
                            ('=' OclExpresionCS)?
parametersCS ::= variableDeclarationCS
                    (',' parametersCS )?
```

Anhang C

Eine Syntax zur Geschäftsprozessmodellierung für die OCL

Dieser Anhang beschreibt eine alternative Syntax für OCL-Ausdrücke, mit der Geschäftsprozessmodellierer einfacher umgehen können. Hier ist anzumerken, dass diese Syntax nicht standardisiert ist.

Mit dem Tool Octopus, das bereits in Anhang B erwähnt wurde, ist es möglich, die Standardsyntax der OCL in diese Syntax zu transformieren. Dieses Werkzeug steht Ihnen auf der Website *Klasse Objecten* zur Verfügung: www.klasse.nl/ocl/.

C.1 Einleitung

In der Vergangenheit wurden immer wieder Einwände zur Syntax der OCL laut. Manche empfanden sie als zu schwierig und anderen erschien sie zu weit entfernt von den mathematischen Sprachen. Fakt ist, dass der OCL-Standard die Konzepte der Sprache von der konkret verwendeten Syntax trennt. Dies bedeutet, dass alternative konkrete Syntaxen zur Verfügung gestellt werden können. In einer alternativen Syntax geschriebene OCL-Ausdrücke haben exakt dieselbe Bedeutung wie die in der Standardsyntax geschriebenen Ausdrücke. Um ein Beispiel zu geben und die Umsetzung dieses Ansatzes zu demonstrieren, wurde eine Syntax erstellt, die dafür gedacht ist, von Geschäftsprozessmodellierern eingesetzt zu werden.

Die alternative Syntax, die ab hier Syntax zur Geschäftsprozessmodellierung (*business modeling syntax* - BM) genannt wird, ähnelt äußerlich der SQL, aber unterstützt alle Konzepte der OCL. Der Hauptunterschied zwischen der offiziellen Syntax und der Syntax zur Geschäftsprozessmodellierung liegt in der Notation für die vordefinierten Operationen auf Sammlungen und für die vordefinierten Iteratoren (Loop-Ausdrücke). Ein weiterer Unterschied besteht darin, dass das implizite *collect* fehlt. Jede *collect*-Operation muss explizit angegeben werden. Um Ihnen einen ersten Eindruck von der Syntax zu vermitteln, ist hier nachfolgend einer der Ausdrücke aus Kapitel 2, *OCL durch Beispiele erlernen*, in der Syntax zur Geschäftsprozessmodellierung abgebildet:

```
context Customer
inv: size of programs = size of
        select i: CustomerCard from cards where i.valid = true
```

Anhang C
Eine Syntax zur Geschäftsprozessmodellierung für die OCL

Dies würde in der Standardsyntax der OCL folgendermaßen lauten:

```
context Customer
inv: programs->size() = cards->select( valid = true )
                              ->size()
```

Alle in diesem Anhang angegebenen Beispiele basieren auf dem R&L-Beispiel aus Kapitel 2, *OCL durch Beispiele erlernen*. Aus praktischen Erwägungen wiederholen wir das R&L-Beispiel in Abbildung C.1.

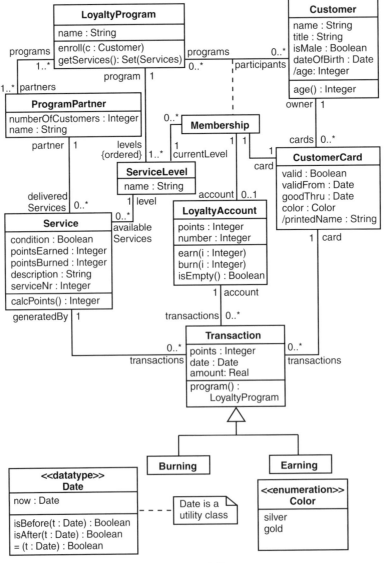

Abb. C.1: *Das »Royal and Loyal«-Modell*

C.2 Informale Definition

Wie bereits im vorherigen Abschnitt beschrieben, liegt der Hauptunterschied zwischen der Standardsyntax und der Syntax zur Geschäftsprozessmodellierung in den vordefinierten Iterator-Ausdrücken und den vordefinierten Collection-Operationen. Der folgende Abschnitt erklärt die alternative Syntax für diese beiden Sprachelemente. Die Syntax für die anderen Sprachkonzepte bleibt im Großen und Ganzen entsprechend der Standardsyntax. Die wenigen Unterschiede finden Sie in Abschnitt C.2.3.

C.2.1 Iteratoren

Jeder OCL-Iterator (Loop-Ausdruck) besitzt entsprechend der Standardsyntax das folgende Format:

```
<source> ->iterator( <iters> | <body> )
```

Die Ausdrücke zwischen den <>-Klammern dienen als Platzhalter und *iterator* steht für den Namen des Iterators aus der Standardbibliothek. Der Platzhalter <source> zeigt die Sammlung an, über die iteriert wird, <iters> steht für die Iterator-Variablen und <loop> bezeichnet den Body-Parameter des Iterators.

In der BM-Syntax besitzt jeder Iterator sein eigenes, spezialisiertes Format. Nehmen wir beispielsweise den Iterator *select*. Intuitiv wird davon ausgegangen, dass jemand ein Ding oder mehrere Dinge aus einer Menge nach bestimmten Kriterien auswählen würde. Die BM-Syntax gibt diese Art des Sprechens wieder, wie der folgende Ausdruck im Kontext von *LoyaltyProgram* zeigt:

```
select pp: ProgramPartner from partners
   where pp.numberOfCustomers > 1000
```

Die entsprechende Standardsyntax lautet:

```
partners->select(pp | pp.numberOfCustomers > 1000)
```

Die Iteratoren *reject* und *any* werden auf ähnliche Weise und unter Verwendung der Schlüsselwörter *reject* und *selectAny* geschrieben.

Der folgende Ausdruck, ebenfalls im Kontext von *LoyaltyProgram*, ist ein Beispiel der BM-Syntax für den Iterator *collect*.

```
collect p.deliveredServices using p: ProgramPartner
   from partners
```

Anhang C
Eine Syntax zur Geschäftsprozessmodellierung für die OCL

Er wurde vor dem Hintergrund erstellt, dass jemand ein Ding (oder Dinge) aus einer Menge sammelt. Um das Ding anzuzeigen, das gesammelt werden soll, können Sie eine Referenz auf eine Iterator-Variablen verwenden, deren Name und Typ nach dem Schlüsselwort *using* angegeben sind. Der Iterator *collectNested* wird auf dieselbe Weise und unter Verwendung des Schlüsselwortes *collectNested* geschrieben.

Die BM-Syntax für die Iteratoren *exists* und *one* ist vor dem Hintergrund erstellt, dass jemand danach fragt, ob ein Element in einer Menge mit bestimmten Kriterien existiert:

```
context CustomerCard
inv: exists t: Transaction in transactions
    where t.date.isBefore( Date::now )
context CustomerCard
inv: existsOne t: Transaction in transactions
    where t.date.isBefore( Date::now )
```

Es bleiben die Iteratoren *forAll*, *sortedBy* und *isUnique* übrig. Zur BM-Syntax dieser Iteratoren geben wir folgende Beispiele (sie sind alle im Kontext von *Customer* geschrieben):

```
forall c: CustomerCard in cards isTrue c.valid
sort cards using c: CustomerCard by c.goodThru
isUnique c.color using c: CustomerCard in cards
```

In Tabelle C.1 finden Sie die allgemeine Beschreibung der alternativen Syntax für jeden Iterator mit den Platzhaltern <source>, <iters> und <body>. Wie in der Standardsyntax können die Iterator-Variablen ausgelassen werden. In diesem Fall wird auch das entsprechende Schlüsselwort weggelassen. Zum Beispiel:

```
forall cards isTrue valid
sort cards by goodThru
isUnique color in cards
```

Der eher allgemeine Ausdruck *iterate* ist in der Standardsyntax wie folgt definiert:

```
<source> ->iterate( <iters> ; <result> = <initialValue>
                    | <body> )
```

Hier zeigt der Platzhalter <source> wieder die Sammlung an, über die iteriert wird, <iters> steht für die Iterator-Variablen und <body> bezeichnet den Rumpf des Iterators. Zudem gibt es hier die Platzhalter <result> und <initialValue>. Der erste steht für den Namen der Ergebnisvariablen und die Typenerklärung. Der zweite enthält den Vorgabewert der Ergebnisvariablen.

Die allgemeine Beschreibung der alternativen Syntax für den Ausdruck *iterate* ist in der Tabelle C.1 abgebildet. Ein Beispiel dafür ist die folgende Invariante, die dem Ausdruck *transactions.points->sum() > 0* entspricht:

```
context CustomerCard
inv: iterate t: Transaction over transactions
        result myResult : Integer
        initialValue 0
        nextValue myResult + points > 0
```

Iterator	Syntax zur Geschäftsprozessmodellierung
any	select any <iters> from <source> where <body>
collect	collect <body> using <iters> from <source>
collect nested	collect nested <body> using <iters> from <source>
exists	exists <iters> in <source> where <body>
forall	forall <iters> in <source> isTrue <body>
isunique	isUnique <body> using <iters> in <source>
iterate	iterate <iters> over <source> result <result> initial value <initialvalue> next value <body>
one	existsone <iters> in <source> where <body>
reject	reject <iters> from <source> where <body>
select	select <iters> from <source> where <body>
sortedby	sort <source> with <iters> by <body>

Tabelle C.1: *Vordefinierte Iteratoren in der Syntax zur Geschäftsprozessmodellierung*

C.2.2 Collection-Operationen

Entsprechend der Standardsyntax haben Collection-Operationen das folgende Format:

```
<source> -> operator( <arg1>, <arg2> )
```

Auch hier werden Platzhalter dazu verwendet, um Teile eines Ausdrucks anzuzeigen. Der Platzhalter <source> zeigt die Sammlung an, über die iteriert werden soll. Die Platzhalter <arg1> und <arg2> symbolisieren die Argumente der Operation und sind beide optional. Der Begriff *operator* steht für den Namen der Collection-Operation aus der Standardbibliothek.

Alle Collection-Operationen ohne Argumente werden in Form eines Schlüsselworts geschrieben, gefolgt von der Sammlung, zu der dieses Schlüsselwort gehört.

Anhang C
Eine Syntax zur Geschäftsprozessmodellierung für die OCL

Gewöhnlich ist das Schlüsselwort das Äquivalent zum Operationsnamen. Die folgenden Ausdrücke im Kontext *Customer* sind Beispiele für die BM-Syntax von Collection-Operationen ohne Argumente:

```
sizeOf cards
isEmpty programs
asSequence cards
lastOf asSequence cards
```

Die BM-Syntax für Collection-Operationen ohne Argumente verwendet ein zusätzliches Schlüsselwort neben dem Operationsnamen. Die Operation *including* beinhaltet beispielsweise die Schlüsselwörter *is* und *includedIn*:

```
is self includedIn
    collect c.owner using c: CustomerCard from cards
```

Die Operation *union* verwendet die Schlüsselwörter *unionOf* und *with*:

```
unionOf
    select c: CustomerCard from cards where c.valid
with
    select c: CustomerCard from cards where not c.valid
```

Die BM-Syntax für Collection-Operationen mit zwei Argumenten verwendet zwei zusätzliche Schlüsselwörter neben dem Operationsnamen. Eines der Schlüsselwörter trennt die Argumente. Die Operation *insertAt* beinhaltet beispielsweise die Schlüsselwörter *insert*, *at* und *in*:

```
insert self at 3 in
    asSequence
        collect c.owner using c: CustomerCard from cards
```

Operation	Syntax zur Geschäftsprozessmodellierung
append	append <arg1> to <source>
asBag	asBag <source>
asOrderedSet	asOrderedSet <source>
asSequence	asSequence <source>
asSet	asSet <source>
at	at <arg1> from <source>
count	count <arg1> in <source>

Tabelle C.2: *Syntax zur Geschäftsprozessmodellierung für Collection-Operationen*

Operation	Syntax zur Geschäftsprozessmodellierung
excludes	is <arg1> notIncludedIn <source>
excludesAll	isAllOf <arg1> notIncludedIn <source>
excluding	exclude <arg1> from <source>
first	first of <source>
flatten	flatten <source>
includes	is <arg1> included in <source>
includesAll	is all of <arg1> included in <source>
including	include <arg1> in <source>
indexof	index of <arg1> from <source>
insertAt	insert <arg1> at <arg2> in <source>
intersection	intersection <arg1> with <source>
isEmpty	is empty <source>
last	last of <source>
notEmpty	not empty <source>
prepend	prepend <arg1> to <source>
size	size of <source>
subsequence	subsequence <arg1> to <arg2> of <source>
sum	sum of <source>
symmetricDifference	symmetricDifference <arg1> with <source>
union	unionOf <arg1> with <source>

Tabelle C.2: *Syntax zur Geschäftsprozessmodellierung für Collection-Operationen*

In Tabelle C.2 finden Sie die allgemeine Beschreibung der alternativen Syntax für jede Collection-Operation mit den üblichen Platzhaltern.

C.2.3 Weitere Unterschiede

Die Definition der lokalen Variablen (*let*-Ausdruck) ist einer der Ausdrücke, der in der BM-Syntax etwas anders geschrieben wird. Wie immer liegt auch hier der Unterschied in der Verwendung der Schlüsselwörter. Das Gleichheitszeichen, das den Wert der Variablen angibt, wird in das Schlüsselwort *be* umgewandelt, wie das folgende Beispiel zeigt:

```
context LoyaltyProgram
inv: let noc: Integer be
        collect numberOfCustomers from partners
    in forall pp: ProgramPartner in partners isTrue
              noc >= 10.000
```

Ein weiterer Unterschied zwischen der Standardsyntax und der BM-Syntax besteht in dem Schlüsselwort, das den Wert eines Merkmals zum Zeitpunkt der Vorbedingung anzeigt. In der Standardsyntax wird dies als *@pre* geschrieben. In der BM-Syntax wird es als *atPre* geschrieben, wie nachfolgend gezeigt:

```
context Company::hireEmployee(p : Person)
post: employees = include p in employees atPre and
      stockprice() = stockprice atPre + 10
```

Der letzte Unterschied besteht in der Notation der Operatoren *isSent* und *message*. In der Standardsyntax werden sie als ^ und ^^ geschrieben. In der BM-Syntax werden die Schlüsselwörter *isSentTo* und *sentTo* verwendet und die Reihenfolge von Ziel und Nachricht ist vertauscht, wie die folgenden Beispiele zeigen:

```
context File::save()
post: forAll b: Builder in self.project.builders
      isTrue incrementalBuild() isSentTo b
context Subject::hasChanged()
post: let messages : Sequence(OclMessage) be
          collect update(? : Integer, ? : Integer)
              sentTo obs
              using obs
              from observers
      in forAll m in messages isTrue m.i <= m.j
```

C.3 Einige Anmerkungen zur Ähnlichkeit mit SQL

Obwohl die BM-Syntax der SQL-Syntax ähnelt, gibt es wichtige Unterschiede zwischen der SQL und der OCL. Der Hauptunterschied besteht darin, dass SQL-Anweisungen auf kompletten Tabellen arbeiten. OCL-Ausdrücke hingegen verwenden immer ein einzelnes Objekt als Ausgangspunkt. Sie arbeiten aufgrund dessen, was vom Objekt sichtbar ist.

Ein häufiger Fehler besteht darin, dass die *select*-Operation der OCL auf dieselbe Weise interpretiert wird, wie die *select*-Anweisung in SQL. Dabei gibt es einen sehr wichtigen Unterschied zwischen den beiden. Eine *select*-Operation der OCL liefert eine echte Teilmenge der Sammlung, auf die sie angewendet wurde. Eine *select*-Anweisung der SQL ergibt nicht zwingend eine Teilmenge der Datensätze einer Tabelle, mit der sie arbeitet. In der OCL-Terminologie werden Werte gesammelt, die aus den Datensätzen der Tabelle erkennbar sind. Zur Verdeutlichung des Arguments nehmen wir einmal an, dass das R&L-Diagramm in Abbildung C.1 ein Datenbankschema symbolisiert. Die folgende SQL-Anweisung würde dann eine Liste von Daten ergeben:

```
SELECT goodThru FROM CustomerCard WHERE valid = true
```

Das Äquivalent zu dieser SQL-Anweisung in OCL würde folgendermaßen lauten:

```
collect cc.goodThru using cc: CustomerCard
from select cc: CustomerCard from allInstances of
    CustomerCard where cc.valid = true
```

C.4 Ausführlichere Beispiele

Dieser Abschnitt enthält einige umfangreiche Beispiele zur Verwendung der BM-Syntax. Ein OCL-Ausdruck wird in eine alternative Notation umgeschrieben. Um dies zu verdeutlichen, sind die verwendeten Schlüsselwörter der BM-Notation in Großbuchstaben geschrieben.

Der Ausdruck

```
context Customer
inv: programs->size() = cards->select( valid = true )->size()
```

wird zu

```
CONTEXT Customer
INV: size of programs = SIZE OF
    SELECT i: CustomerCard FROM cards WHERE i.valid =
            true
```

Der Ausdruck

```
context LoyaltyProgram
inv: partners.deliveredServices->forAll(
        pointsEarned = 0 and pointsBurned = 0 )
    implies Membership.account->isEmpty()
```

wird zu

```
CONTEXT LoyaltyProgram
INV: FORALL s : Service IN
        COLLECT p.deliveredServices
            USING p : ProgramPartner FROM partners
    ISTRUE ( ( pointsEarned= 0 and pointsBurned= 0 )
        implies IS EMPTY
            COLLECT account
                USING l: LoyaltyAccount FROM membership )
```

Anhang C
Eine Syntax zur Geschäftsprozessmodellierung für die OCL

Der Ausdruck

```
context LoyaltyProgram
def: getServicesByLevel(levelName: String): Set(Service)
    = levels->select
        ( name = levelName ).availableServices
            ->asSet()
```

wird zu

```
CONTEXT LoyaltyProgram
DEF: getServicesByLevel(String levelName): SET(Service)
    = AS SET
        COLLECT s.availableServices
            USING s: ServiceLevel FROM
            SELECT sl: ServiceLevel
            FROM levels
            WHERE sl.name = levelName
```

Der Ausdruck

```
context ProgramPartner
inv: deliveredServices.transactions
        ->select( oclIsTypeOf( Burning ) )
            ->collect( points )->sum() < 10,000
```

wird zu

```
CONTEXT ProgramPartner
INV: SUM OF
    COLLECT t.points
    USING t : Transaction FROM
        SELECT b: Transaction FROM
            COLLECT s.transactions
            USING s : Service FROM deliveredServices
        WHERE b.isOclType( Burning ) < 10,000
```

Anhang D

Beispiel-Implementation

Dieser Anhang stellt ein Beispiel für die Implementation von OCL-Ausdrücken zur Verfügung, wie bereits in Kapitel 4 beschrieben wurde. Die Klasse *CustomerCard* wird mit allen in diesem Buch als Beispiel angegebenen OCL-Ausdrücken durch den folgenden Java-Code implementiert:

```java
package royalAndLoyal;

import java.util.HashSet;
import java.util.Iterator;
import java.util.Set;

public class CustomerCard {

/**************************************************
 * Attribute und ihre get- und set-Operationen
 *
 **************************************************/
boolean valid = true;   //  implementiert die Definition
                        //  des Vorgabewerts von Seite 24
Date validFrom;
Date goodThru;
Color color;

public void setValid(boolean v) {
  valid = v;
}

public boolean getValid() {
  return valid;
}

public void setValidFrom(Date d) {
  validFrom = d;
}
```

```java
public Date getValidFrom() {
  return validFrom;
}

public void setGoodThru(Date d) {
  goodThru = d;
}

public Date getGoodThru() {
  return goodThru;
}

public void setColor(Color c) {
  color = c;
}

public Color getColor() {
  return color;
}

/************************************************************
 * Assoziationen und ihre get- und set-Operationen
 *
 ************************************************************/
Customer owner;
HashSet transactions = new HashSet(); // implementiert die Definition {}
                                // des Vorgabewertes
                                // von Seite 112
Membership membership;

public void setOwner(Customer c) {
  owner = c;
}

public Customer getOwner() {
  return owner;
}

public void addTransaction(Transaction t) {
  transactions.add(t);
}
```

```java
public HashSet getTransactions() {
  return transactions;
}

public void setMembership(Membership m) {
  membership = m;
}

public Membership getMembership() {
  return membership;
}

/************************************************************
 * Abgeleitete Attribute mit ihren get- und set-
 * Operationen
 ************************************************************/
/* implementiert von Seite 25:
   context CustomerCard::printedName
   derive: owner.title.concat(' ').concat(owner.name)
*/
String getPrintedName() {
  return owner.getTitle() + " " + owner.getName();
}

/* implementiert von Seite 112:
   context CustomerCard::myLevel : ServiceLevel
   derive: Membership.currentLevel
*/
ServiceLevel getMyLevel() {
  return membership.getCurrentLevel();
}

/************************************************************
 * Invarianten
 * Operationen, die aufgerufen werden,
 * wenn eine Invariante überprüft werden muss
 ************************************************************/
/* implementiert von Seite 27:
   inv: validFrom.isBefore(goodThru)
*/
boolean invCorrectValidFrom() {
  return validFrom.isBefore(goodThru);
```

Anhang D
Beispiel-Implementation

```
}

/* implementiert von Seite 28:
   inv: owner.age >= 18
*/
boolean invCorrectAge() {
  return owner.age >= 18;
}

/* implementiert von Seite 36:
   inv: let correctDate : Boolean =
              self.validFrom.isBefore(Date::now) and
              self.goodThru.isAfter(Date::now)
           in
       if valid then
          correctDate = false
       else
          correctDate = true
       endif
*/
boolean invValidMatchesDates() {
      boolean correctDate =
           this.validFrom.isBefore(Date.now) &&
           this.goodThru.isAfter(Date.now);
      if (valid) {
        return correctDate == false;
      } else {
        return correctDate == true;
      }
}

/* implementiert von Seite 130:
   inv: goodThru.isAfter( Date::now )
*/
boolean invCorrectGoodThru() {
  return goodThru.isBefore( Date.now );
}

/* implementiert von Seite 131:
   inv: self.owner.dateOfBirth.isBefore( Date::now )
*/
boolean invCorrectDateOfBirth() {
```

```
    return this.getOwner().getDateOfBirth().isBefore
                          ( Date.now );
}

/* implementiert von Seite 131:
   inv: self.owner.programs->size() > 0
*/
boolean invCorrectNumberOfPrograms() {
  return this.getOwner().getPrograms().size() > 0;
}

/* implementiert von Seite 149:
   inv: self.transactions->select( points > 100 )
                         ->notEmpty()
*/
boolean invCorrectNrHighTransactions() {
  boolean result = false;
  Iterator it = this.getTransactions().iterator();
  Set selectResult = new HashSet();
  while( it.hasNext() ){
    Transaction t = (Transaction) it.next();
    if (t.getPoints() > 100 ) {
      selectResult.add( t );
    }
  }
  result = ! selectResult.isEmpty();
  return result;
}

/* implementiert von Seite 184 das Beispiel mit
   unterschiedlicher OCL-Syntax:
  inv: exists t: Transaction in transactions
     where t.date.isBefore( Date::now )
*/
boolean invCorrectDateOfTransactions() {
  return this.getOwner().getDateOfBirth().isBefore
                                      ( Date.now );
}

/* implementiert von Seite 184 das Beispiel mit
   unterschiedlicher OCL-Syntax:
  inv: iterate t: Transaction over transactions
```

Anhang D
Beispiel-Implementation

```
            result myResult : Integer
            initialValue 0
            nextValue myResult + points  > 0
*/
boolean invCorrectPoints() {
  Iterator it = transactions.iterator();
  int myResult = 0;
  while( it.hasNext() ) {
    Transaction t = (Transaction) it.next();
    myResult = myResult + t.getPoints();
  }
  return myResult > 0;
}


/* hilfreiche Operationen, die alle Invarianten überprüfen,
 * können auch so implementiert werden, dass sie einen Fehler-Code,
 * eine Ausnahme oder eine Fehlermeldung zurückzugeben
 */
boolean checkAllInvariants() {
  return invCorrectValidFrom()&&
         invCorrectAge() &&
         invValidMatchesDates() &&
         invCorrectGoodThru() &&
         invCorrectDateOfBirth() &&
         invCorrectNumberOfPrograms() &&
         invCorrectNrHighTransactions() &&
         invCorrectDateOfTransactions() &&
         invCorrectPoints();
}

/*************************************************************
 * Definitionen
 *
 *************************************************************/
/*  implementiert von Seite 113:
    context CustomerCard::getTransactions
                       (from : Date, until: Date )
                         : Set(Transaction)
    body: transactions->select( date.isAfter( from ) and
                         date.isBefore( until ) )
```

```
*/
Set getTransactions( Date from, Date until ) {
  Set result = new HashSet();
  Iterator it = this.getTransactions().iterator();
  while( it.hasNext() ){
    Transaction t = (Transaction) it.next();
    if (t.getDate().isAfter(from) &&
        t.getDate().isBefore(until) ){
      result.add( t );
    }
  }
  return result;
}

/* implementiert von Seite 111:
  context CustomerCard
  def: getTotalPoints( d: Date ) : Integer =
       transactions->select( date.isAfter(d) ).points
                                        ->sum()
*/
int getTotalPoints( Date d ) {
  int result = 0;
  Iterator it = this.getTransactions().iterator();
  while( it.hasNext() ){
    Transaction t = (Transaction) it.next();
    if (t.getDate().isAfter(d) ) {
      result = result + t.points;
    }
  }
  return result;
}

// Ende der Klasse CustomerCard
```

Anhang E

Unterschiede zwischen den OCL-Versionen 1.1 und 2.0

Die vorherige Ausgabe dieses Buches, erschienen 1999, beschreibt die OCL-Version 1.1. Diese Ausgabe handelt von der OCL-Version 2.0. In diesem Anhang sind die Unterschiede der beiden Versionen im OCL-Standard aufgelistet.

E.1 Veränderungen in der Syntax

E.1.1 Kontextdeklaration

In der Version 1.1 gab es keine Syntax, um den Kontext eines Ausdrucks zu deklarieren. Es existierte lediglich die Konvention, den Klassennamen (für Invarianten) oder den Operationsnamen (für Vor- und Nachbedingungen) zu unterstreichen, um den Kontext anzuzeigen. In Version 2.0 ist die Kontextdeklaration formalisiert. Es werden eine neue Syntax mit dem Schlüsselwort *context* sowie verschiedene andere Schlüsselwörter zur Verfügung gestellt, die anzeigen, wie ein Ausdruck interpretiert werden sollte, zum Beispiel *inv* und *derive*.

E.1.2 Aufzählungen und Attribute und Operationen von Klassen

Die Syntax zur Spezifizierung von Aufzählungstypen hat sich von UML 1.1 zu UML 2.0 geändert. In der aktuellen Version werden die Aufzählungstypen mehr oder weniger wie andere Typen spezifiziert. In Übereinstimmung damit hat sich die OCL-Syntax zur Verwendung von Aufzählungswerten geändert. Ein Aufzählungswert in der OCL-Version 2.0 muss folgendermaßen geschrieben werden:

```
EnumTypeName::EnumLiteralValue
```

Die Syntax für die Verwendung von Attributen und Operationen von Klassen hat sich ebenfalls geändert. Sie müssen als Präfix den Klassennamen und zwei Doppelpunkte enthalten:

```
ClassName::StaticAttribute
```

E.1.3 Fehlende Rollenamen und Verwendung von Assoziationsklassen

In Version 1.1 wurde eine Assoziation, bei der der Rollenname fehlte, durch die Angabe des Klassennamens, beginnend mit einem kleinen ersten Buchstaben, angegeben. Dies wurde geändert, da dies außerhalb des ASCII-Zeichensatzes nicht durchführbar ist. Die Syntax in Version 2.0 besteht einfachheitshalber aus dem Klassennamen.

Die Syntax für den Zugriff auf eine Instanz einer Assoziationsklasse wird gleichermaßen angepasst.

E.1.4 Operationen

Im Gegensatz zu Version 1.1 sind alle vordefinierten Aspekte als Operationen definiert und müssen deshalb mit Klammern geschrieben werden.

E.2 Neue Typen

Die OCL-Version 2.0 umfasst eine ganze Reihe neu definierter Typen. Der Typ *OrderedSet* ist als eine neue Form für Collections vorhanden. Darüber hinaus können Tupels und Tupel-Typen verwendet werden und es gibt einen expliziten Typ für einen sehr speziellen Wert - den undefinierten Wert. Dieser Typ ist konform zu allen anderen Typen.

E.3 Zusätzliche vordefinierte Operationen

Es gibt eine ganze Reihe von zusätzlichen, vordefinierten Operationen auf Sammlungen:

- *collectNested*
- *flatten*
- *excludes*
- *excludesAll*
- *insertAt*
- *indexOf*
- *any*
- *one*
- *isUnique*
- *sortedBy*

Diese zusätzlichen Operationen sind aus Gründen des Komforts definiert, beispielsweise kann *asSet()* auf einer Instanzmenge aufgerufen werden und Ähnliches. Darüber hinaus können Sie ein *Set* oder *Bag* zu einer *Sequence* oder einem

OrderedSet konvertieren, indem Sie die Operation *sortedBy* verwenden. Diese Operation ergibt eine *Sequence* mit einer bestimmten Ordnung, anstelle einer willkürlichen *Sequence* als Ergebnis der Operation *asSequence*.

E.4 Neue Optionen in Nachbedingungen

Die Option zur Spezifizierung, dass ein Objekt während der Ausführung einer Operation eine Nachricht an andere Objekte gesendet hat, ist komplett neu in Version 2.0. Die allgemeine Syntax lautet: `calledObject^calledOperation(params)`. Diese wird durch den neu definierten Typ *OclMessage* zusammen mit einer Reihe komfortabler Operationen unterstützt:

- *isSent*
- *isSignalSent*
- *isOperationCall*
- *hasReturned*
- *result*

Ein anderer Aspekt, der in einer Nachbedingung untersucht werden kann, besteht darin, ob ein Objekt während der Ausführung einer Operation erstellt wurde oder nicht. Die vordefinierte Operation *oclIsNew* gibt wahr zurück, wenn das Objekt zum Zeitpunkt der Vorbedingung nicht existierte.

E.5 Weitere Veränderungen

Nachfolgend sind weitere Unterschiede zwischen Version 1.1 und 2.0 aufgeführt:

- *In Version 1.1 konnten Sie lediglich Constraints spezifizieren. In Version 2.0 können Sie mit OCL-Ausdrücken nicht nur Constraints spezifizieren, sondern Wertespezifikationen im Allgemeinen, wie beispielsweise einen Vorgabewert, eine Ableitungsregel oder einen Operationsrumpf.*
- *Ein neues Konstrukt namens Let wurde zur OCL-Version 2.0 hinzugefügt. Dies erlaubt die Definition lokaler Variablen innerhalb von Constraints.*
- *Die Operation oclType auf OclAny wurde entfernt, weil Objekte unterschiedliche Typen haben können.*
- *Zustände können aus der OCL referenziert werden. Die Operation oclInState() wurde hinzugefügt, um überprüfen zu können, ob sich ein Objekt in einem bestimmten Zustand befindet.*
- *Die Verwendung von benutzerdefinierten Infix-Operatoren (+, -, *, / etc.) wurde definiert.*
- *Die Prioritätsregeln für Operatoren und Operationen wurden erweitert und verändert.*

Anhang E
Unterschiede zwischen den OCL-Versionen 1.1 und 2.0

- *Mit /* und */ können lange Kommentare angezeigt werden.*
- *Mit paketbezogenen Ausdrücken können Ausdrücke zusammengefasst werden.*
- *Der Elementtyp einer Sammlung kann explizit angegeben werden.*

Anhang F

Bibliografie

[Akehurst01] D. H. Akehurst und B. Bordbar, *On Querying UML Data Models with OCL*, <<UML>> 2001 - The Unified Modeling Language, Modeling Languages, Concepts and Tools, 4th International Conference, Toronto, Canada, 2001.

[Balsters03] H. Balsters, *Modeling Database Views with Derived Classes in the UML/OCL-framework*, wird in den Proceedings der <<UML>> 2003 "Modeling Languages and Applications" October 20 - 24, 2003, San Francisco, California, USA erscheinen.

[Blaha98] Michael Blaha und William Premerlani, *Object-Oriented Modeling and Design for Database Applications*, Prentice-Hall, 1998.

[Booch94] Grady Booch, *Object-Oriented Analysis and Design with Applications*, 2nd ed, Benjamin/Cummings, 1994.

[Booch99] Grady Booch, James Rumbaugh und Ivar Jacobson, *The Unified Modeling Language User Guide*, Addison-Wesley, 1999.

[CMM95] Carnegie Mellon University/Software Engineering Institute, *The Capability Maturity Model: Guidelines for Improving the Software Process*, Addison-Wesley, 1995.

[Coleman94] Derek Coleman, P. Arnold, S. Bodoff, C. Dollin, H. Chilchrist, F. Hayes und P. Jeremaes, *Object-Oriented Development: The Fusion Method*, Prentice-Hall, 1994.

[Cook94] Steve Cook und John Daniels, *Designing Object Systems—Object Oriented Modeling with Syntropy*, Prentice-Hall, 1994.

[D'Souza99] Desmond F. D'Souza und Alan C. Wills, *Objects, Components, and Frameworks with UML: The Catalysis Approach*, Addison-Wesley, 1999.

[EJB01] *UML/EJB Mapping specification*, Java Community Process Document JSR26, 2001.

[Eriksson00] Hans-Erik Eriksson und Magnus Penker, *Business Modeling with UML, Business Patterns at Work*, John Wiley & Sons, 2000.

[Fowler97] Martin Fowler, *UML Distilled: Applying the Standard Object Modeling Language*, Addison-Wesley, 1997.

[Graham95] Ian Graham, *Migrating to Object Technology*, Addison-Wesley, 1995.

Anhang F
Bibliografie

[Jacobson99] Ivar Jacobson, Grady Booch und James Rumbaugh, *The Unified Software Development Process*, Addison-Wesley, 1999.

[Kleppe03] Anneke Kleppe, Jos Warmer und Wim Bast, *MDA Explained; The Model Driven Architecture: Practice and Promise*, Addison-Wesley, 2003.

[Liskov94] Barbara Liskov und Jeanette Wing, "A Behavioral Notion of Subtyping," *ACM Transactions on Programming Languages and Systems*, Vol. 16, No. 6, November 1994, pp. 1811–1841.

[Meyer85] Bertrand Meyer, "On Formalism in Specifications," *IEEE Software*, January 1985.

[Meyer88] Bertrand Meyer, *Object-Oriented Software Construction*, Prentice-Hall, 1988.

[Meyer91] Bertrand Meyer, "Design by Contract," in *Advances in Object-Oriented Software Engineering*, Prentice-Hall, 1991, S. 1–50.

[Meyer92] Bertrand Meyer, "Applying Design by Contract," *IEEE Computer*, Oktober 1992.

[OCL97] *Object Constraint Language Specification*, version 1.1, OMG document ad970808, 1997.

[OCL03] Response to the UML 2.0 OCL RfP, revision 1.6, OMG document ad2003-01-06.

[Richters01] Mark Richters, *A Precise Approach to Validating UML Models and OCL Constraints*, Logos Verlag Berlin, 2001.

[Rumbaugh91] James Rumbaugh, Michael Blaha, William Premelani, Frederick Eddy und William Lorensen, *Object-Oriented Modeling and Design*, Prentice-Hall, 1991.

[Rumbaugh99] James Rumbaugh, Grady Booch und Ivar Jacobson, *Unified Modeling Language Reference Manual*, Addison-Wesley, 1999.

[Selic94] Bran Selic, Garth Gullekson und Paul T. Ward, *Real-Time Object-Oriented Modeling*, John Wiley & Sons, 1994.

[UML97] *UML 1.1 Specification*, OMG documents ad970802–ad0809, 1997.

[Waldén95] Kim Waldén and Jean-Marc Nerson, *Seamless Object-Oriented Software Architecture: Analysis and Design of Reliable Systems*, Prentice-Hall, 1995.

[Wirfs-Brock90] Rebecca Wirfs-Brock, Brian Wilkerson und Lauren Wiener, *Designing Object-Oriented Software*, Prentice-Hall, 1990.

[Wordsworth92] J. Wordsworth, *Software Development with Z*, Addison-Wesley, Berkshire, 1992.

Stichwortverzeichnis

Symbole
.class-Datei 66
.java-Datei 66
{ordered} 52, 159

A

Ableitung 34
Ableitungsregel 43, 45, 61, 83, 91, 94, 111, 127, 137, 139, 140, 141, 229
Abstraktionsebene 21, 36
Abstraktionslevel 20, 25
Abstraktionsreifegrad 28
Aggregation 157, 158
Akkumulator 182
Aktivitätsdiagramm 78, 91, 142, 143
Algol 25
Analyse
　　objektorientierte 13
Anfangswert 34
Anfrageoperation 44, 45, 46, 53, 54, 61, 68, 83, 135, 138, 140, 141, 142, 182, 191
Anfrageoperationen 140
Applikation 24, 27
　　sequenzielle 109
Applikationsentwicklung 24
Applikationsmanagement 24
Array 166
Artefakt 33, 57
Artefakte 19, 36
asBag 172
ASCII-Wörter 35
ASCII-Zeichensatz 228
asOrderedSet 172
Assembler 25
Assemblercode 25
Assemblersprache 24
asSequence 172
Assertion 118
Assertionsmechanismus 117
assert-Mechanismus 112
asSet 172

Assoziation 36, 48, 52, 61, 69, 77, 83, 84, 88, 91, 95, 109, 124, 125, 126, 127, 135, 138, 140, 141, 142, 144, 149, 157, 158, 159, 165, 183
　　abgeleitete 34, 43
　　multiple 91, 160
　　optionale 70
　　qualifizierte 161
Assoziationsende 43, 44, 47, 50, 53, 68, 72, 91, 95, 112, 124, 125, 137, 140, 157, 158, 159
Assoziationsklasse 47, 160, 161, 184, 195, 228
Assoziationsnavigation 195
Assoziationsrolle 140
Attribut 43, 44, 45, 46, 53, 57, 60, 61, 63, 68, 77, 82, 86, 87, 91, 95, 111, 116, 124, 126, 127, 135, 137, 138, 139, 140, 141, 142, 144, 146, 157, 158, 159, 162, 175, 177, 180, 183, 191, 227
　　abgeleitetes 34, 45
　　boolesches 95
　　geschütztes 95
　　öffentliches 95, 96, 129
　　privates 94, 95, 129
Attributdefinition 83, 94, 111, 139
Attributtyp 129
Attributwert 88, 109, 111
Aufzählungstyp 163
Ausdruck 153, 187, 195, 204
　　boolescher 46, 138, 141, 151, 152, 177, 180
Ausdruckstyp 137
Ausprägungsdiagramm 74, 115
Auswertungsreihenfolge 108
Automatisierung 21, 33

B

Bag 51, 52, 149, 159, 165, 166, 169, 171, 172, 181, 182, 191, 228
Basiselemente 149
Basistyp 98, 149, 150
　　Boolean 149
　　Integer 149
　　Real 149
　　String 149
　　vordefinierter 96, 150

Bibliotheksklasse 103
BM (business modeling syntax) 209
BM-Notation 217
BM-Syntax 211, 212, 214, 215, 216, 217
Body 174
Body-Ausdruck 182
Body-Parameter 174, 175, 178, 180, 181, 211
BoldSoft 11
Boolean 151, 152, 153, 187, 195
boolesch 184
Builder 66
Business Modeling Syntax 14

C

C# 35
CASE-Tools 13
Change Event 77, 91, 113, 144
Classifier 59, 124, 126, 137, 150, 197
CMM
    Capability Maturity Model 26
Code 36, 93, 94, 103, 104, 106, 111
    prozeduraler 25
Code-Fragment 94, 104, 105, 111, 118
Code-Generierung 20
Codegenerierung 24
Codierer 27
Collection 100, 149, 165, 228
Collection-Iterator 104
Collection-Klasse 103
Collection-Objekt 103
Collection-Operation 100, 118, 167, 168, 186, 211, 213, 215
Collection-Typ 100, 103, 149, 165, 166, 167, 168, 169, 172, 174
    vordefinierter 149, 150
COM
    Common Object Model 21
Community
    offene 66
Compiler 25, 128
Compiler-Technik 25
Constraint 13, 19, 31, 33, 42, 45, 49, 52, 67, 70, 83, 87, 88, 89, 90, 108, 116, 117, 119, 145, 149, 160, 167, 175, 181, 183, 229
    kompliziertes 89
Cross-Plattform Interoperabilität 24
Customer-Relationship 25

D

Darstellung
    objektorientierte 13
Datenbank 131

Datenbankmodell 20, 21
Datenbankschema 216
Datenbanksystem 89, 117
Datentyp 94, 135, 137, 138, 144, 149
Datenwert 149
Debugging 117
Delphi 35
Design 27
    objektorientiertes 21
Design by Contract 64, 65, 147
Design-/Analyse-Dokumente 28
Diagramm 58, 71, 82, 188
Dokumentation 24

E

EBNF-Regeln 203
EBNF-Syntax 203
Eclipse-Framework 66
Eiffel 35, 65, 117, 118
EJB 131
    Enterprise Java Beans 20
EJB-Profil 23
Entität 59
Entscheidungsknoten 143
Entwicklung
    inkrementelle 28
    iterative 28
Entwicklungsprozess 37
Ereignisoperation 96
Ergebnis
    boolesches 188
Ergebnisnachricht 143
Ergebnistyp 143, 151, 152, 153, 187, 195
Ergebniswert 149, 187

F

First-Class-Objekte 104
Framework 20, 21
Fremdschlüssel 22, 122

G

Generierung 29, 30, 32
Gesamtaktivität 144
Geschäftsprozessmodellierer 209
Geschäftsprozessmodellierung 209, 211, 213, 214
get-Operation 129
Grundlage
    mathematische 34
Guard 76, 77, 113, 114, 143
Guards 91

I

IBM 9, 13
Identität
    referenzbasierte 150
if-Ausdruck 192
if-then-else 151
Implementieren 94
Implementierung 31, 33, 90, 91, 93, 96, 98, 100, 105, 109, 112, 113, 118
Implementierungsoption 94
Implementierungsprozess 93, 94
Implementierungsstrategie 36
Implementierungstechnik 20, 22
Infix-Notation 170, 172
Infix-Operator 155
    benutzerdefinierter 229
Instanz 39, 45, 49, 51, 55, 59, 66, 72, 78, 89, 96, 110, 115, 122, 125, 126, 136, 137, 139, 142, 145, 149, 150, 154, 160, 161, 165, 167, 172, 176, 186, 187, 191, 198
        kontextuelle 59, 74, 75, 77, 78, 80, 137, 140, 141, 142, 143, 144, 155, 158, 159, 175, 185, 191
Instanziierung 122
Integer 99, 152, 153, 169, 193
Integerinstanz 153
Integer-Wert 180
Integerwert 153
Integerzahl 153
Integer-Zahlen 166
Interaktionsdiagramm 34, 58, 72, 74, 77, 91, 115, 142, 143, 185
Interoperabilität 24
Intervall-Spezifizierung 166
Invariant 71, 146
Invariante 45, 46, 47, 49, 52, 55, 57, 60, 62, 69, 83, 84, 86, 87, 89, 90, 91, 94, 108, 111, 112, 116, 117, 118, 136, 137, 138, 139, 141, 142, 145, 146, 159, 161, 162, 163, 167, 169, 175, 178, 180, 189, 196, 197, 227
    lange 89
Iteration 182
    forall- 106
    select- 106
Iterations-Operation 181
Iterator 174, 179, 211, 212, 213
    vordefiniert 209
Iterator-Ausdruck 211
Iterator-Operation 174, 175
Iterator-Variable 128, 175, 176, 179, 182, 212

J

Java 35, 63, 66, 93, 96, 100, 103, 104, 106, 109, 117, 118
Java-assert–Mechanismus 112
Java-Attribut 129
Java-Ausdruck 104
Java-Bibliothek 98, 99
Java-Code 93, 96, 98, 99, 100, 103, 104, 105, 107, 109, 110, 115, 119, 219
Java-Code-Fragment 108
Java-Collection-Schnittstelle 103
Java-Implemetierung 95
Java-Iterator 106
Java-Klasse 95, 96, 98, 99, 100, 128, 129
Java-Methode 97
Java-Profil 128
Java-Schnittstelle 96
Java-Sprache 122
Java-Standardtyp 99
JSP 131

K

Klasse 135, 137, 138, 144, 149, 159, 160, 175, 179, 198, 227
    abgeleitete 91
    benutzerdefinierte 94, 95, 103
Klasse Objecten 15, 203, 209
Klassenattribut 157, 158
Klassendiagramm 58, 60, 62, 66, 69, 70, 72, 79, 80, 82, 84, 91, 93, 124, 135, 145, 149, 160
Klassenmodell 57, 84, 86, 87, 90
Klassenmodelle 66
Klassenname 47, 228
Klassenoperation 157, 158, 198
Kollaborationsdiagramm 73, 75, 143
Kommentar 230
Kommentare 55, 155
Komplexität 87
Komponente 137, 138, 144, 149, 150
Komponentendiagramm 79, 91
Komponentenmodell 21
Konkatenation 153
Konstrukt 183, 229
Konstruktor 62, 138
Kontext 59, 87, 89, 124, 126, 129, 137, 138, 139, 141, 142, 144, 160, 161, 176, 178, 179, 180, 181, 188
Kontextdefinition 15, 59, 111, 136, 138, 141, 145, 183, 188
Kontextdeklaration 139, 140, 203, 227

Konzept 122, 128, 131
Kurznotation 181
Kurzschreibweise
    collect 90

L

Label
    boolesches 157
Laufzeiteffektivität 116
Let-Ausdruck 110
let-Ausdruck 56, 189, 215
let-Variable 110
Liskovs Substitutionsprinzip 145, 146, 147
Literale 96
Loop-Ausdruck 126, 128, 175, 209, 211
Looping-Mechanismus 104
Loop-Operation 174

M

MDA 11, 12, 13, 14, 20, 24, 25, 28, 35, 39, 93, 121, 128, 131
MDA-Ansatz 23
MDA-Framework 23, 121, 128
MDA-Prozess 20, 29, 107
MDA-Techniken 119
MDA-Terminologie 11
MDA-Tool 33
MDA-Transformation 32
Merkmal
    überschriebenes 194
Metaklasse 122, 123, 124, 125, 127, 128
Metalevel 121
Metamodell 121, 122, 123, 125, 127, 128, 130, 131
Metamodell-Element 130
Metamodellierung 121
Metatyp 122
Model Driven Architecture 11, 19
Modell 195
Modelle 21, 29, 36, 57, 58, 60, 93, 100, 111, 121, 128, 131, 139, 141, 167, 187, 189, 190
    abstrakte 22, 25
    ausführlichere 86
    bessere 29
    grafisch dargestellte 30
    kohärente 121
    kombinierte 135
    konkrete 22
    konsistente 121
    objektorientierte 13, 19, 33

    plattformspezifische 11, 21, 131
    plattformunabhängige 11, 119, 121, 131
    plattformunabhänige 39
    präzise 28
Modellelement 31, 57, 58, 66, 80, 89, 93, 108, 112, 122, 123, 124, 136, 140, 141, 142, 145, 149, 166, 183, 188
Modellelemente 57, 94, 138
Modellfragment 194
Modellgebilde 136
Modellieren 56, 89
Modellierer 37, 123, 196
Modelliersprache 22, 122
Modellierung 29, 35, 36, 84
    objektorientierte 14, 19, 36
    präzise 14
Modellierungssprache 21, 25, 34, 153
    präzise 121
Modellierungsstil 82
Modellreifegrad 25, 121
    Modeling Maturity Level (MML) 25
Modell-Repository 58
Modellstil 91
Modelltypen
    vordefinierte 96
Model-to-Code-Generierung 29
Mulitplizität 125
Multiplizität 29, 48, 52, 67, 70, 95, 158, 159, 161
    dynamische 69, 91
    optionale 70, 91

N

Nachbedingung 52, 53, 54, 63, 64, 65, 79, 90, 91, 94, 110, 111, 112, 113, 117, 119, 137, 138, 141, 144, 145, 147, 183, 184, 185, 186, 187, 189, 227, 229
Nachrichtenoperand 186
Navigation 47, 51, 87, 90, 149, 158, 159, 160, 161, 162, 165, 166, 177, 184, 195
Navigationsausdruck
    komplexer 86
Notation 34, 44, 151, 152, 155, 163, 179, 181, 216
    eindeutige 34
    präzise 34

O

Object Constraint Language 9
Object Management Group 9, 11

Object Technology Practice 9
ObjecTime Limited 9
Objektdiagramm 34
Objekte
    assoziierte 46
Objektmodellierung 13
objektorientierte Programmiersprache 11
objektorientierten Modellierungssprache 9
Objektorientierung 87
Objektsammlung 48
Objekttechnologie 14, 35, 64
Objekttyp 150
OCL 9, 10, 11, 13, 29, 30, 33, 36, 51, 56, 57, 62, 80, 86, 91, 93, 94, 96, 107, 109, 110, 119, 121, 127, 128, 129, 130, 131, 135, 144, 149, 150, 152, 153, 155, 157, 158, 159, 165, 185, 190, 192, 203, 209, 210, 216, 217, 229
    Einführung 39
    Version 1.1 229
    Version 2 13, 14, 47
    Version 2.0 19, 161, 227, 229
    Versionen 1.1 227
OCL 2.0 11
OCL-Abfrage 105
OCL-Ausdruck 31, 32, 33, 34, 35, 37, 39, 45, 47, 49, 54, 55, 56, 57, 58, 59, 61, 63, 72, 73, 74, 76, 77, 78, 80, 82, 83, 91, 93, 95, 97, 99, 103, 104, 105, 106, 107, 109, 110, 111, 114, 115, 118, 124, 126, 128, 129, 135, 136, 137, 139, 140, 143, 144, 145, 149, 151, 155, 157, 158, 159, 161, 163, 167, 174, 188, 189, 190, 193, 194, 209, 216, 217, 219, 229
OCL-Basistyp 96, 97, 118
OCL-Code 67, 119
OCL-Collection-Iterator 118
OCL-Collection-Typ 100, 103, 118
OCL-Compiler 93
OCL-Constraint 30, 71
OCL-Datei 189
OCL-Grammatik 203
OCL-Instanz 195
OCL-Invariante 70
OCL-Iterator 107
OCL-Metaklasse 126
OCL-Metamodell 121, 124, 125, 126, 128
OCL-Nachbedingung 72
OCL-Objekt 195
OCL-Operation 103
OCL-Operator 154
OCL-Sammlung 96, 100
OCL-Spezifikation 35, 175

OCL-Standard 15, 209, 227
OCL-Standardbibliothek 94, 96, 104, 108, 118, 165, 195, 196
OCL-Standardoperation 174
OCL–Strom 189
OCL-Syntax 167, 227
OCL-Terminologie 216
OCL-Tupel 100
OCL-Typ 149, 165
OCL-Zeile 155
Octopus 203, 209
ODER-Constraint 70
OMG 13, 19
OMG-Initiative 20
OMG-Standard 124, 203
OMG-Standards 20
OMG-Website 20
OMT 9
Operand 184
    boolescher 151
Operation 57, 137, 139, 141, 142, 143, 146, 147, 150, 151, 153, 154, 157, 158, 162, 167, 168, 169, 172, 173, 176, 178, 179, 180, 181, 183, 184, 185, 187, 191, 194, 195, 197, 214, 227, 229
    add- 95
    allInstances 89
    benutzerdefinierte 167
    flatten- 107
    für Sammlungen 51
    get- 94, 95, 106
    logische 50
    öffentliche 129
    rekursive 172
    remove- 95
    select- 106
    set- 94, 95, 111
    vordefinierte 48, 89, 100, 228, 229
Operation für Sammlungen
    collection operations 48
Operationsaufruf 143, 144
Operationsdefinition 83, 139, 185, 186
Operationsname 214, 227
Operationsparameter 155
Operationsrumpf 116, 229
Operationssignatur 141
Operator 150, 153, 154, 170, 184, 186, 229
    logischer 192
OrderedSet 51, 52, 149, 159, 165, 166, 169, 171, 172, 173, 176, 181, 229
Originalsammlung 180

P

Parameter 140, 141, 143, 172, 182, 184, 186, 188, 192, 197
Parameterwert 143
Parameterwerte 143
Pfeil-Notation 48
PIM 22, 25, 29, 35, 36, 129, 131
    Platform Independent Model 20
PIM-to-PSM 23
PIM-to-PSM Compiler 25
Plattform
    offene 66
plattformunabhängig 37
Plattformunabhängigkeit 24
Platzhalter 215
    211, 211, 211, 212, 212, 212, 213, 213
Portabilität 24
Prädikatenlogik 34
Präfix 195, 227
Priorität 154
    höchste 154
Prioritätsregel 229
Prioritätsregeln 154
Produktivität 24
Profil 128
Programm-Code 118
Programmiersprache 27, 29, 39, 89, 93, 97, 110, 128, 150, 166, 173
Programmierung 27
Prozesskontrollsystem 116
Prozessorzeit 117
Pseudocode 177
PSM 22, 25, 29, 129, 131
    Platform Specific Model 20
PSM-Sprache 128
PSM-to-Code 23
Punkt-Notation 46, 48, 50, 158, 181, 191

Q

Quellbedingung 130
Quellcode 20, 29, 30, 36
Quelle 125, 126, 128
Quell-Metamodell 129
Quellsammlung 128, 174, 178, 180, 182
Quellsprache 20, 128, 129, 130

R

Real 152, 169, 193
Redefinition 84, 147
Referenzobjekt 150
Referenzsammlung 36
Reifegrad 26, 27, 28, 29, 33
Reifregrad 36
Repository 58
Restriktionen 186
Rollback 117, 118
Rollename 228
Rollenname 47, 127, 158, 161, 195
Routineaufgaben 21
Rückgabetyp 124, 129, 140, 141, 155
Rückgabewert 129, 184, 187
    logischer 187
    potentieller 187
Rumpf 91, 126, 142, 174, 184
Rumpf-Ausdruck 44, 45, 83, 142
Rumpf-Ausdrücke 62

S

Sammelkonstante 166
Sammlung 126, 159, 161, 162, 165, 166, 167, 168, 170, 171, 172, 174, 175, 176, 178, 180, 181, 182, 213, 228
    hierarchiefreie 181
    leere 191
    temporäre 110
Schlüsselwort 188, 213
    @pre 53, 183, 216
    atPre 216
    be 215
    body 142
    collect 90
    collectNested 212
    context 136, 141, 227
    def 139
    derive 140
    in 189
    init 140
    instanceof 98
    inv 139
    isSentTo 216
    post 141
    pre 141
    reject 211
    result 53, 184
    selectAny 211
    self 59, 78, 80, 137, 144
    sentTo 216
    try 130
    unionOf 214
    using 212
    when 77, 144
    with 214

Schnittstelle 135, 137, 138, 144, 149, 150
Seiteneffekt 35, 37, 83, 109, 118, 142, 157, 177
Semantik
    formale mathematische 34
Sequence 51, 52, 149, 159, 165, 166, 169, 171, 172, 173, 176, 181, 228
Sequenzdiagramm 72, 73, 75, 143
Sequenznummer 165
Servicelevel 161, 162, 169
Set 51, 149, 159, 165, 166, 169, 171, 172, 173, 181, 228
Set-Operation 167
set-Operation 129
Signaldefinition 185, 186
Signatur 155, 187
Software 118
    komplexere 25
Software-Entwickler 24, 27, 29, 30
Software-Entwicklung 11, 13, 19, 21, 25, 27
Software-Entwicklungsprozess 20, 23, 26, 33
Software-Modell 30
Software-Modellierung 29
Software-Objekte 45
Software-Prozess 36
Software-Spezifikation 107
Soma 118
Spezifikation 27, 28, 29, 34, 35, 36, 43, 56, 64, 70, 78, 107, 128, 135, 139
    vollständigere 52
Spezifikationssprache 93
Spezifizieren 54
Spezifizierung 83, 91, 149, 162, 185, 227
Spezifizierungssprache 151
Sprache 121, 123, 127, 128, 131, 149
    deklarative 35, 37, 94
    eindeutige 37
    formale 13, 80, 121, 144
    grafische 14
    klar definierte 57
    mathematisch basierte 30
    natürliche 27, 28, 31, 33, 34
    objektorientierte 93
    präzise 30, 37, 121
    prozedural 25
    prozedurale 35, 36
    seiteneffektfreie 157
    stark typisierte 190
    typisierte 35, 192
    vollständige 131
Sprachkonzept 128

SQL 34, 62, 209, 216
SQL-Anweisung 216
SQL-Sprache 122
SQL-Syntax 216
Standardbibliothek 149, 211, 213
Standardoperation 104, 151, 167
Standardsprache 129
String 153, 154
String {or} 70
Subklasse 86, 126, 146
Subklassen 145
Subset-Einschränkung 83
Substitutionsprinzip 145
Subtyp 89, 125
Superklasse 125, 145, 146, 147
Supertyp
    abstrakter 165, 168
Symbol
    mathematisches 37
Syntax 35, 188
    abstrakte 122, 131
    allgemeine 141
Syntropy 9, 13
System
    objektorientiertes 165
Systementwicklung 117

T

Textdatei 136
Textformat 136
Thread 109
Tool
    automatisches 30
    automatisiertes 93, 121
Transactions-Instanz 180
Transaktion 45, 52, 61, 62, 69, 71, 74, 177, 182, 184
    assoziierte 72
Transaktionsart 41
Transaktionsinstanz 74
Transaktionsobjekt 72
Transformation 20, 128, 131
    direkte 28
    finale 27
Transformationsdefinition 21, 23, 121, 128, 129, 131
Transformationsregel 130
Transformations-Tool 121
Transformationsverhältnis 130
Transformationswerkzeug 21, 23, 24

Tupel 100, 190, 191, 228
Tupel-Typ 190, 228
Tupel-Wert 190
Typ 59, 60, 87
- benutzerdefiniert 95
- benutzerdefinierter 149, 150, 157, 158, 159, 163, 195
- Boolean 33, 46, 150, 151, 153, 154
- Date 71
- Integer 33, 46, 50, 71, 152, 153, 166
- konkreter 165
- kontextueller 59, 74, 75, 80, 137, 139, 140, 141, 142, 143, 144, 145
- optionaler 185
- Real 71, 152, 153
- String 71, 154
- vordefinierter 149, 165, 195

Typecasting 191
Typenname
- optionaler 190
Typkonformität 192

U

UML 10, 12, 13, 14, 20, 25, 29, 30, 36, 45, 57, 80, 93, 94, 123, 127, 128, 129, 135, 158
- -Modellelement 94
- Version 1.1 13, 19, 33, 227
- Version 2 13, 19, 33
- Version 2.0 203, 227

UML/OCL-Metamodell 128, 131
UML/OCL-Modell 33, 37, 55, 67, 93
UML-Datentyp 150
UML-Diagramm 31, 33, 36, 58, 60, 61, 91, 111, 135, 136, 149, 157
UML-Diagramme 22
UML-Interaktionsdiagramm 71
UML-Klasse 129, 150
UML-Klassendiagramm 93, 128, 141, 160, 161, 163
UML-Klassenmodell 39
UML-Metaklasse 126
UML-Metamodell 122, 124, 126
UML-Modell 29, 39, 48, 54, 57, 109, 122, 135, 149, 185, 189
UML-Modellelement 118
UML-Profil 128
UML-Spezifikation 79, 157
UML-Sprache 122
UML-Standard 15, 59, 127, 137, 145
UML-Use Case 144
UML-Zustandsdiagramm 75

UND-Constraint 89
UND-Operation 50, 89, 138
Unified Modeling Language 10
Use Case 63, 80, 91, 139, 144, 145
Use Case-Schablone 145

V

Variable 63, 182, 189
- lokale 110, 183, 186, 189, 215
Variablendeklaration 80, 145
Vererbung 54, 84, 145
Verhaltensdiagramm 142
Verteilungsdiagramm 79, 91
Vorbedingung 52, 53, 63, 64, 65, 79, 89, 90, 91, 94, 111, 112, 113, 114, 116, 119, 137, 138, 141, 144, 145, 147, 183, 184, 189, 227
Vorgabewert 43, 91, 137, 140, 141

W

Wartung 24, 88, 89, 90
Werkzeug
- automatisiertes 130
Wert
- boolescher 49, 178, 179, 187
- echter 143
- nicht definierter 191
- reeller 153
- tatsächlicher 143
- undefinierter 228
Werteobjekt 150
Wertetyp 150, 167
Wohlgeformtheitsregel 127
Wurzelklasse 98

Z

Zeilenkommentar 55
Zielbedingung 130
Ziel-Metamodell 129
Zielobjekt 143
Zielplattform 22
Zielprogrammiersprache 104
Zielsprache 20, 93, 100, 103, 118, 128, 129, 130
Zustand 138, 140, 141, 142
- undefinierter 152
Zustandsautomat 197
Zustandsdiagramm 34, 58, 76, 91, 95, 113, 114, 143, 144, 197
Zustandsmodell 57
Zustandsname 197